O HOBBIT
E A FILOSOFIA

— Coleção —
CULTURA POP

editor da série
WILLIAM IRWIN

organizadores
**GREGORY BASSHAM
E ERIC BRONSON**

O HOBBIT
E A FILOSOFIA

Tradução
Joana Faro

1ª edição

BestSeller

Rio de Janeiro | 2012

CIP-BRASIL. CATALOGAÇÃO NA FONTE
SINDICATO NACIONAL DOS EDITORES DE LIVROS, RJ.

I72h

Irwin, William, 1970-
    O hobbit e a filosofia / organizado por Gregory Bassham e Eric Bronson; tradução Joana Faro. — Rio de Janeiro : Best*Seller*, 2012.
(Cultura pop , v. 2)

    Tradução de: The hobbit and philosophy
    ISBN 978-85-7684-647-5

    1. Tolkien, J. R. R. (John Ronald Reuel), 1892-1973. Hobbit. 2. Tolkien, JRR (John Ronald Reuel), 1892-1973 — Filosofia. 3. Filosofia na literatura. I. Bassham, Gregory, 1959- II. Bronson, Eric III. Faro, Joana. IV. Título. V. Série.

12-6967.   CDD: 801
                                CDU: 82.0

Texto revisado segundo o novo Acordo Ortográfico da Língua Portuguesa.

Título original norte-americano
THE HOBBIT AND PHILOSOPHY
Copyright © 2012 By John Wiley & Sons.
Copyright da tradução © 2012 by Editora Best Seller Ltda.

Capa: Igor Campos
Editoração eletrônica: FA Studio

A Editora Best*Seller* agradece à Editora Martins Fontes pela autorização para reprodução de trechos das seguintes obras de J. R. R. Tolkien: *O hobbit, O Senhor dos anéis: a sociedade do anel, O Senhor dos anéis: as duas torres, O Senhor dos anéis: o retorno do rei, O Silmarillion e Contos inacabados.*

Direitos exclusivos de publicação em língua portuguesa para o Brasil adquiridos pela
EDITORA BEST SELLER LTDA.
Rua Argentina, 171, parte, São Cristóvão
Rio de Janeiro, RJ — 20921-380
que se reserva a propriedade literária desta tradução

Impresso no Brasil

ISBN 978-85-7684-647-5

Seja um leitor preferencial Record.
Cadastre-se e receba informações sobre nossos lançamentos e nossas promoções.

Atendimento e venda direta ao leitor:
mdireto@record.com.br ou (21) 2585-2002

SUMÁRIO

INTRODUÇÃO

Nunca se ri de filósofos vivos

Numa toca no chão vivia um homem que levava uma vida quieta e sossegada em uma comunidade que muito prezava as convenções e a decência. Um dia, entretanto, ele deixou sua toca e partiu em uma jornada para o desconhecido. Sua aventura, embora assustadora e, por vezes, dolorosa, modificou-o para sempre. Seus olhos se abriram e sua mente e seu caráter amadureceram. Quando voltou à toca, os vizinhos passaram a considerá-lo "esquisito", porque não conseguiam aceitar que a vida tem mais a oferecer do que ordem e rotina. Embora tenha perdido sua reputação, ele nunca se arrependeu de ter participado da aventura que lhe permitiu descobrir sua verdadeira natureza e experimentar um mundo novo e instigante.

Se isso lhe parece familiar, não é de surpreender. É a Alegoria da Caverna, de Platão, possivelmente a mais famosa história contada "lá e de volta outra vez". O conto do filósofo grego não fala de hobbits ou magos, é claro. Trata-se da parábola sobre um homem, encarcerado desde o nascimento numa prisão" subterrânea, que se aventura a sair e descobre que o mundo é muito maior, mais interessante e mais bonito do que ele imaginara. Platão espera que os leitores aprendam algumas lições com essa alegoria: seja aventureiro; saia de sua zona de conforto; aceite suas limitações e esteja aberto a novas ideias e a verdades superiores. Apenas quando enfrentamos os desafios e assumimos riscos podemos crescer e descobrir o que somos capazes de nos tornar. Essas lições são essencialmente as mesmas que J. R. R. Tolkien ensina em *O hobbit*.

Um dos mais adorados livros infantis de todos os tempos, e o fascinante prelúdio de *O Senhor dos anéis*, *O hobbit* levanta diversas questões a serem ponderadas. Será que as aventuras são apenas "coisas desagradáveis e desconfortáveis" que "fazem com que você se atrase para o jantar" ou podem ser estimulantes e ter o potencial de mudar sua vida? Será que a comida, a alegria e as canções devem ser postas acima do ouro? A vida era melhor nos tempos pré-industriais, quando havia "menos barulho e mais verde"? Podemos confiar em quem é "generoso como o verão" para usar tecnologias poderosas com responsabilidade ou essas tecnologias devem ser cuidadosamente reguladas ou destruídas, para que não caiam nas mãos de orcs ou de servos do Necromante? Quais são os deveres de um amigo em relação ao outro? A misericórdia deve ser estendida até mesmo àqueles que merecem morrer? Bilbo podia ter entregado a Pedra Arken? Como o tesouro de Smaug deveria ter sido dividido? Thorin deixou sua "bonita harpa dourada" em Bolsão quando partiu para o desconhecido? Caso tenha deixado, quanto podemos faturar se a vendermos na internet? Dos felizes salões da Última Casa Amiga de Elrond à "viscosa ilha de pedra" de Gollum, grandes questões filosóficas são apresentadas aos antigos fãs e novos leitores.

Tolkien — todos os elogios ao seu vinho e à sua cerveja! — foi professor de Inglês Medieval de Oxford, não um filósofo profissional. Mas como esclarecem livros recentes como *The Philosophy of Tolkien*, de Peter Kreeft, *Defending Middle-earth*, de Patrick Curry, e *The Lord of the Rings and Philosophy*, Tolkien foi um estudioso extremamente culto que refletiu profundamente sobre as Grandes Questões. Conta a lenda que, enquanto corrigia provas em um belo dia de verão, o professor de Oxford deparou-se com uma folha de papel em branco. Depois de se perder em pensamentos por algum tempo, Tolkien supostamente pegou a caneta e escreveu a famosa frase de abertura de *O hobbit*: "Em uma toca no chão vivia um hobbit."

Peter Jackson — que os pelos de seus dedos dos pés nunca caiam! — voltou à cadeira de diretor para rodar *O hobbit*, depois de levar para casa um Oscar pela fantástica direção dos três filmes da série *O Senhor dos anéis*

(2001-2003). Os hobbits podem ser pequenos, mas Jackson e a New Line Cinema estão investindo alto, esticando a história para outra trilogia, trazendo de volta grande parte do elenco de *O senhor dos anéis* e filmando em 3D. Após uma década incerta e tumultuada, os fãs da Terra-média poderão finalmente assistir ao mais recente episódio de Jackson sobre a maior fantasia épica de nosso tempo.

Nesta obra, nosso alegre grupo de filósofos compartilha o entusiasmo de Tolkien pelas questões filosóficas da "imensa antiguidade", mas também mantém os "capuzes de festa removíveis" à mão. Acima de tudo, este é um livro escrito *por* fãs de Tolkien *para* os fãs de Tolkien. Como outros volumes da coleção *Cultura pop*, este procura usar a cultura popular como um gancho para ensinar e popularizar as ideias de grandes pensadores. Alguns dos capítulos exploram a filosofia de *O hobbit* — os principais valores e as conjecturas gerais que fornecem o pano de fundo moral e conceitual da história —, enquanto outros se valem de temas do livro para ilustrar diversos conceitos filosóficos. Nesse sentido, esperamos tanto explorar algumas das questões mais profundas de *O hobbit*, quanto ensinar filosofias poderosas.

Assim como os hobbits, nossos autores "têm um cabedal de sabedoria e frases sábias que a maioria dos homens nunca ouviu ou esqueceu há muito tempo". Então, coloque seu melhor Velho Toby no cachimbo e pegue aquela garrafa especial de Velhos Vinhedos que você estava guardando para um momento especial. Será uma aventura e tanto.

PARTE UM

DESCUBRA SEU TÛK INTERIOR

1

O HOBBIT AVENTUREIRO

Gregory Bassham

A pedra preciosa não pode ser polida sem fricção, nem o homem pode ser aperfeiçoado sem provações.

Confúcio

O *HOBBIT* É UMA HISTÓRIA DE AVENTURA e também de crescimento pessoal. No começo da narrativa, Bilbo é um hobbit convencional, avesso à ação e amante do conforto. À medida que a história progride, ele ganha coragem, sabedoria e autoconfiança. Nesse aspecto, a obra é similar a *O Senhor dos anéis*. Ambos são contos de enobrecimento dos humildes,[1] como nos informa seu autor J. R. R. Tolkien. Ambos são histórias de pessoas comuns — pequenas aos olhos dos "sábios" e poderosos — que realizam grandes feitos e alcançam estatura heroica ao aceitar desafios, suportar dificuldades e valer-se de inesperadas forças de caráter e de vontade. Qual é a conexão entre o espírito aventureiro e o crescimento pessoal? Como os desafios e os riscos — a disposição para deixar nossas tocas — podem nos tornar indivíduos mais fortes, felizes e confiantes? Vejamos o que Bilbo e os grandes pensadores podem nos ensinar sobre o crescimento e o potencial humano.

O progresso de um hobbit

Em geral, os hobbits não são aventureiros. Pelo contrário, eles "amam a paz e a tranquilidade e uma boa terra lavrada",[2] nunca foram adeptos da guerra e jamais lutaram entre si,[3] adoram os simples prazeres de comer, beber, fumar e ir a festas, raramente viajam e consideram "esquisito"[4] qualquer hobbit que embarque em aventuras ou faça coisas fora do comum.

Nesse sentido, Bilbo é um hobbit singular. Sua mãe, a famosa Beladona Tûk, pertencia a um clã, os Tûks, que não apenas era rico, como também era conhecido por seu amor pelas aventuras. Dizia-se que um dos tios de Bilbo, Isengar, "fez-se ao mar" quando jovem, e outro tio, Hildifons, "saiu para uma viagem e jamais voltou".[5] Um ancestral remoto de Bilbo, Bandobras "Urratouro" Tûk, era famoso na tradição dos hobbits por ter arrancado a cabeça de um rei dos orcs com um taco de madeira. A cabeça rolou para dentro de uma toca de coelho e, assim, Urratouro simultaneamente ganhou a Batalha dos Campos Verdes e inventou o jogo de golfe.[6] Por sua vez, o lado paterno da família de Bilbo, o clã Bolseiro, era formado por hobbits extremamente respeitados que nunca fizeram nada inesperado ou aventureiro. O conflito entre essas duas partes da constituição de Bilbo surge com frequência em *O hobbit*.

Gandalf percebeu a faceta aventureira dos Tûk em Bilbo quando visitou o Condado em 2941, vinte anos antes dos eventos descritos em *O hobbit*. O jovem Bilbo impressionou Gandalf com sua "avidez e seus olhos brilhantes, seu amor por histórias e suas perguntas sobre o grande mundo fora do Condado".[7] Duas décadas depois, quando Gandalf retornou, descobriu que Bilbo "estava ficando bastante avarento e gordo",[8] embora tenha ficado satisfeito ao ouvir que ele ainda era considerado "esquisito" por fazer coisas estranhas, como se ausentar durante dias e conversar com anões. Quando Bilbo dá vários "bons dias" a Gandalf e dispensa suas aventuras, dizendo que são "desagradáveis e desconfortáveis" e "fazem com que você se atrase para o jantar",[9] Gandalf percebe que o lado Bolseiro de sua personalidade está levando a melhor.

Mas o Tûk interior de Bilbo é reanimado pela canção dos anões sobre o tesouro e quando Gloin desdenhosamente refere-se a ele como "esse sujeitinho bufando e esperneando no tapete".[10] Relutantemente, Bilbo concorda em se juntar à busca dos anões e se vê em uma aventura que acaba mostrando-se também uma busca por seu verdadeiro eu. Logo no começo dessa perigosa jornada, Bilbo percebe que "nas aventuras nem tudo são passeios de pônei ao sol de maio".[11] Ele se sente constantemente amedrontado e dependente, e com frequência relembra-se saudoso de sua confortável toca com a chaleira começando a apitar. Em muitas ocasiões, Bilbo foi salvo por pura sorte. Gradualmente, entretanto, sua confiança e coragem crescem. Sozinho e sem auxílio, ele consegue ludibriar Gollum, escapar das cavernas dos orcs e libertar seus companheiros tanto das aranhas da Floresta das Trevas quanto da fortaleza do rei élfico. Quando a companhia chega à Montanha Solitária, é Bilbo quem descobre como abrir a porta secreta, e apenas ele tem a coragem de descer pelo escuro túnel para defrontar-se com o terror do dragão. Ficamos sabendo que ele "já era um hobbit muito diferente daquele que saíra de Bolsão, muito tempo atrás".[12] Sua decisão de continuar descendo o túnel quando ouve os roncos do dragão "foi o gesto mais corajoso de toda a sua vida".[13] Quando Bilbo retorna com uma bela taça de duas alças que roubou do tesouro, ele é reconhecido como "o verdadeiro líder"[14] na busca dos anões. Mais tarde, quando o hobbit arrisca sua vida e, em um gesto altruísta, entrega a Pedra Arken na tentativa de impedir uma guerra fratricida pelo ouro do dragão, o rei élfico o elogia como "mais digno de usar as armaduras dos príncipes élficos do que muitos que ficaram mais garbosos com elas", e mais tarde o enaltece como "Bilbo, o Magnífico".[15] Após a Batalha dos Cinco Exércitos, o moribundo Thorin Escudo de Carvalho reconhece o crescimento de Bilbo em estatura moral, comentando que "há mais coisas boas em você do que você sabe, filho do gentil Oeste. Alguma coragem e alguma sabedoria, misturadas na medida certa".[16] E ao ouvir Bilbo recitar um agridoce poema em seu retorno ao Condado, Gandalf exclama: "Meu querido Bilbo! Há algo errado com você! Não é mais o hobbit que era."[17]

Em resumo, *O hobbit* é um conto de aventura no qual uma pessoa comum e sem qualquer característica heroica é moralmente "enobrecida" ao confrontar e superar desafios e perigos. Mas como essa transformação é possível? Consideremos o que alguns dos maiores filósofos do mundo disseram sobre a ligação entre desafios e crescimento pessoal.

O crescimento de Bilbo em sabedoria

O homem aprenderá a sabedoria, ensinada pela aflição.

Ésquilo

Os humanos, evidentemente, podem "crescer" em vários aspectos — físicos, emocionais, espirituais, artísticos e assim por diante. Merry e Pippin cresceram fisicamente — eles se tornaram vários centímetros mais altos — depois de ingerir a bebida dos ents na floresta de Fangorn. Porém, no caso de Bilbo, estamos falando sobre crescimento moral e intelectual. Em termos filosóficos tradicionais, Bilbo cresce tanto em *sabedoria* quanto em *virtude* como resultado de suas aventuras. O termo "filosofia" vem do grego e significa "amor pela sabedoria". Assim, para melhor nos situarmos, vamos começar com a pergunta: o que é sabedoria?

Nem todas as tradições filosóficas e religiosas compreendem o saber da mesma forma. Uma definição zen budista de "sabedoria" não seria a mesma oferecida por um hindu ou por um batista do sul dos Estados Unidos. Mas não precisamos deixar que desacordos teóricos nos atrapalhem. Quase todas as tradições filosóficas e religiosas concordam que a sabedoria — independentemente do que exatamente seja — consiste de uma profunda compreensão sobre a vida.[18] Uma pessoa sábia entende o que é importante na vida, mantém as coisas de menor importância na perspectiva adequada e compreende o que é necessário para viver bem e para lidar com os problemas cotidianos.[19] A sabedoria tem graus. Gandalf é mais sábio do que Elrond, e Elrond é mais sábio do que Bard. Entretanto, seja qual for a definição exata que estamos usando de "sabedoria", é evidente que Bilbo fica mais sábio conforme o fim de *O hobbit* se aproxima. Como isso aconteceu?

Os filósofos mencionavam duas maneiras importantes pelas quais as experiências desafiadoras podem nos tornar mais sábios: elas podem *aprofundar nossa compreensão de nós mesmos* e também *ampliar nossas experiências*. No caso de Bilbo, vemos esses dois fatores em ação.

Segundo Sócrates, o primeiro passo para se tornar sábio é perceber quão pouco se sabe. "Conhece-te a ti mesmo" era seu mantra. O filósofo compreendia que as pessoas tendem a ter visões infladas de si próprias. Elas tendem a ser confiantes demais e acreditar que sabem mais do que realmente sabem ou que, de certa forma, são melhores do que são. Alguém que já se considera sábio e bondoso não terá motivação para buscar a sabedoria e a bondade. Portanto, o primeiro e mais importante passo para adquirir sabedoria, declarava Sócrates, é se dedicar a um destemido autoexame. Deveríamos nos fazer estas perguntas constantemente: "Será que realmente sei isso? Ou só acho que sei? Será que posso estar errado? Será que estou me iludindo? Estou vivendo a vida que desejo viver? Estou agindo de acordo com o que professo? Quais são meus verdadeiros talentos e habilidades? Como posso viver de um jeito mais significativo e autêntico?" Apenas dessa forma podemos erradicar nossas ilusões, descobrir o verdadeiro potencial que temos e perceber onde estão nossos maiores talentos e oportunidades.

Há muito os filósofos e pensadores religiosos ressaltam que um tipo específico de experiência desafiadora — a dor e o sofrimento — pode aprofundar a autocompreensão de uma pessoa. A dor, segundo C. S. Lewis — autor de *As crônicas de Nárnia* e amigo pessoal de Tolkien —, pode refrear o orgulho, ensinar a ter paciência, endurecer contra as adversidades, impedir que desvalorizemos as bênçãos da vida e nos lembrar de que somos "feitos para outro mundo".[20] A dor, diz Lewis, é o "megafone de Deus para despertar um mundo surdo".[21] A atitude divina em relação a nós, humanos, disse o filósofo romano Sêneca (aproximadamente de 4 a.C. a 65 d.C.), é a de um pai rígido, porém amoroso: "Que sejam atormentados pelo trabalho árduo, pela tristeza e pelas perdas (...) que adquiram a verdadeira força (...) Deus endurece e exercita aqueles que aprova e ama."[22]

Em *O hobbit*, observamos que a autocompreensão de Bilbo aumenta lentamente. Quando a história começa, ele reage às previsões de perigo de Thorin guinchando como "uma locomotiva saindo de um túnel" e "ajoelhado sobre o tapete da lareira, tremendo como gelatina derretendo".[23] Em sua jornada para a Montanha Solitária, ele encontra diversos perigos e sofre muito por causa do frio, da fome, da privação de sono, do medo e da fadiga. Lentamente, sua autoconfiança cresce e ele descobre forças ocultas, incluindo um insuspeito talento para a liderança. Bilbo adquire uma compreensão mais profunda sobre os lados conflitantes de sua constituição e percebe que quer mais da vida do que simplesmente conforto, uma boa erva para o cachimbo, uma adega bem abastecida e seis refeições por dia. Ao mesmo tempo, ele não deixa que isso lhe suba à cabeça nem começa a ter delírios de grandeza. Depois de todas as suas aventuras e seus feitos heroicos, ele ainda se considera — ainda bem — "apenas uma pessoazinha neste mundo enorme".[24]

Bilbo também se torna mais sábio de outra forma. Seus olhos se abrem por causa da viagem e de um leque mais amplo de experiências. O filósofo Tom Morris ressalta que fazer uma aula de filosofia pode ser como ter uma experiência ao ar livre para a mente. Os alunos se veem em uma aventura intelectual na qual os grandes filósofos fazem o papel de guias nativos — cartógrafos do espírito, que podem ampliar seus horizontes, guiá-los a panoramas empolgantes, ampliar sua imaginação, alertá-los sobre potenciais armadilhas e lhes ensinar as habilidades essenciais da sobrevivência existencial.[25] Muitos escritores perceberam que a viagem e a aventura também podem ter a consequência de mudar vidas e alterar paradigmas. Os hobbits do Condado são reservados e provincianos; eles sabem, mas não se importam muito com o amplo mundo que é a Terra-média. Bilbo, embora mais aventureiro que a maioria dos hobbits,[26] inicialmente compartilha muitas das percepções limitadas e restritivas de seus semelhantes. Como seus amigos e vizinhos hobbits, ele dá muito valor ao respeito, à rotina, ao conforto e aos simples prazeres físicos de comer, beber e fumar. No decorrer de suas aventuras, Bilbo acaba percebendo que existem assuntos mais importantes e valores mais elevados na vida. Ele experimenta o heroísmo, o autossacrifício, a sabedoria antiga e a grande beleza. Como a tripulação da nave *Enterprise*, ele encontra "novos mundos e novas civilizações", vê magníficos panoramas que desconhecia e tem contato com pessoas de sistemas de valores e modos de vida muito diferentes. Quando volta ao Condado, consegue enxergá-lo com novos olhos, mais aptos a perceber tanto suas limitações quanto seu charme único. Depois de tudo, ele descobre que "pode ter perdido o respeito dos vizinhos",[27] mas ganhou algo muito melhor. Nas páginas finais de *O hobbit*, encontramos o satisfeito e cosmopolita Bilbo a "escrever poesias e visitar os elfos".[28] De fato, ele não é o hobbit que era antes. Suas aventuras o tornaram mais sábio.

O crescimento de Bilbo em virtude

Com muita frequência, o conforto prejudica as avaliações interiores.

Lance Armstrong

Bilbo, entretanto, não cresce apenas intelectualmente; ele também se torna mais virtuoso e ético. Devido a suas aventuras, ele passa a ser mais corajoso, mais engenhoso, mais resistente, menos dependente e mais controlado. Suas decisões de poupar a vida de Gollum[29] e de recolocar as chaves no cinto do guarda élfico adormecido[30] sugerem mais compassividade. Sua escolha de abrir mão da preciosa Pedra Arken em uma tentativa de promover a paz; sua recusa de levar para casa mais do que duas pequenas arcas do tesouro (que mais tarde ele doa);[31] e sua doação da inestimável cota de *mithril* para o museu em Grã Cava[32] indicam que o "bastante avarento"[33] Bilbo tinha se tornado mais generoso e menos materialista. Os filósofos viam duas maneiras pelas quais as aventuras desafiadoras podem promover o desenvolvimento moral. Uma rápida, outra gradual.

Às vezes, grandes transformações morais podem ocorrer rapidamente ou até instantaneamente. Em geral, essas importantes mudanças éticas se dão quando alguma coisa chocante ou traumática acontece em nossas vidas. Alguém que amamos morre, nos envolvemos em um acidente quase fatal, acordamos na sarjeta — e reavaliamos nossas vidas e resolvemos mudar. Em muitos casos, como o filósofo americano William James (1842-1910) comenta em seu clássico *Varieties of Religious Experience*, essas transformações têm um ímpeto religioso. Na véspera de Natal, Ebenezer Scrooge era um velho avarento, rabugento e mau; no dia de Natal, ele era o espírito da generosidade e da alegria. Entretanto, mudanças éticas repentinas e radicais não são obrigatoriamente motivadas pela religião.

Transformações éticas rápidas são raras nos escritos de Tolkien, mas existem alguns exemplos notáveis. Pippin passa por uma depois de ter um apavorante encontro com Sauron ao olhar em uma Pedra-vidente de Orthanc.[34] Antes dessa experiência (e da ríspida repreensão de Gandalf), ele é imprudente e imaturo, sempre expondo a Sociedade ao perigo por causa de seus descuidos. Depois, ele muda radicalmente. O hobbit oferece seus serviços a Denethor, serve na Torre da guarda de Gondor, salva a vida de Faramir, mata um troll na Batalha do Morannon, desempenha um papel-chave no expurgo do Condado e, mais tarde, ocupa durante cinquenta anos o cargo de Thain do Condado.

A conversão de Thorin e sua reconciliação com Bilbo em seu leito de morte constituem outro exemplo de uma transformação repentina semelhante à de Scrooge (prenunciando a morte penitente de Boromir em *A Sociedade do Anel*). Ao longo de todo *O hobbit*, Thorin é retratado como um anão orgulhoso, ganancioso e pomposo. Depois que toma posse do tesouro, seu orgulho e sua ganância aumentam, e ele quase provoca uma guerra insensata entre os Povos Livres, que deveriam estar unidos. Por natureza, anões são "um povo calculista, que tem em alta conta o valor do dinheiro".[35] Além disso, Thorin está sofrendo do "mal do dragão",[36] uma possessividade degradante que aflige quem toca o tesouro que um dragão guardou por muito tempo. Mas até mesmo Thorin, quando está para morrer, percebe que "o mundo seria mais alegre se mais de nós dessem mais valor a comida, bebida e música do que a tesouros".[37]

Transformações morais repentinas podem acontecer. Entretanto, elas são raras e normalmente não duram muito tempo. Um caminho mais comum e duradouro para o crescimento moral é por meio de *hábito* e *treinamento*. A virtude, como ressalta Aristóteles (384-322 a.C.), é um hábito, um padrão enraizado de resposta moral. Uma pessoa só é verdadeiramente corajosa, por exemplo, se tem tendência ou disposição permanente para agir de maneira ousada em apoio a valores importantes, mesmo sob grande risco pessoal.[38] Ao longo da história da humanidade, a formação do caráter pela construção de hábitos tem sido o método padrão da educação moral.

O esporte fornece um modelo do funcionamento desse método. Imagine que você quer se tornar um corredor de longa distância de nível internacional. Não há outra maneira de conquistar isso que não por meio da dor, do suor e de uma determinação feroz. Grandes corredores têm grandes hábitos de trabalho. Eles não nascem com os hábitos da perseverança, do comprometimento, da disciplina e da resiliência — eles trabalham para conquistá-los. É por isso que o médico e filósofo George Sheehan fala da corrida como "um caminho para a maturidade, um processo de crescimento".[39] Buscamos a excelência formando bons hábitos e testando nossos limites.

A grande percepção de Aristóteles foi ver que o desenvolvimento ético normalmente acontece da mesma maneira. Para desenvolver a virtude da disciplina, não basta desejar ser disciplinado. Precisamos nos esforçar, desenvolver bons hábitos. Como diz o lendário treinador de basquete Rick Pitino, "bons hábitos criam organização e disciplina em nossas vidas (...) Eles se tornam o apoio, o comportamento padrão ao qual devemos nos ater para não nos desviarmos do caminho".[40]

Vemos esse processo de formação de hábitos éticos em *O hobbit*. O desenvolvimento moral de Bilbo acontece gradualmente, conforme ele aprende coisas novas, passa por testes, ganha autoconfiança e desenvolve hábitos virtuosos. A medida que ele se acostuma a sentir frio, fome e ficar com as roupas molhadas, ele reclama menos e se torna mais resistente. Enquanto o ânimo de seus companheiros enfraquece e sua notável boa sorte continua, o hobbit se torna mais encorajador e esperançoso — citando até mesmo o famoso dito do filósofo romano Sêneca "enquanto há vida, há esperança"[41] num mundo onde Sêneca sequer existiu! Conforme ele reage corajosa e efetivamente em diversas situações perigosas, sua confiança cresce e ele desenvolve o hábito de agir com coragem. Quando se vê forçado a tomar a iniciativa, querendo ou não, ele passa a se sentir mais confortável em um papel de líder e desenvolve o hábito da liderança servidora. Ao retornar para o Condado, aprende a verdadeira gratidão das bênçãos simples:

> Olhos que fogo e espada conheceram
> E em antros de pedra horror pungente,
> Um dia verdes prados recontemplam
> E as colinas e as matas de sua gente.[42]

As aventuras de Bilbo o modificaram, e essas mudanças, como descobrimos em *O Senhor dos anéis*, foram permanentes. Em *A Sociedade do Anel*, há uma cena profundamente tocante na qual Bilbo, já com a idade muito avançada, se oferece para tentar destruir o Anel do Poder. Em Valfenda, onde Bilbo se recolheu, Elrond convoca um Conselho para determinar o que fazer com o Um Anel. O Conselho decide que o artefato deve ser levado ao coração de Mordor e atirado ao fogo da Montanha da Perdição, onde foi forjado. Quando Elrond observa que essa missão aparentemente suicida deve "ser empreendida pelos fracos com a mesma esperança dos fortes", Bilbo diz:

> Muito bem, muito bem, Mestre Elrond (...) Não precisa dizer mais nada! Está claro que é para mim que está apontado. Bilbo, o tolo hobbit, começou este caso, e é melhor Bilbo dar cabo dele, ou de si mesmo. Eu estava muito bem aqui, continuando meu livro (...) É um trabalho terrível. Quando devo partir?

Quando Boromir, o poderoso guerreiro de Gondor, ouviu isso, "olhou com surpresa para Bilbo, mas o riso morreu-lhe nos lábios quando viu que todos os outros olhavam o velho hobbit com grande respeito. Apenas Gloin sorriu, mas o sorriso veio de antigas lembranças".[43]

No final, Bilbo escolheu o caminho menos usado, o caminho dos Tûk, o que fez toda a diferença — para ele e para toda a Terra-média. Seus conterrâneos hobbits podiam considerá-lo "louco", mas Bilbo, até o fim de sua vida, que foi "muito feliz" e "extraordinariamente longa",[44] teria concordado com Theodore Roosevelt:

> Muito melhor é se atrever a coisas grandes, é obter triunfos gloriosos, mesmo que marcadas pelo fracasso, do que se alinhar com aqueles pobres espíritos que nem desfrutam muito nem sofrem muito, porque eles vivem no crepúsculo cinzento que não conhece vitória nem derrota (...) A mais alta forma de sucesso (...) não chega ao homem que deseja a mera paz fácil, mas para o homem que não foge ao perigo, por meio do sofrimento ou da penosa labuta, e que, por causa disso, recebe o máximo esplêndido triunfo.[45]

Estradas sempre em frente vão, então pegue seu cajado favorito e siga para a aventura. E não se preocupe se deixar em casa seus lenços de bolso.

NOTAS

1 *The Letters of J. R. R. Tolkien.*

2 *O Senhor dos anéis: A Sociedade do Anel*, 7ª tiragem, (São Paulo: Martins Fontes), p. 1.

3 *O Senhor dos anéis: A Sociedade do Anel*, p. 5.

4 *O hobbit*, 3ª edição, (São Paulo: Martins Fontes), p. 295.

5 *O Senhor dos anéis: O retorno do rei*, 7ª tiragem, Apêndice C, (São Paulo: Martins Fontes, 2011), p. 391.

6 *O hobbit*, p. 17.

7 J. R. R. Tolkien, "A busca de Erebor". In: *Contos inacabados*, 3ª tiragem, editado por Christopher Tolkien (São Paulo: Martins Fontes, 2011), p. 350.

8 Tolkien, "A busca de Erebor", p. 351.

9 *O hobbit*, p. 4.

10 *O hobbit*, p. 17.

11 *O hobbit*, p. 32.

12 *O hobbit*, p. 209.

13 *O hobbit*, p. 209.

14 *O hobbit*, p. 216.

15 *O hobbit*, pp. 264, 285.

16 *O hobbit*, p. 281.

17 *O hobbit*, p. 294.

18 Tom Morris, *Philosophy for Dummies* (Foster City, CA: IDG Books, 1999), p. 35.

19 Adaptado de Nozick, *The Examined Life: Philosophical Meditations* (Nova York: Simon & Schuster, 1989), p. 267.

20 C. S. Lewis, *Mere Christianity* (São Francisco: HarperCollins, 2001), p. 137.

21 C. S. Lewis, *The Problem of Pain* (São Francisco: HarperCollins, 2001), p. 91.

22 *The Stoic Philosophy of Seneca: Essays and Letters*, traduzido por Moses Hadas (Nova York: Doubleday, 1958), pp. 30, 38.

23 *O hobbit*, p. 16. O apito do trem é um dos muitos anacronismos deliberados de *O hobbit*. Para mais anacronismos, ver Tom Shippey, *The Road to Middle-earth*, edição revisada e expandida (Boston: Houghton Mifflin, 2003), pp. 65-70.

24 *O hobbit*, p. 296.

25 Morris, *Philosophy for Dummies*, p. 22.

26 Tolkien diz que entre os hobbits "apenas um em mil" tinha qualquer centelha verdadeira por aventura. *The Letters of J. R. R. Tolkien*.

27 *O hobbit*, p. 2.

28 *O hobbit*, p. 295.

29 *O hobbit*, p. 86.

30 *O hobbit*, p. 175.

31 O Senhor dos anéis: A Sociedade do Anel, p. 221. Compare com O hobbit, p. 295, onde é dito que "boa parte do ouro e da prata foram gastos em presentes, tanto úteis quanto extravagantes". Mas em O Senhor dos anéis: O retorno do rei, lemos que Bilbo ainda tinha um pouco do ouro de Smaug 18 anos depois de deixar Bolsão (p. 266).

32 O Senhor dos anéis: A Sociedade do Anel, p. 6. Gandalf observa que o valor da cota era maior do que o do Condado inteiro e de tudo o que havia nele.

33 Tolkien, "A busca de Erebor", p. 351.

34 O Senhor dos anéis: As duas torres, 7ᵃtiragem, (São Paulo: Martins Fontes), pp. 199-200.

35 O hobbit, p. 208.

36 O hobbit, p. 296.

37 O hobbit, p. 281.

38 Essa definição é adaptada do livro de Tom Morris, If Harry Potter Ran General Electric: Leadership Wisdom from the World of the Wizards (Nova York: Doubleday, 2006), p. 36.

39 George A. Sheehan, This Running Life (Nova York: Simon & Schuster, 1980), p. 244.

40 Rick Pitino e Bill Reynolds, Success Is a Choice: Ten Steps to Overachieving in Business and Life (Nova York: Broadway Books, 1997), p. 98.

41 The Stoic Philosophy of Seneca, p. 203. Uma versão levemente diferente da máxima aparece em Letters to Atticus, de Cícero, Livro 9, 10, 3. Sêneca atribui o dito a um desconhecido de Rodos (atual Rodes), e o condena como covarde. Bilbo atribui o ditado a seu pai, Bungo, e Sam diz que era um ditado habitual de seu pai, o Feitor (O Senhor dos anéis: As duas torres, p. 317). A máxima pode ser enfim traçada até Eurípedes dizendo que "a vida tem sempre esperança". Eurípedes, The Trojan Women, linha 635. Um ditado similar é encontrado na sabedoria da tradição judaica. Ver Eclesiastes 9:4: "Quem está entre os vivos tem esperança; até um cachorro vivo é melhor que um leão morto."

42 O hobbit, p. 294. Tolkien deve ter sentido o mesmo quando, como um jovem oficial do exército britânico na Primeira Guerra Mundial, voltou dos campos da batalha do Somme em novembro de 1916 para se recuperar de uma febre das trincheiras.

43 O Senhor dos anéis: A Sociedade do Anel, p. 285.

44 O hobbit, p. 295.

45 Theodore Roosevelt, "The Strenuous Life" (1899), disponível em: historytools.org/sources/strenuous.html (em inglês).

2

"ESTRADAS SEMPRE EM FRENTE VÃO": UM TAO HOBBIT

Michael C. Brannigan

Incorpore ao máximo o infinito, e ande por onde não houver caminho. Guarde tudo o que recebeu do Céu, mas não pense que possui coisa alguma.

Simplesmente seja vazio.

Chuang Tzu

A O LONGO DE SUA JORNADA, uma voz dentro de Bilbo Bolseiro clamava por sua casa, pelo conforto e pela segurança do que lhe é familiar. Além disso, o hobbit percebe que descobrimos nosso "lar" ao deixá-lo. Da mesma forma, sábios taoistas nos recordam de que encontramos nossa verdadeira moradia na jornada em si. Isso não combina com a mensagem de *O Senhor dos anéis* de que "nem todo vagante é vadio"?

Os desejos aparentemente conflitantes de Bilbo por segurança e aventura repercutem bem com leitores e cinéfilos ocidentais. A luta para conciliar essas dualidades em si próprio ajudou a gerar uma profusão de indústrias de psicologia e autoajuda. Mas os antigos taoistas chineses estavam alguns milhares de anos a nossa frente sobre o assunto. Segundo esses antigos filósofos orientais, os desejos díspares não precisam ser reconciliados. Eles nem sequer são contraditórios.

A Sociedade do Tao

O Tao é o princípio fundamental da Realidade, a origem do universo, o indescritível Movimento da Natureza, da Vida e da Morte que pulsa em tudo o que existe. A mudança e a estabilidade coexistem em toda a realidade. Vemos o Tao em ação em "Bilbo, o aventureiro", que saúda e acolhe a mudança, e também em "Bilbo, o caseiro", que deseja a segurança.

Uma maneira de imaginar o Tao é considerar a antiga cosmologia chinesa, que vê o universo como um drama no qual duas forças primordiais, o *yin* e o *yang*, interagem uma com a outra. O Tao é o Princípio Supremo que dá à luz o *yin* e o *yang*. *Yin*, literalmente o "lado sombrio da montanha", é a força da escuridão, da passividade e da feminilidade. *Yang*, literalmente o "lado iluminado da montanha", é a força da luz, da atividade e da masculinidade. *Yin* e *yang* se complementam em um equilíbrio perpétuo.[1]

A aventura de Bilbo revela esses significados literais em especial. Assim como a jornada de nossos andarilhos — que vão em direção à Montanha Solitária, a escalam e, então, finalmente descem suas entranhas —, as forças da luz e da escuridão se entrelaçam regularmente, mais ou menos como os trolls que, feitos da escuridão da montanha, voltam à origem quando são atingidos pela luz. E assim como o lado sombrio da montanha mais cedo ou mais tarde se torna o lado iluminado, o *yin* eventualmente se transforma em *yang*. O Tao representa essa dança universal de luz e sombra.

Um vale, sendo livre dos extremos de luz e sombra da montanha, captura bem essa harmonia. O bom Elrond vive no "belo vale de Valfenda". E ao encontrar o vale, nossos peregrinos "conseguiam ouvir a voz da água correndo num leito pedregoso; a fragrância das árvores se espalhava no ar e havia uma luz na encosta do vale, do outro lado do rio".[2] Internamente, deveríamos valorizar as forças do *yin* e do *yang* e deixá-las atuar sem obstáculos. No clássico texto taoista, o *Tao Te Ching*, somos encorajados a encarar o Tao "não por obrigação/Mas espontaneamente".[3]

Infelizmente, temos a tendência a ignorar o Tao dentro de nós e valorizar outras coisas. Assim, nos afastamos de nossa verdadeira natureza, que é estar em harmonia com o Tao. Os hobbits são propensos a valorizar a reputação e a convencionalidade; orcs são obcecados por máquinas, especialmente tecnologias bélicas; anões são obstinados em adquirir ouro, prata e pedras preciosas; Smaug acumula apenas por acumular; Gollum, e até mesmo Bilbo momentaneamente, é fascinado não apenas por possuir o Anel, mas pela ideia de possuí-lo.

Em seu *The Letters of J. R. R. Tolkien*, o autor diz que esses desejos representam nossa Queda, a perda da inocência e da graça, um tema central de seus escritos. Segundo ele, a Queda começa quando o desejo chega a um ponto de "se tornar possessivo, agarrando-se às coisas criadas como se fossem 'suas próprias'".[4] Ouvimos ecos do "meu precioso" de Gollum e conhecemos muito bem a imensa avidez por ouro nos "corações dos anões".

Em contraste, o poder do Tao dentro de nós é o poder não da invisibilidade, mas de viver de acordo com nossa verdadeira e original natureza. Assim como os outros hobbits, Bilbo pressupõe que a natureza dele é simplesmente viver em sua toca de hobbit, que "quer dizer conforto", e sua voz da razão diz: "Não seja tolo, Bilbo Bolseiro! (...) Pensando em dragões e toda essa besteira estapafúrdia na sua idade!"[5] Mesmo assim, depois da inesperada visita dos anões, ele ouve outra voz dentro de si:

> Então, alguma coisa do Tûk despertou no seu íntimo, e ele desejou ir ver as grandes montanhas, e ouvir os pinheiros e as cachoeiras, explorar as cavernas e usar uma espada ao invés de uma bengala.[6]

O hobbit é basicamente uma parábola sobre o despertar de Bilbo para sua verdadeira natureza como Tûk, assim como Bolseiro, como aventureiro que assume riscos e também como alguém que busca conforto e familiaridade.

Os hobbits pertencem à raça humana e representam uma inocência original, amando a vida simples, festejando, comendo, bebendo, rindo, em contato com o que realmente importa na vida — companheirismo, conforto e satisfação.[7] (Eu reli *O hobbit* enquanto estava em Gales, e não há nada como uma boa cerveja galesa para simplificar a complexidade.) Tolkien escreve que os hobbits estão "em maior contato com a 'natureza' (o solo e os outros seres vivos, plantas e animais), e [são] anormalmente, para os humanos, livres de ambição ou cobiça de riqueza".[8] Assim como os sábios taoistas, o povo pequeno leva uma vida descomplicada em contato íntimo com a natureza. As vidas rústicas e metódicas dos hobbits, encarnando a simplicidade natural, permitem a espontaneidade. E a espontaneidade possibilita que o *te*, o poder do Tao, surja dentro delas de forma que possam ser leais à própria natureza. Isso contrasta com o povo grande, cuja vida é mais sobrecarregada, muito menos simples e espontânea, e cujo tamanho representa complexidade, excesso e ambição desmedida. As pessoas grandes representam a Queda condenada por Tolkien, a perda de nosso caminho natural.

Outro conceito taoista, *wu-wei*, diz respeito a agir naturalmente, sem força. Significa ceder — em vez de resistir — ao fluxo natural das coisas, e se reflete na ideia de governo sem governante. O sábio taoista "rege pela não regência", assim como o Condado dos hobbits também não tem governo oficial.[9] Explicando para seu filho Christopher a própria inclinação para a anarquia, Tolkien escreve:

> [O] trabalho mais impróprio a qualquer homem, mesmo os santos (os quais, de qualquer maneira, ao menos relutavam em realizá-lo), é dar ordens a outros homens. Nem mesmo um homem entre 1 milhão é adequado para tal, e menos ainda são aqueles que buscam essa oportunidade.[10]

Então, qual é o princípio básico do Tao? Os ensinamentos taoistas nos dizem que temos de buscar o próprio Tao, a própria jornada, de uma maneira consistente com esse princípio fundamental, que é nossa verdadeira e original natureza. *O hobbit* revela personagens cujo comportamento é perturbador e claramente nocivo. Quando Thorin teima em reter todo o ouro, a prata e as pedras preciosas, o que torna seu comportamento questionável? Sua ganância evidentemente não é o caminho do Tao, impedindo-o de ser leal à sua natureza. Pense em Smaug. Se a propensão do dragão é possuir um tesouro e deleitar-se com sua posse, ele está cultivando o Tao? Com certeza não, pois sua propensão é uma coisa; sua verdadeira natureza é outra. Sua propensão suprime o *te*, o poder do Tao. A genuína natureza de todos os seres vivos é agir de acordo com o Tao.

Precisamos investigar isso mais a fundo. O que realmente significa agir em harmonia com o Tao? Por que certos caminhos, como o de Thorin, e certas propensões, como a de Smaug, são ilegítimos e não valem a pena?

Outro jeito de pensar o caminho: *Os sete mestres taoistas*

Consideremos *O hobbit* sob a perspectiva de uma de minhas histórias taoistas prediletas, *Os sete mestres taoistas*. Escrita por volta do ano 1500, durante a Dinastia Ming (1368-1644), a história fala das jornadas do sábio taoista Wang Ch'ung-yang e seus sete discípulos em busca da autodescoberta e do cultivo do Tao.

Em um episódio, Wang Ch'ung-yang encontra dois mendigos chamados "Ouro-É-Pesado" e "Mente-Vazia", a quem leva para casa e dá de comer. Desconhecidos para ele, os mendigos são sábios taoistas disfarçados, que se tornaram imortais depois de cultivar o Tao. Wang Ch'ung-yang fica impressionado com sua simplicidade e desligamento dos bens materiais e assuntos mundanos. Depois de cuidar de suas necessidades, Wang Ch'ung-yang segue os mendigos através de uma ponte misteriosa, subindo íngremes passagens nas montanhas, e finalmente chega a um lago límpido como um cristal. Ali, Mente-Vazia entrega a Wang Ch'ung-yang sete flores de lótus e o instrui a cuidar delas carinhosamente, pois são os espíritos de sete almas destinadas a serem seus discípulos.[11]

Ouro-É-Pesado

O nome desse taoista imortal é claramente relevante para nosso conto. Quando Bilbo encontra Smaug, o dragão tenta enfeitiçar o hobbit ao plantar dúvidas sobre a missão de resgate do ouro:

> Não sei se lhe ocorreu que, mesmo que conseguisse roubar o ouro pouco a pouco, uma questão de cem anos, mais ou menos, você não conseguiria ir muito longe? Qual seria a utilidade do ouro na encosta da montanha? Qual seria a utilidade na floresta? Céus! *Já pensou no produto?* A décima quarta parte, acho eu, ou algo assim, eram esses os termos, não é? Mas e a entrega? E o transporte? E os guardas armados e as taxas?[12]

Bilbo não chegar a cogitar esses assuntos práticos. Ele e seus companheiros tinham pensado apenas em colocar as mãos no tesouro, não em transportá-lo. Assim, em um nível puramente literal, uma vez adquirido, o ouro é, de fato, um fardo pesado.

Mas, como filósofos, vamos cavar mais profundamente. O "produto" é oneroso de outra maneira. Como descobrem Thorin e seus companheiros anões, o desejo por ouro pode facilmente se transformar em uma avidez desgastante e opressiva. Desde o começo, Thorin tem a intenção de retomar o que ele considera sua herança de direito. Apoderar-se do ouro tem sido sua única missão: como ele diz a Bilbo e a Gandalf, "Nunca nos esquecemos de nosso tesouro roubado."[13] Entretanto, seu desejo de retomar o tesouro é tão intenso, que acaba por engoli-lo. Mas não sejamos duros demais com Thorin. Até mesmo o narrador admite que ele é daqueles anões "decentes o bastante (...) *se não se espera muito deles*".[14]

O aprisionamento de Thorin sob o peso do desejo vem claramente à tona em sua conversa com o matador do dragão, Bard. Apesar dos apelos do homem para distribuir o ouro de forma justa e como compensação pela perda de vidas causadas basicamente pela busca voraz de Thorin para recuperar o tesouro, a cobiça do anão pelo ouro se mostra irredutível. Bilbo fica perturbado pelo comportamento dele:

[Ele] não contava, porém, com o poder que tem o ouro muito tempo guardado por um dragão nem com o coração dos anões. Nos últimos dias, Thorin passara muitas horas junto ao tesouro, e a avidez pelas riquezas dominava-o. Embora houvesse procurado especialmente a Pedra Arken, ainda cobiçava muitas coisas maravilhosas que lá jaziam e que encerravam velhas lembranças dos trabalhos e das riquezas de sua raça.[15]

Thorin não é o único personagem de *O hobbit* a ser oprimido pelo desejo por ouro. Mesmo que os elfos da floresta sejam basicamente um Bom Povo, seu rei, sempre ávido por adquirir mais prata e pedras brancas, tem uma fraqueza especial pelo tesouro. E quando o guardião do tesouro da Montanha Solitária é morto, homens, elfos e anões ficam cada vez mais ávidos para colocar as mãos nele, culminando na terrível Batalha dos Cinco Exércitos.

Nem mesmo o povo hobbit está livre do peso do desejo. Com os rumores sobre a "morte" de Bilbo, os hobbits (especialmente os Sacola-Bolseiros), não perdem tempo em vender as posses dele. A ganância consegue nublar até mesmo almas bondosas. E no capítulo de abertura de *O Senhor dos anéis: A Sociedade do Anel*, a fofoca sobre o tesouro escondido de Bilbo arrebata o coração dos hobbits.

Os orcs são "cruéis, malvados e perversos". Embora esse povo não seja obcecado por ouro, seu tesouro se encontra na maquinaria. Eles se deleitam em criar instrumentos eficientes, especialmente tecnologias de destruição.

Não fazem coisas bonitas, mas fazem muitas coisas engenhosas (...) Não é improvável que tenham inventado algumas das máquinas que desde então perturbam o mundo, especialmente os instrumentos engenhosos para matar um grande número de pessoas de uma só vez, pois sempre gostaram muito de rodas e motores e explosões (...)[16]

Os orcs criam suas máquinas e têm escravos para fazer o trabalho por eles. Mesmo assim, são escravizados por sua criação, assim como o desejo por ouro nos escraviza.

Em uma carta a seu filho mais novo, Christopher, que na época servia à British Royal Air Force, na África do Sul, durante a Segunda Guerra Mundial, Tolkien faz uma interessante crítica às máquinas no contexto da guerra:

> Lá, a tragédia e o desespero de todo maquinário são revelados. Ao contrário da arte, que se contenta em criar um mundo secundário na mente, ele tenta *tornar real* o desejo, para criar poder neste mundo; e disso não resultará nenhuma satisfação real. O maquinário para economizar trabalho apenas cria um trabalho pior e interminável. E, além dessa incapacidade fundamental de uma criatura, a queda é acrescentada, o que faz com que nossos aparelhos não apenas falhem em seu desejo, como também se tornem um mal novo e horrível. Assim, inevitavelmente vamos de Dédalo e Ícaro para o Bombardeiro Gigante. Não é um avanço em sabedoria![17]

Para o taoista, o verdadeiro problema não está nas máquinas em si, mas no poder de sedução que elas exercem sobre nós, em nossa disposição para nos render à eficiência, mesmo que ela signifique sacrificar a natureza e a humanidade.

Portanto, o ouro de fato é pesado. O desejo por riqueza e poder é opressivo. Curvados sob o peso de nossos desejos, perdemos de vista nossa natureza original, nosso Tao. Para o taoista, entretanto, podemos nos libertar desse peso. O apego ao ouro leva à obsessão, e a obsessão leva à escravidão. Portanto, a chave é se livrar do apego. O segredo está no desapego.

Mente-Vazia

Mente-Vazia, o sábio companheiro de Ouro-É-Pesado, representa o desapego. Segundo meu sogro, Carl Wilhelm, o significado do desapego é muito simples: "Não é nada de mais!"

Pense nos anões. Sua ambição, embora tenha princípios nobres (restaurar a justiça), os atrapalha e os domina. Eles são tão obcecados pelo objetivo que acabam se tornando apegados — e, portanto, escravizados —, por ele. O apego a uma ideia pode facilmente ser a pior forma de apego. Uma ideia não respira. Seres vivos respiram. Mesmo assim, os taoistas (assim como os budistas, hindus, poetas, artistas, místicos e diversos filósofos) nos advertem para não conceder mais realidade a uma ideia, imagem ou um símbolo do que à própria realidade. O poeta zen nos diz para não "confundir o dedo que aponta para a lua com a lua".

Mente-Vazia não significa insensatez ou idiotice, mas refere-se ao que os taoistas (e budistas) chamam de mente-espelho, um estado de espírito e de sentimentos que reflete o que lhe é apresentado, mas não se apega ao que é refletido.[18] Portanto, devemos cultivar um estado de espírito e de sentimentos que seja como um espelho límpido. Lemos na frase de abertura de Chuang Tzu: "Incorpore ao máximo o infinito e ande por onde não houver caminho. Guarde tudo o que recebeu do Céu, mas não pense que possui coisa alguma. *Simplesmente seja vazio.*"[19] Como um espelho límpido, a mente vazia reflete, mas não avalia ou julga o que surge diante dela. Está sempre atenta. Não privilegia um ponto de vista em detrimento de outro.

Beorn fornece um oásis de conforto, um alegre banquete e descanso para os peregrinos antes que sigam para a parte mais difícil da jornada. O troca-peles representa Mente-Vazia. Leal à sua natureza de urso-humano, ele está em harmonia com todos os seres. Ele vive de mel e não se importa com o ouro, as joias e outras coisas consideradas tesouros. Ele oferece a seus hóspedes alguns conselhos extremamente importantes antes que comecem a travessia da Floresta das Trevas, dizendo-lhes, assim como Gandalf, que não saiam da trilha. A "trilha" é tanto literal quanto figurada. Eles não devem sair da trilha que cruza a sombria floresta e, ao mesmo tempo, não devem deixar sua natureza original, sua trilha pessoal. O rio encantado do esquecimento pode obscurecer a memória de sua verdadeira trilha. Todos esses são bons conselhos de alguém que conseguiu ficar na própria trilha ao manter uma mente vazia, uma mente límpida como um espelho.

O fato de Beorn ser um troca-peles é especialmente instrutivo. Quando adquirimos tendência a algum comportamento (como a escravidão de Thorin à vingança, a ocasional rendição de Beorn a seu temperamento esquentado e a obsessão de Smaug por ter cada vez mais), suprimimos nossa verdadeira natureza de acordo com o Tao. De certa forma, "trocamos de pele". Apresentamos um rosto ilegítimo aos outros e a nós mesmos. Também pagamos um preço — escondendo e suprimindo nossa pele original ou, como os zen-budistas chamam, "o rosto original que tínhamos antes de nascer".

Bilbo se mantém um hobbit de coração puro ao longo de toda a história. Ele personifica a mente-vazia, não só por causa de sua simplicidade natural e de sua inocência infantil, mas porque escolhe, deliberadamente, permanecer alheio ao desejo pelo ouro. Embora uma fagulha de desejo reluza em seu coração quando eles encontram o tesouro, e um "encantamento" o instigue a ficar com a Pedra Arken, no espírito do *wu-wei* ele se desprende de seu desejo pelo tesouro e evita o "feitiço" experimentado pelos anões. Na verdade, ele trocaria tudo aquilo por uma caneca espumante na taberna Dragão Verde!

Depois de desaparecer diante dos vizinhos em sua onzentésima primeira festa de aniversário, pronto para retomar o papel de aventureiro, ele não sabe ao certo se quer se desfazer do Anel. É necessário um pouco de estímulo da parte de Gandalf para convencer Bilbo, e o mago o avisa: "O Anel se apoderou de você e isso foi longe demais. Largue dele! E então você poderá ir também, e ser livre."[20] Bilbo hesita e finalmente esvazia sua mente do desejo de possuir aquilo que não é seu, embora até ele já tivesse considerado o Anel como seu "precioso".

Nosso conto taoista termina onde começou, em uma trilha, por um caminho, uma estrada que nunca termina, como Bilbo canta para si mesmo:

A Estrada em frente vai seguindo
Deixando a porta onde começa.
Agora longe já vai indo,

Devo seguir, nada me impeça,
Em seu encalço vão meus pés,
Até a junção com a grande estrada,
De muitas sendas através.
Que vem depois? Não sei mais nada.[21]

Um sábio taoista não poderia criar palavras melhores, embora palavras, veja bem, nunca sejam suficientes.

NOTAS

1 Minha gratidão a Jennifer L. McMahon e a B. Steve Csaki, que nos apresentaram as ideias taoistas em *O Senhor dos anéis*, falando das forças equilibradoras *yin* e *yang* em seu capítulo, "Talking Trees and Walking Mountains: Buddhist and Taoist Themes in The Lord of the Rings", In: *The Lord of the Rings and Philosophy: One Book to Rule Them All*, editado por Gregory Bassham e Eric Bronson (Chicago: Open Court, 2003), pp. 188-91.

2 *O hobbit*, pp. 46-7.

3 *The Tao Te Ching: A New Translation with Commentary*, traduzido por Ellen M. Chen (Nova York: Paragon House, 1989), Cap. 51, p. 175.

4 *The Letters of J. R. R. Tolkien*.

5 *O hobbit*, p. 27.

6 *O hobbit*, p. 15.

7 Greg Harvey faz um interessante paralelo da inocência e da simplicidade dos hobbits com as ideias taoistas do *Tao Te Ching* em seu *The Origins of Tolkien's Middle-earth for Dummies* (NJ: Wiley, 2003), p. 112.

8 *The Letters of J. R. R. Tolkien*.

9 Peter J. Kreeft debate o desagrado de Tolkien em relação ao governo em *The Philosophy of Tolkien: The Worldview Behind* The Lord of the Rings (São Francisco: Ignatius Press, 2005), p. 163.

10 *The Letters of J. R. R. Tolkien*.

11 *Seven Taoist Masters: A Folk Tale of China*, traduzido para o inglês por Eva Wong (Boston: Shambhala Press, 1990), p. 5; citado em Michael C. Brannigan,

Striking a Balance: A Primer in Traditional Asian Values, edição revisada (Lanham, MD: Lexington Books, Rowman & Littlefield Pub., Inc., 2010).

12 *O hobbit*, p. 219 (grifo nosso).

13 *O hobbit*, p. 24.

14 *O hobbit*, p. 208 (grifo nosso).

15 *O hobbit*, p. 257.

16 *O hobbit*, p. 62.

17 *The Letters of J. R. R. Tolkien.*

18 Na China antiga, o espelho não refletia apenas o que estava diante dele, mas também "milagrosamente" produzia fogo e tinha o poder de revelar o que estava oculto (por exemplo, demônios invisíveis), assim como de proteger contra espíritos malignos. Dessa forma, um espelho tinha poder sobre a invisibilidade.

19 *Chuang Tzu: Basic Writings*, traduzido para o inglês por Burton Watson (Nova York: Columbia University Press, 1964), pp. 94-95 (ênfase do autor).

20 *O Senhor dos anéis: A Sociedade do Anel*, p. 34.

21 *O Senhor dos anéis: A Sociedade do Anel*, p. 36.

3

GRANDES PÉS PELUDOS: UM GUIA HOBBIT PARA A ILUMINAÇÃO

Eric Bronson

Nunca confie em uma ideia que não tenha surgido durante uma caminhada.

Friedrich Nietzsche

HOBBITS SÃO BONS EM FAZER CAMINHADAS. Na verdade, eles são feitos para isso. No Prólogo de *O Senhor dos anéis*, Tolkien observa que, desde os tempos mais remotos, os hobbits "raramente usavam sapatos, uma vez que seus pés tinham solas grossas como couro e eram cobertos por pelos grossos e encaracolados, muito parecidos com os que tinham na cabeça, que eram geralmente castanhos".[1]

Pés assim são feitos para andar, e Bilbo, em especial, gostava de uma boa caminhada pelo campo. No corredor, ao lado de suas bengalas, havia um grande mapa "da Região Circunvizinha com todas as suas caminhadas favoritas marcadas com tinta vermelha".[2] Bilbo é seguro de si. Ao longo de suas aventuras, ele nunca se esquece de quem é ou de onde veio. Talvez essa seja uma das razões pelas quais o pequeno hobbit tenha tanto apelo para nós, humanos, hoje em dia.

Em seu inovador livro *As consequências da modernidade*, o sociólogo Anthony Giddens argumenta: "A modernidade 'desloca' (...) o local se torna fantasmagórico. Entretanto, esta é uma vivência de camada dupla, ou ambivalente, em vez de simplesmente uma perda de comunidade."[3] Eu gosto de Giddens, e não só porque ele usa palavras como "fantasmagórico" sem traços de ironia. Sua opinião é que, na era moderna, nos tornamos eficientes em nos deslocar por "sistemas abstratos". Compramos roupas com cartões de crédito, mantemos contato com amigos distantes por redes sociais e alugamos carros tranquilamente para embarcar em longas viagens por estradas desconhecidas, confiantes de que os sistemas de organização nos guiarão sem qualquer obstáculo. Mas, como o próprio Giddens explica: "Com o desenvolvimento dos sistemas abstratos, a confiança em princípios impessoais, bem como em outros anônimos, torna-se indispensável à existência social."[4] Algo sempre se perde e se ganha com cada novo avanço tecnológico. No momento em que seu amigo Tom-Tom, a voz do GPS, lhe dá uma informação errada, você percebe que ele nunca foi realmente um amigo para início de conversa, independentemente do sotaque que você escolheu para ele.

Desde Dostoiévski, os filósofos ocidentais ressaltam essa ambivalência de lugar confrontando as pessoas modernas. Pensadores famosos propuseram diversas soluções para esse dilema moderno. Friedrich Nietzsche (1844-1900) encontrou esperança na arte, Simone de Beauvoir (1908-1986) delineou uma "moral da ambiguidade" e Jürgen Habermas (nascido em 1929) exigiu uma autêntica comunicação com os outros. Tolkien, entretanto, sempre desconfiou de soluções modernas para problemas modernos.[5] Para o professor de Oxford que confrontou os horrores da Primeira Guerra Mundial, o lugar ainda importava. E, se seus conterrâneos estavam se sentindo desconectados, não precisavam ler um monte de livros de filosofia para aplacar sua angústia existencial. O que mais precisavam era sair de casa e fazer uma caminhada.

Tanto na tradição filosófica ocidental quanto na oriental, o ato de caminhar ocupa uma posição central. A busca pela verdade começa com os pés. "Nada como procurar quando se quer achar alguma coisa", explica Thorin a seus companheiros anões. "Quando se procura geralmente se encontra alguma coisa, sem dúvida, mas nem sempre o que estávamos procurando."[6]

"Não tão depressa!"

Em seu livro *The Spell of the Sensuous*, o filósofo, antropólogo e mágico ilusionista David Abram discute as culturas orais e seu relacionamento simbiótico com o ambiente natural. Ele argumenta que o mundo natural nos chama, embora normalmente estejamos apressados demais para perceber. O ato de caminhar ganha mais importância conforme perdemos nossa conexão com a terra. Em 1981, o poeta zen Gary Snyder estava viajando em uma picape pelo interior da Austrália. Seu companheiro, um ancião aborígene, contava uma história sobre garotas-lagarto em uma montanha pela qual estavam passando. Subitamente, o ancião começou outra narrativa. Snyder ficou confuso. "Eu não conseguia acompanhar", confessou ele. "Percebi, depois de meia hora daquilo, que eram histórias feitas para serem contadas durante uma *caminhada*, e que eu estava experimentando a versão acelerada do que deveria ser contado vagarosamente ao longo de diversos dias de viagem a pé."[7]

As pessoas e os lugares são conectados de forma íntima, algo que Tolkien compreendia profundamente. "Sabiamente, comecei com um mapa, e fiz a história se encaixar nele", disse o escritor sobre *O Senhor dos anéis*.[8] Normalmente, as pessoas que entendem a própria conexão com seu lugar são mais "pé no chão" e se sentem menos desconectadas. Entretanto, as conexões ao ambiente imediato de alguém raramente são estabelecidas de maneira instantânea. Esses relacionamentos levam tempo e, em geral, envolvem anos de caminhadas por aquela vizinhança.

Em O Senhor dos anéis, é Barbárvore, o ent, que ensina a Pippin e Merry a desacelerar o passo e não serem tão apressados. "Os nomes verdadeiros (...) contam as histórias dos seres a quem pertencem", Barbárvore informa aos jovens hobbits, sabendo que eles não compreenderiam seu velho entês. "É uma língua adorável, mas leva muito tempo para se dizer qualquer coisa nela, porque não dizemos nada nela a não ser que valha a pena gastar um longo tempo para dizer, e para escutar."[9] Quanto aos hobbits, Barbárvore não quer nem sequer começar a ouvir sua história até andar 70 mil passadas-ent e tomar "um longo e lento gole" de algo que se parecia com a água do Entágua.

Uma boa conversa, assim como boas caminhadas, precisa de tempo. Quem anda e fala rapidamente quase sempre fica com os pensamentos confusos. O próprio Tolkien caminhava devagar, e às vezes irritava seus companheiros mais velozes ao parar para observar flores e árvores. "Ele é um grande homem", disse certa vez C. S. Lewis sobre Tolkien, "mas não é nosso tipo de andarilho. Parece que não consegue andar e falar ao mesmo tempo. Ele se move vagarosamente e depois para completamente quando tem alguma coisa interessante para dizer".[10] O erro de Lewis era andar rápido demais; era um dos "caminhantes implacáveis", como Tolkien os chamava. Barbárvore ficaria extremamente insatisfeito.

As caminhadas podem ser transformadoras a partir do momento em que se aprende a ir com calma. Em setembro de 1931, enquanto *O hobbit* ainda estava em seus primeiros rascunhos, Tolkien fez outra caminhada com Lewis e um amigo dele: Hugo Dyson, um estudioso de Shakespeare.[11] Eles passearam pela Addison Walk em Oxford, perto do Magdalen College. As discussões sobre a relação entre mitos e fatos duraram até as 3 horas da manhã. Depois que Tolkien foi para casa, Lewis continuou andando com Dyson por mais uma hora, e pouco depois passou por uma conversão religiosa que mudou sua vida.[12] Talvez ele também tenha aprendido alguma coisa importante sobre diminuir o ritmo de sua caminhada.

Transformações religiosas não são incomuns na história das grandes caminhadas. De Moisés subindo o Monte Sinai aos muçulmanos dos dias de hoje andando lentamente em círculos em torno da Caaba, em Meca, a maioria, se não todas as grandes religiões do mundo abrangem caminhadas de silenciosa contemplação. Como Geoff Nicholson, autor de *The Lost Art of Walking* indiretamente observa: "Não sei muito sobre deuses, mas parece que eles gostam que seus adoradores caminhem bastante."[13]

Caminhe pela cura

Ouvimos que caminhar pode ajudar a salvar uma vida. Quase todos nós, em algum momento, andamos por uma causa ou apoiamos amigos ou colegas de trabalho para ajudar a fazer a diferença no mundo. Apenas um orc que vive sem a luz do sol seria contra doar seu tempo ou seu dinheiro a uma boa causa. Mas Nicholson levanta uma questão importante: a conexão entre a caridade e a caminhada fica um pouco distorcida quando paramos para pensar sobre o assunto com seriedade. "Isso sugere que andar é uma atividade excêntrica e fora do comum, tão rara que as pessoas só o fariam por dinheiro, mesmo que ele fosse para uma causa nobre."[14]

Entretanto, andar realmente salva vidas. Salvou a de Thorin quando Smaug atacou pela primeira vez a Montanha que estava repleta dos brinquedos e joias feitos à mão pelos anões. Apenas uns poucos escolhidos escaparam à fúria do dragão, esgueirando-se pela porta secreta lateral. Mas havia outro grupo de anões que não precisou de um mapa mágico para guiá-los para longe do tesouro. Os anões que estavam com Thorin já se encontravam distantes do ouro e da prata quando o ataque da besta começou. "Eu era", como Thorin explica, "um bom rapaz aventureiro, naqueles dias, sempre andando por aí, e isso salvou minha vida naquele dia".[15] O que salvou a vida do anão não foi a caminhada em si, mas o fato de tê-lo afastado das mesmas armadilhas gananciosas que levariam à morte a maioria de seus amigos de mente pequena (e que, mais tarde, acabariam com Thorin, quando ele escolheu sentar sobre o ouro na Montanha Solitária em vez de sair andando, como fez Bilbo).

No século XVI, o filósofo francês Michel de Montaigne (1533-1592) também escolheu andar para longe de seu ouro e sua prata. Na parede de seu quarto, Montaigne escreveu o seguinte:

> No ano de Nosso Senhor de 1571, com 38 anos, no último dia de fevereiro, seu aniversário, Michel de Montaigne, há muito esgotado da servidão da corte e das funções públicas, enquanto ainda está inteiro, se retirou para o seio das virgens eruditas, onde com calma e livre de todas as preocupações ele vai passar o pouco que lhe resta de vida, que agora já passa da metade.[16]

De fato, retirar-se "para o seio das virgens eruditas" (as Musas) não evoca exatamente a partida de São Francisco em busca de uma vida de pobreza, mas há algo de transformador na decisão de se afastar da rotina. A crença de que a vida diária de responsabilidades domésticas é, em geral, emocionalmente insuficiente, e às vezes moralmente falida, é inerente a essa mudança. Em vez de trabalhar para as cortes, Montaigne escolhe se afastar e meditar em sua torre. Mas não basta virar as costas para seu enfadonho trabalho se tudo o que você vai fazer é ficar deitado no sofá assistindo a maratonas de *Two and a Half Men*. Embora Montaigne tenha afirmado "meu passo é rápido e firme",[17] seus pensamentos ainda retornavam ocasionalmente para os mesmos problemas mesquinhos aos quais o filósofo estava preso antes de sua transformação pessoal. Como qualquer filósofo sabe, a mente precisa de tanto exercício e treinamento quanto o corpo. Montaigne entendeu isso no fim.

> Quando eu danço, eu danço; quando eu durmo, eu durmo; sim, e quando caminho sozinho por um belo pomar, caso meus pensamentos se ocupem de incidentes externos durante parte do tempo, em outros momentos os trago de volta à caminhada, ao pomar, à doçura dessa solidão, e a mim mesmo.[18]

Ande por este caminho

Henry David Thoreau (1817-1862) foi outro suposto rabugento salvo pela caminhada. O mesmo homem que se isolou "para viver deliberadamente" acreditava firmemente que sua saúde física e mental teria se deteriorado com rapidez se ele não tivesse "passado ao menos um dia — e normalmente é mais do que isso — passeando pelo bosque e por colinas e campos, absolutamente livre de todos os compromissos mundanos".[19] Mas, assim como Montaigne antes dele, Thoreau também conhecia a importância de se manter mentalmente vigilante durante a caminhada. Ele escreveu: "Fico alarmado quando acontece de ter andado dois quilômetros para dentro do bosque fisicamente, sem chegar lá em espírito. Em minha caminhada vespertina eu esqueceria com satisfação todas as minhas atividades e obrigações matutinas com a sociedade. Mas às vezes não consigo me livrar do vilarejo facilmente." Esse é um problema antigo. Caminhar pode ajudá-lo a deixar para trás suas responsabilidades menos urgentes e mais mundanas. Porém, o dilema filosófico é o que se leva na cabeça. Como questiona Thoreau: "O que estou fazendo no bosque se estou pensando em alguma coisa que está fora dele?"

A ideia é ligar os pensamentos a seu entorno imediato. O crítico inglês William Hazlitt (1778-1830) se familiarizou com a poesia romântica ao caminhar com Samuel Coleridge (1772-1834) e William Wordsworth (1770-1850). Ele descobriu que as trilhas de caminhada preferidas por cada poeta influenciavam diretamente seu estilo de escrita. Wordsworth era mais lírico e Coleridge, mais dramático. Não é por acaso que suas caminhadas acompanhavam seus estilos. Hazlitt escreve: "Coleridge me disse que gostava de criar enquanto caminhava em solo acidentado, ou abrindo caminho por entre os galhos de uma mata; enquanto Wordsworth sempre escrevia (se pudesse) andando para lá e para cá em uma trilha reta de cascalho ou em algum lugar no qual a continuidade de seus versos não encontrasse nenhuma interrupção secundária."[20]

Vista sob essa ótica, a caminhada não é apenas uma maneira de fugir dos pensamentos prejudiciais; também pode ser o começo de uma reconexão com... bem... com você mesmo. Em *O Senhor dos anéis*, não é coincidência que um experiente andarilho, apropriadamente chamado de Passolargo, também vá se tornar o futuro rei dos homens. "Mas devo dizer que conheço todas as terras entre o Condado e as Montanhas Sombrias, pois andei por elas durante muitos anos. Sou mais velho do que pareço", diz ele a Frodo.[21] Essas andanças ajudam Passolargo a compreender sua verdadeira identidade, o que é mais do que a maioria das pessoas pode dizer sobre si. Entretanto, a caminhada deve ser acompanhada de ações cuidadosa, como Passolargo firmemente explica a Pippin: "Seriam necessários mais que alguns dias, ou semanas ou anos, vagando pelas Terras Ermas, para que vocês ficassem parecidos com Passolargo (...) E morreriam primeiro, a não ser que sejam feitos de uma matéria mais resistente do que aparentam."[22]

Em *O hobbit*, os personagens mais sábios de Tolkien são andarilhos que viram as costas para as coisas enfadonhas do mundo. Pense em Beorn, que adora boas histórias, mas fica sonolento quando os anões falam sobre seus tesouros. "Falaram principalmente de ouro, prata e pedras preciosas e sobre a fabricação de objetos de ourivesaria, e Beorn não parecia ligar para essas coisas: não havia objetos de ouro ou prata em seu salão e, exceto pelas facas, poucos eram de metal."[23] Enquanto os anões (e o hobbit) dormiam, Beorn se metamorfoseou em urso (o que é indiscutivelmente ótimo para caminhadas) e "atravessou o rio e foi até as montanhas; pelo que vocês podem adivinhar que ele podia viajar depressa, na forma de urso, pelo menos".[24]

No entanto, para a maioria dos fãs de *O hobbit*, a imagem mais nítida do filósofo-andarilho sempre foi a de Gandalf. Ele só é Gandalf por causa de seu cajado. Como ressalta Tom Shippey, Tolkien acreditava que a definição islandesa de *gandr* era, na verdade, vara ou bengala.[25] Diversas vezes, o mago salva o dia por causa de suas caminhadas vigilantes. Como se anda com vigilância? Gandalf define isso melhor até mesmo que Montaigne ou Thoreau.

— Onde você foi, se me permite perguntar? — disse Thorin a Gandalf quando os dois cavalgavam.
— Fui olhar à frente — disse ele.
— E o que o trouxe de volta bem na hora?
— O olhar para trás — disse ele.
— Exatamente! — disse Thorin. — Mas você poderia ser mais claro?[26]

Hobbits têm algumas vantagens em relação aos homens e aos anões, que incluem boa cerveja e erva-de-fumo. Porém, uma habilidade ainda mais útil é a de se movimentar em silêncio. Tolkien nos conta que "hobbits conseguem se movimentar em silêncio nas florestas, absolutamente em silêncio".[27] Bilbo tem um orgulho especial dessa capacidade, e não é para menos. Seu silêncio sobre o solo e seu senso de direção subterrâneo salvam a ele e a seus amigos de mais de um apuro. É um tipo corriqueiro de mágica, comenta Tolkien,[28] mas nos anais da filosofia oriental essa caminhada silenciosa é muito rara e pode indicar os níveis mais altos de felicidade.

Olhe onde pisa

"Bons viajantes não deixam rastros", é o que lemos no antigo *Tao Te Ching*.[29] Quando taoistas falam de viajar pelo caminho (Tao), normalmente não estão se referindo apenas à caminhada. Por exemplo, o famoso taoista Chuang Tzu (aproximadamente 370-301 a.C.) frequentemente escreve sobre a vida de perambulações. No entanto, sua perambulação está vinculada a um rigoroso desenvolvimento de virtudes como "vacuidade, tranquilidade, brandura, quietude e não ação".[30] Essas são virtudes feitas para governar pessoas, não para se afastar das obrigações mundanas de alguém. "Quando uma pessoa se afasta com essas virtudes e vaga sem pressa, todos os estudiosos em rios, mares, colinas e florestas a admiram. Se alguém assume um posto com elas para pacificar o mundo, suas conquistaↄ serão maiores e sua fama será proeminente, e o império se tornará unificado."[31] Embora os taoistas geralmente acreditem que são necessários muitos anos para aprender e praticar tais virtudes, os hobbits as obtêm naturalmente. Ainda que o conhecimento do próprio Tolkien sobre o taoismo fosse insignificante, seus hobbits possuem algo desse espírito. O escritor poderia estar descrevendo vários sábios taoistas quando observa que "o Sr. Bolseiro não era tão prosaico como queria acreditar que fosse, e também (...) gostava muito de flores".[32]

Caminhadas através de bosques, como as de Bilbo, são um tema bastante usado em diversas filosofias orientais além do taoismo. Na mitologia hindu, o rei-filósofo Rama tem de trocar suas roupas extravagantes por folhas e cascas de árvore antes de entrar na floresta, banido do reino de seu pai. Respeito, justiça e coragem são apenas algumas das virtudes essenciais que ele desenvolve enquanto caminha pelas florestas encantadas da Índia. De modo similar, Sidarta Gautama (560-480 a.C.) deixou a casa de seu pai para caminhar com ascetas errantes antes de meditar sob uma árvore, atingindo a iluminação e se tornando o Buda. Quando seus primeiros monges começaram a espalhar a notícia, o Buda permitiu (ainda que relutantemente) que eles procurassem refúgio e se recolhessem durante a estação de chuvas. Em todas as outras ocasiões, eles deviam percorrer as estradas a pé.

Hoje em dia, muitas escolas budistas ainda pregam a importância filosófica de andar a pé. Alguns dos budistas tibetanos mais extremistas, por exemplo, às vezes viajam milhares de quilômetros a pé, praticando prostrações (jogando-se no chão e se esticando) a cada passo. Essas enormes façanhas de força e paciência normalmente culminam em festivais religiosos.[33] As prostrações são uma maneira de lembrar a si mesmo, após cada passo, que você está fazendo algo importante. Isso ajuda a destruir pensamentos mesquinhos antes que comecem a dominar uma mente incauta.

No Sudeste Asiático, as escolas de budismo Teravada também enfatizam um lado mais filosófico da caminhada. Meditar caminhando é uma forma de compreender seus pensamentos interiores e aumentar radicalmente seus poderes de concentração no mundo cotidiano. Nos antigos textos Páli, um poema creditado ao Buda é traduzido assim:

O ar livre fornece uma vida
Que auxilia a luta do bhikku [monge] errante
É fácil de conseguir e deixa sua mente
Alerta como um cervo, para que ele possa
A inflexibilidade e o torpor finalizar.
Sob o firmamento incrustado de estrelas
A Lua e o Sol fornecem sua luz,
E a concentração, seu deleite.
A alegria da reclusão dá o sabor

Ele logo conhecerá quem vive
Ao ar livre; e é por isso
Que os sábios preferem o céu aberto.[34]

Muitos dos zen budistas importantes de hoje também defendem a meditação ambulante. A ideia é prestar atenção a cada passo, a cada flexão do joelho e ao som feito pelos pés. Thich Nhat Hanh é um monge budista que fundou o retiro Vila das Ameixeiras, no sul da França. Durante a guerra do Vietnã, Martin Luther King Jr. nomeou Hanh para o Prêmio Nobel da Paz, afirmando de forma ousada que "as ideias dele para a paz, se colocadas em prática, construiriam um monumento ao ecumenismo, à fraternidade mundial, à humanidade". As ideias de Hanh sobre a paz ainda envolvem o uso de técnicas de meditação para se engajar no mundo ajudando os necessitados. Evidentemente, o mundo é mais complicado do que isso, como o próprio Hanh reconhece. Desta forma, ele argumenta que devemos começar com pequenos passos. Literalmente. Em seu livro, *Peace is Every Step*, Hanh discute a importância da meditação durante a caminhada. "Quando praticamos a meditação ambulante, não tentamos chegar a lugar algum", escreve ele. "Apenas damos passos felizes e tranquilos. Se ficarmos pensando no futuro, no que queremos realizar, nos perdemos."[35]

Perder-se, como vimos, é um dos grandes perigos de viver no mundo moderno. Thoreau observou os perigos e se perguntou se as gerações futuras de citadinos seriam fortes o bastante para confrontá-lo. "Eu não conheci mais de uma ou duas pessoas ao longo de minha vida que compreendiam a arte de Caminhar, ou seja, de fazer caminhadas", escreveu ele.

Como Tolkien observa, havia muitos caminhos para as Montanhas Sombrias, "mas a maior parte das trilhas era engano ou decepção, e não levava a lugar nenhum ou acabava mal; a maioria das passagens estava infestada de coisas malignas". Porém, graças a Gandalf, Bilbo e os anões "tomaram o caminho certo para a passagem certa".[36] Falar é fácil, claro. É preciso concentração, coragem e disciplina para saber os caminhos certos a tomar na vida. Faríamos bem em atender ao chamado de Tolkien e desacelerar. Como o comediante e filósofo Stephen Wright nos lembra, "é possível ir a qualquer lugar a pé, caso você tenha tempo".

NOTAS

1   "Prólogo" de *O Senhor dos anéis: A Sociedade do Anel*, p. 2.

2   *O hobbit*, p. 20. Antes de partir para Valfenda, em *O Senhor dos anéis: A Sociedade do Anel*, Bilbo foi até o corredor e "escolheu sua bengala favorita," p. 36.

3   Anthony Giddens, *As consequências da modernidade*. Tradução de Raul Fiker (São Paulo: Editora UNESP, 1991.), pp.124-51.

4   Giddens, *As consequências da modernidade*, p. 107.

5   Ver o ensaio de Joe Kraus, "Tolkien, Modernism, and the Importance of Tradition", In: *The Lord of the Rings and Philosophy*, editado por Gregory Bassham e Eric Bronson (Chicago: Open Court, 2003), pp. 137-149.

6   *O hobbit*, p. 58.

7   Gary Snyder, *The Practice of the Wild* (São Francisco: North Point, 1990), p. 82, e recontada por Abram em *The Spell of the Sensuous* (Nova York: Vintage, 1996), p. 173.

8   Tom Shippey discute esse ponto a fundo em *The Road to Middle-earth* (Boston: Houghton Mifflin, 2003), pp. 96-104.

9   *O Senhor dos anéis: As duas torres*, p. 62.

10 George Sayer. "Recollections of J. R. R. Tolkien", reimpresso em Joseph Pearce, ed., *Tolkien: A Celebration* (São Francisco: Ignatius Press, 1999), p. 4.

11 Dyson, um companheiro de Tolkien nos Inklings, tinha talento para fazer citações shakespearianas. Muitas vezes, quando a cerveja corria solta em reuniões do grupo, ele pedia licença para ir ao banheiro citando *Macbeth* (Ato 2, Cena 3): "Com presteza viril nos aprontemos para em pouco nos reunirmos na sala." Citado em A. N. Wilson, *C. S. Lewis: A Biography* (New York: W. W. Norton, 1990), p. 192.

12 C. S. Lewis, Carta para Arthur Greeves, 22 de Setembro de 1931, em *The Collected Letters of C. S. Lewis*, Vol. 1, editado por Walter Hooper (São Francisco: Harper San Francisco, 2004), pp. 969-70.

13 Geoff Nicholson, *The Lost Art of Walking* (Nova York: Riverhead, 2008), p. 172.

14 Nicholson, *The Lost Art of Walking*, p. 13.

15 *O hobbit*, p. 23.

16 Introdução de *The Complete Essays of Montaigne*, traduzido para o inglês por Donald Frame (Stanford: Stanford University Press, 1976), p. ix.

17 "Of Experience", em *The Complete Essays of Montaigne*, p. 848.

18 "Of Experience", p. 850.

19 As seguintes citações de Thoreau são tiradas deste ensaio: "Walking", disponível (com observações úteis de Margaret M. Brulatour) em: http://www.vcu.edu/engweb/transcendentalism/authors/thoreau/walking/ (em inglês).

20 William Hazlitt, "My First Acquaintance with Poets", em *William Hazlitt: Selected Writings* (Middlesex, England: Penguin, 1970), p. 60.

21 *O Senhor dos anéis: A Sociedade do Anel*, p. 175.

22 *O Senhor dos anéis: A Sociedade do Anel*, p. 181.

23 *O hobbit*, p. 125.

24 *O hobbit*, p. 129.

25 Tom Shippey, *The Road to Middle-earth*, p. 97.

26 *O hobbit*, pp. 42-3.

27 *O hobbit*, p. 33.

28 *O hobbit*, p. 2.

29 Lao Tzu, *Tao Te Ching*, traduzido por Stephen Adiss e Stanley Lombardo (Indianapolis: Hackett, 1993), verso 27.

30 Ver o capítulo de Michael Brannigan sobre taoismo neste livro.

31 *The Chuang Tzu*, Capítulo 13, selecionado em *A Source Book in Chinese Philosophy*, editado e traduzido por Wing-Tsit Chan (Princeton: Princeton University Press, 1963), p. 209.

32 *O hobbit*, p. 5.

33 O diretor Werner Herzog captura algumas dessas prostrações em filme em seu interessante documentário *Roda do tempo*.

34 Bhadantācariya Buddhaghosa, *The Path of Purification*, traduzido por Bhikkhu Ñānamoli (Sri Lanka: Buddhist Publication Society), II:63.

35 Thich Nhat Hanh, *Peace is Every Step* (Nova York: Bantam, 1992), p. 37.

36 *O hobbit*, p. 55.

4

BILBO BOLSEIRO: O HOBBIT COSMOPOLITA

Dennis Knepp

A PALAVRA "COSMOPOLITA" TEM SUA ORIGEM na Grécia Antiga, e é uma ideia filosófica inspiradora. O cosmopolita é literalmente um *cidadão do mundo*, que reconhece que outras pessoas vivem de maneiras diferentes e quer o bem de todas elas. Em resumo, um cosmopolita se esforça para amar todos os povos. Em contraste, um provinciano teme todos que vivem de forma diferente dele. Os hobbits do Condado são provincianos que consideram até mesmo outros hobbits — os que vivem do outro lado do rio Brandevin — meio estranhos.[1] Porém, Bilbo aprende a ser cosmopolita ao se tornar confortável entre os anões e os admiráveis elfos. E sua transformação encoraja o leitor a fazer a mesma jornada.

Hobbits no Kansas

Embora a maioria dos povos da Terra-média já existisse na mitologia setentrional, os hobbits são uma criação exclusiva de Tolkien. Tom Shippey, um estudioso do autor, explica que eles são criaturas anacrônicas que se dedicam a atividades modernas apesar de seu ambiente antigo.[2] Eles fumam tabaco e comem batatas, ambos importados do novo mundo e não encontrados na Inglaterra medieval. Eles desfrutam de confortos burgueses como relógios, chaleiras, serviço de correio, botões de latão e coletes sofisticados.

Eles usam a gramática moderna em vez dos dialetos arcaicos de outros habitantes da Terra-média. Simplificando, os hobbits são a representação da cultura rural inglesa do fim da Era Vitoriana. Além disso, são provincianos que temem as diferenças dos outros e gostam quando os hobbits são confiáveis e previsíveis. Eles não admiram os esquisitos, nunca embarcam em aventuras (por medo de perder uma refeição) e são extremamente apegados às suas maneiras tradicionais.

Eu consigo me identificar com os hobbits. Como quase todo mundo que cresceu em Wichita, no estado de Kansas, nos Estados Unidos, eu era um provinciano que temia estrangeiros, gostava de conversas previsíveis, desprezava os excêntricos e zombava das pessoas de nossa cidade que viviam do outro lado do Arkansas River.[3] (Nosso shopping se chamava Towne East, enquanto que o deles era o Towne West. Que nome esquisito para um shopping!)

Bilbo é uma pessoa moderna ao longo de todo *O hobbit*, e isso permite que o leitor se identifique. Entretanto, no fim, ele não é mais um provinciano: viu o mundo, experimentou comida estrangeira, ouviu línguas desconhecidas, conviveu com pessoas estranhas, encontrou perigos incomuns e viveu para contar a história. Bilbo Bolseiro se torna um hobbit cosmopolita que reconhece que outras pessoas têm maneiras válidas de viver e deseja o bem de todas elas. Dessa forma, Bilbo passa a exercer um modo de vida especialmente filosófico no mundo.

Uma antiga nova maneira de viver no mundo

Alguns dos primeiros cosmopolitas registrados foram pensadores da Grécia Antiga como Sócrates e o notório filósofo cínico Diógenes de Sínope (412-323 a.C.).[4] Assim como acontece hoje em dia, era natural que as pessoas comuns do mundo antigo sentissem uma afinidade em relação à família e aos amigos. É normal se identificar com a própria tribo. Além do mais, os povos antigos viviam sob uma pressão crescente para se identificar com algo mais amplo, como o Império Persa ou o mundo helênico. Os antigos atenienses encorajavam a cidadania patriótica em sua cidade e em fazendas no entorno dela — uma unidade política grega chamada *polis*.[5] Os filósofos levaram essa progressão à sua conclusão lógica e declararam uma afinidade com todos. Ser um cidadão do *cosmos* — do universo inteiro — é ser *cosmopolita*.

Hoje em dia também vemos afinidades naturais por famílias e tribos, estímulos patrióticos para se identificar com o próprio país e filósofos defendendo algo maior. Um exemplo disso é Kwame Appiah, autor de *Cosmopolitanism: Ethics in a World of Strangers*.[6] Sua vida é como uma palestra sobre cosmopolitismo.

Segundo sua biografia on-line, "Kwame Anthony Akroma-Ampim Kusi Appiah nasceu em Londres (onde seu pai ganense estudava Direito), mas se mudou ainda pequeno para a República de Gana, onde cresceu".[7] Nesse país, seu pai era um talentoso advogado e político. A família de sua mãe é inglesa, mas ela viveu na República de Gana, onde era social e filantropicamente ativa. Appiah é Ph.D. pela Universidade de Cambridge, Inglaterra, e hoje é professor de filosofia em Princeton. Ele escreve livros eloquentes sobre tópicos que vão de provérbios africanos a experiências de ética em desenvolvimento.

O debate de Appiah sobre o cosmopolitismo me faz lembrar da jornada de Bilbo. O hobbit aprende a ser menos provinciano e mais aberto ao grande e amplo mundo do que os outros de seu povo. Bilbo viaja, se envolve em coisas que são maiores que seu lar, e aprende a tolerar e a celebrar as diferenças dos outros. Em especial, descobre que temos obrigações com outras pessoas além da família e dos vizinhos, e que devemos valorizar as diferenças culturais. Como Appiah observa:

> Existem duas correntes que se entrelaçam na noção de cosmopolitismo. Uma é a ideia de que temos obrigações em relação aos outros, obrigações que vão além daqueles a quem somos relacionados por laços de amizade ou de sangue, ou até mesmo pelos laços mais formais de uma cidadania compartilhada.

A outra é que levamos a sério o valor não apenas da vida humana, mas de vidas humanas em particular, o que significa nos interessarmos pelas práticas e crenças que têm significado para outros. O cosmopolita sabe que as pessoas são diferentes e que há muito a aprender com nossas diferenças. (...) Sejam quais forem nossas obrigações com os outros (ou as deles conosco), eles normalmente têm o direito de fazer o que desejam. Como veremos, há momentos em que esses dois ideais — interesse e respeito universais pelas diferenças legítimas — se chocam. Existe a sensação de que o cosmopolitismo é o nome não da solução, mas do desafio.[8]

Gosto especialmente que Appiah reconheça o *desafio* de ter uma obrigação em relação aos outros e de valorizar suas diferenças. Antes de analisar duas questões filosóficas mais profundas, vamos dar uma olhada nos desafios de Bilbo.

Anões como "o outro"

Bilbo aprende a aceitar Gandalf e os anões, embora a aceitação não signifique concordância. Ele discorda dos anões em todo tipo de assunto vital, mas o importante é que eles conseguem colaborar uns com os outros. Bilbo pode estar atrás do tesouro do dragão só para se divertir; os anões podem estar recuperando a honra de seu rei; enquanto Gandalf talvez tenha uma motivação mais cósmica para a aventura. Não importa que cada um deles tenha objetivos diferentes na busca, desde que todos estejam passando pela experiência juntos. Eles aprendem a respeitar as peculiaridades alheias por meio da familiaridade, da convivência e das refeições compartilhadas.

Com apenas pouco mais de 1,20 metro de altura, os anões são mais baixos que os homens, porém mais altos que os hobbits. Os anões também são mais sólidos e pesados que os hobbits. Viver e trabalhar em minas nas montanhas os tornou fortes e obstinados, persistentes no trabalho e nas dificuldades, orgulhosos na batalha e resistentes à dor. Aqueles dessa raça que são do gênero masculino usam longas barbas enfiadas nos cintos, que prendem suas capas ao redor da cintura. Eles criam maravilhas em metal, alvenaria e pedra; cantam histórias sobre o ouro perdido e os tesouros de reis anões há muito esquecidos; e admiram a beleza natural de uma caverna assim como os palácios construídos com muito trabalho.[9]

A vida dura e a labuta subterrânea dos anões são refletidas em sua "linguagem taciturna".[10] Usando o mínimo de gracejos em sua fala, os anões não perdem tempo com conversa fiada. Eles têm trabalho a fazer, e agradeceriam se ninguém ficasse em seu caminho. Considere o primeiro contato de Bilbo com um anão, quando ele abre a porta esperando ver Gandalf, e no lugar dele encontra "um anão com uma barba azul enfiada num cinto de ouro, e olhos muito brilhantes sob seu capuz verde-escuro. Assim que Bilbo abriu, ele se enfiou porta adentro como se fosse esperado. Pendurou a capa com capuz no cabide mais próximo, e: — Dwalin, às suas ordens! — disse ele, fazendo uma grande reverência".[11]

O anão Dwalin não perde tempo. Entra na toca-hobbit e se põe à vontade. Ele não tem a intenção de ser grosseiro, mas a reação desconfortável de Bilbo torna essa cena do começo do livro muito engraçada. Logo depois, mais uma dúzia de anões entra pisoteando a hospitalidade do hobbit.

Até mesmo o nome dos anões reflete sua vida laboriosa: Dwalin, Balin, Fili, Kili, Dori, Nori, Ori, Oin, Gloin, Bifur, Bofur, Bombur e Thorin. É como se eles não quisessem perder tempo com nomes de mais de duas sílabas. Você nunca conhecerá um anão chamado Giambattista Vico.

É compreensível que esses invasores que comem sua comida e sujam os pratos irritem Bilbo ("Raios partam esses anões!").[12] E é compreensível que os anões não tenham a melhor impressão desse rechonchudo e abastado cavalheiro que, segundo Gandalf, pode lhes servir como ladrão em sua aventura. Gloin resmunga: "Ele parece mais um dono de armazém que um ladrão!"[13]

Mas, de qualquer forma, com o encorajamento do mago, todos partem na jornada. E isso faz toda a diferença. Em momento algum Bilbo tenta convencer os anões a raspar aquelas barbas ridículas e deixar as montanhas, e os anões nunca tentam obrigar Bilbo a deixar a barba crescer e se mudar para as montanhas. Embora discutam com frequência sobre os méritos de enfiar-se em barris ("Essa ideia é maluca!"),[14] de roubar Smaug ("Depois disso é claro que os anões lhe pediram desculpas.")[15] e de distribuir presentes para obter a paz ("O que tem a dizer, descendente de ratos?"),[16] eles aprendem a viver juntos durante a aventura. Eles se acostumam uns aos outros.

Ao final de suas aventuras, os anões respeitam Bilbo, o Ladrão, e Bilbo é reverente às tradições e formas de beleza dos anões. Os anões não levaram Bilbo a desfrutar suas artes e tradições. Ninguém o convenceu. Pelo contrário, basta que juntos tenham terminado sua busca e sobrevivido a trolls, gigantes de pedra, orcs, wargs, elfos da floresta, aranhas gigantes, morcegos vampiros e um dragão. Normalmente, acreditamos que aqueles que passaram por muitas coisas conosco são os que realmente nos conhecem. Eles têm *compaixão* (que, literalmente, significa "sofrimento compartilhado").

Pense em quando Bilbo parte em sua viagem de volta:

> Então os anões inclinaram-se diante do Portão, mas as palavras ficaram presas em suas gargantas. — Adeus, e boa sorte, por onde quer que vá! — disse Balin por fim. — Se chegar a nos visitar de novo, quando nossos salões mais uma vez forem belos, então o banquete será realmente esplêndido!
>
> — Se alguma vez passarem por meu caminho — disse Bilbo — não hesitem em bater na porta! O chá é servido às quatro, mas qualquer um de vocês será bem-vindo a qualquer hora.[17]

Essa conversa destaca quanto eles acabaram por respeitar e desfrutar a companhia uns dos outros. Também ilustra como são diferentes, até em seus próprios dialetos. A linguagem dos anões é arcaica e heroica — nos banquetearemos em nosso esplêndido salão! Em contraste, Bilbo é um inglês moderno convidando-os para o chá precisamente às 16 horas. As divergências de atitude não importam, desde que ambos sejam hospitaleiros. Apesar de suas diferenças, todos querem continuar a amizade comendo juntos.

Como Appiah observa, viver perto de outras tradições, mais do que qualquer discussão filosófica, torna as pessoas muito mais tolerantes a elas. Como filósofo profissional, ele não desencoraja a conversa entre as tradições. Mas o valor dessas conversas não está em persuadir os outros, e sim em aproximar as pessoas. Appiah expande o conceito de "conversa" para que signifique qualquer encontro interativo com outra cultura (experimentar comida étnica, assistir a filmes estrangeiros e daí por diante), em vez de um simples debate entre concorrentes para ver quem sai ganhando. Ele escreve: "A conversa não tem de chegar a um consenso sobre coisa alguma, especialmente sobre valores; basta que ajude as pessoas a se acostumarem umas com as outras."[18] Em quase trezentas páginas de aventura, Bilbo se habitua aos anões. O fato de terem ideias, tradições e modos de vida diferentes não é um problema. Tudo o que importa é que consigam sobreviver à aventura juntos.

Todo mundo quer uma cota de *mithril*

A tensão entre anões e elfos é lendária. Acho que a raiz do problema podem ser as diferenças fundamentais em seu modo de vida. Anões são criaturas que trabalham com as mãos e vivem sob as montanhas. Elfos são seres mágicos que adoram cantar músicas tolas que zombam da barba dos anões. Anões são trabalhadores e práticos, enquanto elfos são imortais e espiritualmente refinados. É fácil entender por que esses dois povos não se dão bem.

Embora os elfos escarneçam de Bilbo e dos anões, a Última Casa Amiga de Elrond fornece o descanso e a recuperação de que eles tanto precisavam. Entre o espólio dos trolls, os aventureiros encontram duas espadas. Elrond sabe ler runas e lhes informa: "São espadas antigas, espadas muito antigas dos Altos Elfos do Oeste, meus parentes. Foram feitas em Gondolin para as guerras contra os Orcs."[19] Uma é Orcrist, Fende-Orc; a outra é Glamdring, Martelo do Inimigo. Elrond também ajuda os aventureiros a ler as letras-da-lua em seu mapa, fornecendo uma pista essencial para a entrada secreta da Montanha Solitária e o covil de Smaug. Embora as letras-da-lua sejam invenção dos anões e as runas sejam sobre eventos dos anões, é preciso que o elfo Elrond as descubra e leia.

Muito depois, entre o tesouro do dragão Smaug, Thorin encontra "uma pequena cota de malha, feita para algum jovem príncipe élfico de outrora. Era de um aço prateado, que os elfos chamam *mithril*, e vinha acompanhada de um cinto de pérolas e cristais".[20] Em um gesto magnânimo, Thorin entrega a cota para Bilbo, que suspeita estar com uma aparência "meio ridícula" e imagina que os hobbits provincianos de sua terra natal provavelmente ririam de sua roupa élfica. Mas a cota de *mithril* não apenas é extremamente valiosa, como também leve e forte — Bilbo a usa na Batalha dos Cinco Exércitos, e ela salva a vida de Frodo diversas vezes em *O Senhor dos anéis*.

As espadas e a cota de *mithril* são bons exemplos do que Appiah chama, sem desaprovação, de "contaminação cultural".[21] Puristas culturais estão simplesmente equivocados em seu desejo de segregar os elementos estrangeiros. Todos absorvem elementos de outras culturas e os tornam seus. As batatas e a "erva-de-fumo" tão apreciadas pelos ingleses contemporâneos de Tolkien (e pelos hobbits!) são nativas do Novo Mundo e foram importadas. O comércio e a migração proporcionaram novos elementos e tornaram híbridas todas as culturas. Até mesmo o provinciano Kansas bebe cerveja alemã, come pizza italiana e assiste a filmes rodados na Nova Zelândia.

O mesmo acontece com Bilbo e os anões. Apesar do histórico de desconfiança entre anões e elfos, Thorin e a companhia ficam mais que felizes por carregar espadas élficas na batalha e por usar o conhecimento de Elrond para ler seu próprio mapa. Apesar de sentir-se bastante tolo, Bilbo fica contente por usar a forte, embora leve, *mithril* que o protege de ferimentos. Quando podem se beneficiar, as pessoas inteligentes usam coisas boas de outras culturas, pouco importando quão estranhas lhe pareçam.

Aprendendo com outras culturas

A improvável amizade entre o anão Gimli e o elfo Legolas em *O Senhor dos anéis* é o exemplo mais documentado de Tolkien sobre compreensão e tolerância interculturais. Em contraste, Smaug e os orcs são exemplos notáveis das limitações da tolerância e da coexistência pacífica. Por que eles são diferentes?

Explicar suas diferenças exige que nos aprofundemos na filosofia do cosmopolitismo. Appiah discute dois princípios cosmopolitas básicos: *falibilismo e pluralismo.*[22]

Falibilismo é basicamente uma palavra sofisticada para "humildade". É aceitar que se pode estar errado e nem sequer saber. É estar aberto a aprender com os outros.

Pluralismo é aceitar que em muitas áreas da vida há mais de uma resposta certa. Na aritmética, existe apenas uma resposta correta. Mas para viver a vida, criar os filhos, estudar para uma prova ou cozinhar algo, pode haver mais de um jeito.

O elfo Legolas e o anão Gimli aceitam que suas crenças são falíveis: eles percebem que podem estar errados em relação a coisas importantes e que pode haver algo a aprender com o outro. É por isso que Legolas aceita o convite de Gimli para explorar as Cavernas Cintilantes de Aglarond — ele percebe que pode aprender alguma coisa sobre beleza com aquele anão.[23] De forma similar, Gimli acompanha Legolas pela sombria e repleta de memórias Floresta de Fangorn.

Os dois amigos também aceitam o pluralismo: eles percebem que anões e elfos vivem de maneiras muito diferentes, e que isso não é um problema. É por esse motivo que Galadriel, a bela corregente de Lothlórien, consegue impressionar Gimli. Ele aceita o fato de que os elfos têm um modo de vida diferente e igualmente viável, o que lhe permite se abrir para essa vida.

Em minha própria vida, muitas vezes conheci membros da Igreja de Jesus Cristo dos Santos dos Últimos Dias (conhecidos como mórmons). Nunca me tornarei um mórmon, mas aceito que o modo de vida deles é igualmente válido (pluralismo); e, pelo que sei, eles podem ter razão em questões fundamentais sobre como viver, e eu posso estar errado (falibilismo).[24] Não concordo com eles — se concordasse, tornaria-me um deles! Entretanto, minha esposa e eu gostamos de levar nossos filhos para ver os presépios mórmons no Natal. O pluralismo e o falibilismo não requerem concordância total — apenas aceitação, tolerância e, talvez, um pouco de admiração.

Em contraste, os orcs rejeitam o pluralismo e o falibilismo. Eles são criaturas cruéis, com presas e sangue preto, armados de chicotes e cimitarras. Seus corpos curvados carregam armaduras de aço e seus longos braços levam adagas e flechas envenenadas. Como vivem no subterrâneo, preferem a escuridão e evitam a luz do sol sempre que possível.[25] Os orcs acreditam que possuem o único jeito correto de viver e que não há nada a aprender com os outros. Eles vivem com medo e desejam impor essa emoção a todos.

O dragão Smaug não tem humildade alguma ("Eu mato onde quiser, e ninguém ousa resistir.").[26] Ele acredita que não existe nada que possa aprender com os hobbits ou com os anões. A vida dos outros não é interessante nem valiosa.

Smaug e os orcs são anticosmopolitas completamente intolerantes com os outros. Appiah usa os extremistas muçulmanos contemporâneos como seu exemplo de anticosmopolitas: pessoas que acreditam deter a única forma correta de viver e acham que as outras culturas são infelizes produtos da corrupção humana.[27] Embora os extremistas muçulmanos tolerem alguma variação em assuntos sem importância (como o tipo de tecido que uma mulher pode usar sobre a cabeça, por exemplo), eles são completamente inflexíveis em relação a muitos outros assuntos importantes (como a exigência de que uma mulher use um pano sobre a cabeça).

Além do mais, eles não hesitam em usar a violência para impor suas opiniões sobre os outros — exatamente como Smaug e os orcs. Os hobbits provincianos (assim como o Kansas provinciano) temem os outros, mas ainda conseguem ser pacíficos. Os orcs anticosmopolitas (assim como todos os extremistas) normalmente acrescentam violência a seu ódio.

Será que podemos mesmo viver como Bilbo?

Os filósofos Pauline Kleingeld e Eric Brown observam que existem várias versões diferentes do cosmopolitismo.[28] Por exemplo, alguns políticos cosmopolitas defendem um governo mundial. Outros cosmopolitas, como o filósofo de Princeton, Peter Singer, afirmam que todos os animais pertencem a uma única comunidade de igualdade moral, e que as obrigações em relação a estranhos são tão obrigatórias quanto as responsabilidades com os membros da família, com os vizinhos e compatriotas.[29]

Claramente, Bilbo não é cosmopolita em nenhum desses sentidos. O hobbit é o que Kleingeld e Brown classificavam como "cosmopolita moral e cultural moderado". Ou seja, ele reconhece que, embora os laços e as alianças locais sejam importantes, todos os Povos Livres da Terra-média — elfos, anões, homens, hobbits etc. — pertencem a uma única comunidade, e que a diversidade cultural deveria ser apreciada e encorajada. Pensemos por um momento sobre o valor da diversidade cultural.

Considere o café da manhã — uma das refeições favoritas dos hobbits. Eu gosto de comer panquecas com manteiga e xarope de bordo, acompanhadas por bacon e uma xícara de café com leite quente. Mas isso é o que meus pais comiam, então talvez seja provinciano demais. Para ser cosmopolita, eu precisaria aceitar o fato de que outras pessoas têm desjejuns igualmente apetitosos, e experimentá-los. Talvez devesse tomar um café da manhã totalmente inglês, com ovos fritos, salsichas, feijões cozidos (uma recente importação da América, extremamente popular) e torradas com geleia, servidas com chá quente e leite. Ou devesse entrar na internet e descobrir qual é o café da manhã tradicional no sul da Índia, em Singapura ou na Argentina. Como posso decidir o que comer no café?

É impossível imaginar um hobbit sentindo saudades do café da manhã enquanto se ocupa de uma variedade de comidas igualmente gostosas. E parece que o próprio Tolkien celebra o jeito rústico e tradicional dos hobbits. Ele nunca zomba deles ou os chama de provincianos. Os hobbits têm todo o direito de estar felizes em suas vidas pequenas. Eles têm confiança para cozinhar, fazer cerveja e construir tocas no chão sem se preocupar com a maneira como os outros povos fazem essas coisas. Sim, eles são apegados a seu modo e rejeitam a maioria das inovações e mecanizações, mas com razão. Sam e Merry são hobbits felizes e convencionais que terminam *O Senhor dos anéis* famosos e em bons casamentos. Em contraste, quando volta para casa, após sua aventura, Bilbo "perdera sua reputação"[30] e "não era mais respeitável".[31]

Mesmo assim, a aventura de Bilbo era necessária, pois levou à descoberta do Anel, o que levou à queda do Senhor dos anéis e ao retorno do rei. No fim, esse fato importa mais do que o custo. O infame cosmopolitismo de Bilbo salva a Terra-média.

Um momento de dificuldade para decidir o café da manhã é um preço baixo a pagar para ser um cidadão participativo de nosso mundo em expansão, cada vez mais conectado e interligado. Como Appiah escreve: "Dependendo das circunstâncias, conversas interculturais podem ser agradabilíssimas ou apenas irritantes; entretanto, elas são principalmente inevitáveis."[32] Como o elfo Gildor diz a Frodo: "O vasto mundo está em volta de vocês. Podem se trancar aqui dentro, mas não trancá-lo lá fora."[33] Não é possível se esconder da influência do mundo exterior. Além disso, afirmar que determinada cultura é a melhor de todas coloca a pessoa no mesmo grupo de alguns dos piores tiranos da história da humanidade.[34]

Eu digo: *Vive la différence*. Não basta ser bom com seus amigos e sua família. Para vivermos juntos, precisamos aprender a ser gentis com estranhos.[35]

NOTAS

1   *O Senhor dos anéis: A Sociedade do Anel*, p. 22.

2   Tom Shippey, *J. R. R. Tolkien: Author of the Century* (Boston: Houghton Mifflin, 2001), pp. 5-11.

3   Zombávamos de todos os que falavam o nome desse rio com sotaque.

4   Diógenes se considerava um "cidadão do mundo" e desdenhava de tradições

e costumes locais, como regras contra fazer sexo em público. Ele vivia em um barril na praia, rejeitando coisas antinaturais como casas, e preferindo viver "naturalmente", como os animais. Imagino que ninguém jamais lhe perguntou por que pensava que viver em um barril era "natural".

5   De *polis* derivam palavras como "política" e "político".

6   Kwame Anthony Appiah, *Cosmopolitanism: Ethics in a World of Strangers* (Nova York: W. W. Norton, 2006.).

7   No site www.appiah.net (em inglês).

8   Cosmopolitanism, "Introduction", p. 15.

9   David Day, *Guide to Tolkien's World: A Bestiary* (San Diego: Thunder Bay Press, 1979), pp. 60-75.

10 Shippey, *J. R. R. Tolkien: Author of the Century*, pp. 70-71

11 *O hobbit*, p. 7.

12 *O hobbit*, p. 11.

13 *O hobbit*, p. 17.

14 *O hobbit*, p. 174.

15 *O hobbit*, p. 215.

16 *O hobbit*, p. 268.

17 *O hobbit*, p. 284.

18 Appiah, *Cosmopolitanism*, p. 85.

19 *O hobbit*, p. 51.

20 *O hobbit*, p. 232.

21 Appiah, *Cosmopolitanism*, Capítulo 7.

22 Appiah, *Cosmopolitanism*, p. 144.

23 *O Senhor dos anéis: As duas torres*, p. 151.

24 Por exemplo, os mórmons não bebem café, enquanto eu bebo no mínimo três xícaras por dia. Aceito que essas são maneiras diferentes de viver e reconheço que eles podem estar certos, dados os efeitos que beber tanto café tem para minha saúde.

25 Day, *Guide to Tolkien's World: A Bestiary*, pp. 198-203.

26 *O hobbit*, p. 220.

27 Appiah, *Cosmopolitanism*, pp. 137-140.

28 Pauline Kleingeld and Eric Brown, "Cosmopolitanism", Stanford Encyclopedia of Philosophy.

29 Ver, por exemplo, *One World: The Ethics of Globalization*, de Peter Singer (New Haven: Yale University Press, 2002).

30 *O hobbit*, p. 295.

31 *O hobbit*, p. 295.

32 Appiah, *Cosmopolitanism*, p. 21.

33 *O Senhor dos anéis: A Sociedade do Anel*, p. 86.

34 Appiah observa que tanto Hitler quanto Stalin eram oponentes declarados do cosmopolitismo. Appiah, *Cosmopolitanism*, p. 16.

35 "Kindness to Strangers" ["Gentileza com estranhos"] é o ultimo capítulo de *Cosmopolitanism*, de Appiah, cujo subtítulo é "Ética em um mundo de estranhos". Eu agradeço à reitora Rachel Anderson e à bibliotecária Carolyn Riddle, do Big Bend Community College, à minha adorável esposa Jennifer McCarthy, e aos editores Eric Bronson e Greg Bassham.

PARTE DOIS

O BOM, O MAU E O PEGAJOSO

5

A GLÓRIA DE BILBO BOLSEIRO

Charles Taliaferro e Craig Lindahl-Urben

NA POESIA E NA HISTÓRIA OCIDENTAL, muito sangue foi derramado em nome da glória. A *Ilíada*, a *Eneida*, *Beowulf* e outros grandes épicos e sagas do Ocidente colocam a fonte da glória (a fama, a honra, a reputação) na matança heroica de um inimigo ou, como em *Beowulf*, na derrota de um monstro, da mãe do monstro e depois de um dragão. A partir da poesia homérica, passando por muita história e literatura, o conceito de glória foi refinado, mas basicamente manteve sua origem sangrenta.

Platão e outros filósofos antigos estavam totalmente a par da tradição da glória, e tentavam desafiá-la apresentando uma alternativa: o amor pela beleza. Em oposição ao ideal homérico e espartano de glória pela violência, Platão concebia a vida mais como uma jornada ou uma busca. A jornada, para ele, tem como destino a bondade, a verdade e o belo. Em *Apologia de Sócrates*, de Platão, Sócrates catequiza os cidadãos de Atenas: "Vocês não se envergonham de acumular tanta riqueza, honra e reputação e se importar tão pouco com a sabedoria, a verdade e os grandes aprimoramentos da alma, que vocês nunca respeitam ou consideram?"[1] Embora Platão e muitos filósofos que vieram depois dele reconhecessem o bem do heroísmo e das virtudes marciais, eles desconfiavam da glória que requeria violência aristocrática. Como o orador romano Cícero (106-42 a.C.) certa vez escreveu: "Devemos ter cuidado com a paixão pela glória."[2]

Neste capítulo, situamos J. R. R. Tolkien na tradição platônica. Na Terra-média, existem muitas oportunidades para a glória da tradição clássica, mas Tolkien também nos alerta para o perigo sedutor de perseguir a glória pela glória. O hobbit é especialmente brilhante por oferecer uma alternativa para aqueles que procuram a glória acima de tudo, pois o autor suplica que levemos a sério os bens da beleza doméstica e os simples prazeres do conforto do lar.

Entretanto, antes de procurar pelas belezas domésticas nos trabalhos de Tolkien, consideremos mais de perto a glória tanto na tradição heroica clássica quanto na Terra-média.

Glória no Ocidente e na Terra-média

No princípio, a glória (do grego *kleos*) tinha uma dimensão brutal e física: envolvia a exibição pública dos espólios de batalha obtidos por meio de ações heroicas. A glória da vitória não era simplesmente uma questão de sede por sangue, mas de ação disciplinada, e não estava necessariamente limitada à honra individual, pois podia ser transmitida à família, à tribo, à cidade ou ao império do herói. Como escreveu o grande pensador cristão Santo Agostinho sobre os heróis clássicos:

> Eles eram apaixonadamente devotos à glória; por ela desejavam viver, por ela não hesitavam em morrer. Essa paixão desmedida pela glória, sobre todas as coisas, limitava seus outros apetites. Eles sentiam que seria vergonhoso para seu país ser escravizado, mas glorioso para ele ter domínio e império; então determinavam seus corações primeiro a torná-lo livre, depois, a torná-lo soberano.[3]

A aquisição heroica da glória ao conquistar tal poder era proporcional ao prestígio do inimigo morto e espoliado. Na *Ilíada*, esse é o tipo de glória que Aquiles e Heitor buscam quando se enfrentam do lado de fora das muralhas de Troia.[4] Quando Heitor mata o melhor amigo de Aquiles, e Aquiles mata Heitor, Aquiles adquire glória não apenas na vingança pela morte de seu amigo, mas também por causa da grandeza de Heitor, o príncipe mais nobre e também o maior guerreiro de Troia.

O ideal do herói glorioso não se restringiu à literatura; a própria história do mundo foi influenciada pela busca por glória homérica. Alexandre, o Grande, ficou fascinado pelo que via como as principais virtudes da *Ilíada* e procurou se moldar a Aquiles. Segundo o historiador Plutarco, Alexandre levava um exemplar da *Ilíada* para suas campanhas de guerra, chegando a dormir com ele sob o travesseiro! A busca de Alexandre por glória se tornou um modelo para Júlio Cesar, quando este tentou identificar a glória de Roma com a própria. Essa busca ancestral pela glória também pode ser vista servindo de estímulo para as modernas ambições imperiais de grandes poderes europeus como França, Espanha e Grã-Bretanha, e também no Terceiro Reich de Hitler.

Com a ascensão do cristianismo, o conceito de glória se deslocou dos campos de batalha mundanos e do poder imperial para a ideia de que Deus merece glória e fidelidade máximas. Os cristãos consideravam pecaminosa e vã a busca pagã por glória. Como Agostinho escreveu:

> Essa "avidez por dominação" proporciona grandes males para atormentar e extenuar toda a raça humana. Roma foi dominada por essa avidez quando triunfou sobre a conquista de Alba, e à aclamação popular de seu crime deu o nome de "glória", pois "o pecador", como diz a Bíblia, "é louvado pelo desejos de sua alma, e o homem cujos feitos são perversos é celebrado".[5]

Para Agostinho e outros cristãos antigos, a glória e o louvor destinavam-se única e exclusivamente a Deus. Glorificar o Senhor por seus dons e perfeições não era apenas bom em si, mas também ajudava a manter a vaidade e a violenta ambição humana sob controle. Como muitos dos primeiros cristãos abraçaram o completo pacifismo, também era uma verdadeira oportunidade para que o conceito de glória se desligasse de seu passado pagão. Entretanto, como Tolkien observou, não foi fácil deixar a glória clássica para trás.

Em 1936, Tolkien fez uma palestra para a British Academy com o ótimo título "Beowulf: os monstros e os críticos". A antiga epopeia heroica inglesa *Beowulf* (escrita entre os séculos VIII e XI) possui diversos elementos cristãos. No entanto, Tolkien ressaltou que esses elementos eram basicamente decorativos. Sob as referências cristãs havia uma tradição heroica de glória pré-cristã extremamente viva, a obtenção do louvor pela violência. O herói da história, Beowulf, é mais similar aos heróis clássicos do que ao pacífico Jesus do Novo Testamento, que incita seus seguidores a amar os inimigos e dar a outra face. Enquanto Cristo prega a compaixão, o perdão e a humildade, o foco de Beowulf está muito mais na emoção da vitória e na conquista de um renome glorioso.

Não há dúvida de que na Terra-média de Tolkien há lugar para heroísmo no campo de batalha. Na Batalha dos Cinco Exércitos, em *O hobbit*, a entrada de Thorin na batalha se encaixa perfeitamente na tradição heroica clássica.

> De repente, ouviu-se um grande grito, e do Portão veio um chamado de trombeta. Haviam esquecido Thorin! (...) O Rei sob a Montanha saltou à frente, e seus companheiros o seguiram. Capuz e capa haviam desaparecido; vestiam armaduras brilhantes, e uma luz vermelha flamejava em seus olhos. Na escuridão o grande anão reluzia como ouro no fogo que se apaga.[6]

Ainda que Thorin morra na luta, ele conquista a glória por causa da vitória sobre seus inimigos e por conseguir alcançar o objetivo de sua busca heroica. Thorin obtém uma grande glória, especialmente por causa do poder imenso e opressor que precisa enfrentar; pois, como Cícero certa vez observou, "quanto maior a dificuldade, maior a glória".[7]

Esse tipo de oportunidade para a glória clássica é ainda mais evidente em *O Senhor dos anéis: O retorno do rei*, quando Tolkien descreve o que parece ser a resistência final de Aragorn. No que provavelmente é seu maior momento, Passolargo organiza suas forças diante do Portão Negro de Mordor. Tolkien oferece um retrato de tirar o fôlego de Aragorn assim que o Portão é aberto e os homens do oeste são confrontados por forças hostis muito mais numerosas que as suas:

> Sobrou pouco tempo para que Aragorn ordenasse a sua batalha. Sobre um monte estavam ele e Gandalf, e ali, bela e desesperada, erguia-se a bandeira da Árvore e das Estrelas. Sobre o outro monte ao lado erguiam-se as bandeiras de Rohan e Dol Amroth, Cavalo Branco e Cisne de Prata; em torno de cada monte foi formado um círculo que vigiava em todas as direções, eriçado de lanças e espadas. Mais na frente, na direção de Mordor, onde o primeiro e terrível assalto viria, estavam os filhos de Elrond à esquerda, com os dúnedain ao redor deles, e à direita o Príncipe Imrahil com os homens de Dol Amroth, altos e belos, além de soldados escolhidos da Torre da Guarda.[8]

Essa legião de guerreiros, com seus orgulhosos nomes e emblemas de batalha, está preparada para seu momento de glória. O fato de que a vitória parece impossível torna seu heroísmo ainda mais fulgente. Se necessário, Aragorn e seus homens enfrentarão a morte.

Em *O hobbit*, o próprio Bilbo parece obter a glória por meio de sua corajosa luta. Com bravura, Bilbo ataca e derrota aranhas monstruosas para libertar seus amigos; consegue libertá-los outra vez após serem aprisionados no palácio subterrâneo do rei élfico; enfrenta um dragão mortífero; usa sua inteligência e esperteza para ludibriar o traiçoeiro Gollum; e, correndo um grande risco, incita um orgulhoso rei a concordar em entregar parte de sua herança, mesmo que isso custe a Bilbo uma fortuna.

Porém, apesar de todos esses elementos da glória clássica em suas obras de fantasia, Tolkien, na verdade, nos oferece uma crítica a essa tradição.

Beleza em primeiro lugar! Depois a glória!

Como dissemos no princípio, Platão questionava a busca da glória pela glória. Em parte, isso provavelmente se devia a suas experiências na Guerra do Peloponeso (431-404 a.C.), uma luta de vida ou morte contra Esparta, que durou décadas. O conflito era inimaginável em sua brutalidade, deixando dezenas de milhares mortos pela violência, pelas doenças e a fome. Inicialmente defendida pelos estadistas atenienses em nome do domínio imperial e da glória imortal, o conflito quase levou à aniquilação de Atenas e ao suicídio da civilização grega.

Em lugar da glória, Platão incitava a busca pela beleza, pela verdade e pela bondade que, segundo ele, aperfeiçoavam a vida naturalmente e eram a raiz da criatividade. Ao sentir prazer com a bondade, somos mais capazes de exercer a justiça, argumentava Platão. Em *O banquete*, Platão faz um tributo ao poder da glória, mas insiste que a criatividade e a produtividade verdadeiras encontram-se no prazer pela beleza. Ele compara o amor pela beleza à procriação em contraste com o amor pela batalha.

Nem Sócrates nem Platão ensinavam a não violência absoluta. Em sua discussão do estado ideal em *A república*, Platão reconhece claramente a necessidade de ordem pública e de defesas armadas. O que falta, entretanto, é o tipo de orgulho pela glória que impeliu Atenas ao desastroso conflito com Esparta. Na verdade, no fim de *A república*, Platão recomenda uma tranquila vida devotada à virtude e à sabedoria, em vez da busca pelo poder e pela glória marcial.[9] Como vimos, *O hobbit* e as demais obras de fantasia de Tolkien têm um lugar para a glória clássica, mas a glória verdadeira é definida e aprofundada por sua identificação basicamente platônica (e cristã) com a virtude, incluindo as modestas qualidades da humildade, da gentileza, da sociabilidade e da generosidade.

Quando Thorin pergunta a Gandalf sobre uma rota particularmente perigosa em direção a seu reino perdido, Gandalf é contra:

> — Isso não adiantaria nada — disse o mago —, não sem um Guerreiro valente, até um Herói. Eu tentei achar um, mas os

guerreiros estão ocupados lutando uns contra os outros em terras distantes, e por estes lados os heróis são raros, ou simplesmente impossíveis de encontrar. As espadas nestas partes estão em sua maioria cegas, os machados são usados para árvores, e os escudos como berços ou tampas de pratos.[10]

Bilbo é escolhido para se juntar a Thorin e companhia não como um guerreiro violento, mas como um ladrão, um papel comparativamente mais cômico. Assim, não se pode esperar que Bilbo conquiste a glória na tradição marcial clássica, pois, como Cícero escreveu, "o uniforme militar que adorna quase todas as nossas estátuas é uma prova ainda mais cabal de nossa paixão pela glória na guerra".[11] Com exceção do breve trabalho de Pippin como membro da Torre da Guarda de Gondor e dos quatro amigos "expurgando" o Condado, os hobbits só usam uniformes militares nos trabalhos de Tolkien quando Frodo e Sam vestem capacetes e armaduras de orc ridiculamente grandes para se disfarçarem em Mordor.

Ao contrário da apresentação de Thorin, *O hobbit* não começa com títulos aristocráticos e canções sobre antigas linhagens. Ao abrir o livro, não lemos sobre a vingança de Thorin como leríamos sobre a vingança de Aquiles nas primeiras frases da *Ilíada*. Pelo contrário, no começo do livro de Tolkien descobrimos que hobbits são pessoas simples e tranquilas, que nunca embarcam em aventuras ou fazem qualquer coisa inesperada. Eles adoram bules, cachimbos, cogumelos, cerveja, campos bem-cuidados e confortáveis lares em forma de toca. Ao ser apresentado a Bilbo, um dos anões o descreve como parecendo "mais um dono de armazém que um ladrão!".[12]

Os anões, os elfos e os humanos de Tolkien são movidos por uma sede de glória e renome. Os anões parecem especialmente apegados à sua reputação na manufatura de armas, taças, harpas e de todo tipo de coisas preciosas. No começo de *O hobbit*, quando eles cantam na inesperada festa no Bolsão, Bilbo fica impressionado pelo seu louvor aos objetos do desejo:

Enquanto eles cantavam, o hobbit sentiu agitar-se dentro de si o amor por coisas belas feitas por mãos, com habilidade e com mágica, um amor feroz e ciumento, o desejo dos corações dos anões. Então alguma coisa dos Tûk despertou no seu íntimo, e ele desejou ir ver as grandes montanhas, e ouvir os pinheiros e as cachoeiras, explorar as cavernas e usar uma espada ao invés de uma bengala. Olhou pela janela. (...) Pensou nas joias dos anões brilhando em cavernas escuras.[13]

Então, Bilbo certamente é capaz de ficar encantado pelas glórias que podem ser obtidas com uma espada e um tesouro. E a reverência e a glória da riqueza o dominam quando ele encontra o tesouro roubado de Smaug:

Bilbo já ouvira contar e cantar sobre tesouros de dragões, mas o esplendor, a cobiça e a glória de um tesouro assim eram desconhecidos para ele. Seu coração foi penetrado e dominado pelo encantamento e pelo desejo dos anões; ele observava, imóvel, quase esquecendo o temível guardião, o ouro além de qualquer preço ou conta.[14]

Embora Bilbo sinta o apelo da glória, ele não se deixa seduzir por ela. A imunidade do hobbit ao fascínio da glória e da celebridade mundana fica aparente em sua reação ao comentário de Dain, lamentando o fato de que Bilbo não receberá uma parte generosa das riquezas. A reação do hobbit é humilde. Ele também parece sugerir que a grande riqueza é perigosa e insegura, pois tende a excitar a violência:

— Muita gentileza sua — disse Bilbo. — Mas realmente é um alívio para mim. Como eu conseguiria levar todo esse tesouro para casa, sem guerra e matança ao longo de todo o caminho, não sei dizer. E não sei o que faria com ele quando chegasse em casa. Tenho certeza de que o tesouro fica melhor em suas mãos.

No fim, acabou levando apenas duas pequenas arcas, uma cheia de prata, a outra cheia de ouro, que um pequeno pônei poderia carregar. — É tudo o que posso levar — disse ele.[15]

Quando Bilbo se despede dos anões que sobreviveram à grande batalha, ele não oferece o adeus de um grande guerreiro que arriscou tudo para criar uma aliança vitoriosa. Os anões falam de um grande banquete que vão oferecer a Bilbo quando ele retornar, mas este responde de uma maneira incrivelmente comum e pouco heroica:

> Então os anões inclinaram-se diante do Portão, mas as palavras ficaram presas em suas gargantas.
> — Adeus, e boa sorte, por onde quer que vá! — disse Balin por fim. — Se chegar a nos visitar de novo, quando nossos salões mais uma vez forem belos, então o banquete será realmente esplêndido!
> — Se alguma vez passarem por meu caminho — disse Bilbo — não hesitem em bater na porta! O chá é servido às quatro, mas qualquer um de vocês será bem-vindo a qualquer hora.[16]

Assim, Bilbo resiste aos tipos de tentações que assombraram o Senhor da Cidade do Lago, Thorin, Smaug e outros que tem sede pelos bens materiais e pela fama.

Claro, a inspiradora bravura de Aragorn tem paralelo no melhor da litania heroica clássica, mas note que sua grande resistência diante dos portões de Mordor tinha o objetivo de criar uma distração, de forma que dois hobbits bravos e humildes (com uma pequena ajuda involuntária de Gollum) conseguissem dar o golpe decisivo no inimigo, destruindo o Um Anel. Sim, Bilbo pode ter parecido um modesto dono de armazém para os anões no começo de *O hobbit* e, para o maligno Sauron, talvez Frodo (o herdeiro de Bilbo) e Sam (o jardineiro) parecessem não ter mais importância que lojistas. Mesmo assim, não é sábio subestimar a glória que pode ser alcançada por lojistas comuns que não foram criados para o combate aristocrático.

Afinal de contas, certa vez Napoleão comentou que a Inglaterra era uma nação de lojistas, e mesmo assim esse país desempenhou um papel crucial no fim da dominação napoleônica sobre a Europa.

Frodo e seus companheiros hobbits recebem muito louvor e glória na coroação de Aragorn no fim de *O Senhor dos anéis*. Mas não é o louvor áspero dos guerreiros da tradição homérica. A glória não é a consagração do poder bruto, mas da grandeza alcançada pelos humildes. A conquista de Bilbo amplia a taxonomia clássica do heroísmo delineada no ensaio clássico "Hero-Worship" (1843), do historiador britânico Thomas Carlyle.[17] Carlyle identifica muitos tipos de heróis, incluindo o herói como divindade, profeta, poeta, padre, artista, escritor e monarca. Deveria haver uma categoria adicional: o herói como um humilde hobbit.[18]

A construção e a desconstrução de hobbits

Enquanto em *O hobbit* Tolkien critica a concepção clássica de glória, ele também nos alerta para o perigo de ser caseiro demais. Sem desafios e aventuras, haveria muito pouco do que falar.

> É estranho, mas as coisas boas e os dias agradáveis são narrados depressa, e não há muito que ouvir sobre eles; enquanto as coisas desconfortáveis, palpitantes e até mesmo horríveis podem dar uma boa história e levar um bom tempo para contar.[19]

E boas histórias e conversas parecem ser o principal elemento dos ensinamentos de Gandalf para Bilbo. O hobbit precisava enfrentar a aventura e o perigo para não se afundar completamente na vida confortável e pacata de seus vizinhos.[20] Sem uma aventura perigosa, Gandalf nunca teria podido dizer (com afeição): "Meu querido Bilbo! (...) Há algo errado com você! Não é mais o hobbit que era."[21] De fato, Bilbo obteve uma espécie de glória, e foi imensamente honrado na idade avançada pelos elfos de Valfenda. Porém, ao contrário do herói clássico, o hobbit guarda um amor pela beleza das pequenas coisas cotidianas em meio a todas as grandes aventuras e louvores que recebe. Em seu retorno para o Condado, Bilbo pode ter perdido algumas de suas belas colheres de prata, mas aprendeu com Beorn uma lição importante sobre o valor limitado da glória e da riqueza. Beorn não ficou muito impressionado com o amor de Thorin e da companhia pela riqueza temporal:

> Falaram principalmente de ouro, prata e pedras preciosas e sobre a fabricação de objetos de ourivesaria, e Beorn não parecia ligar para essas coisas: não havia objetos de ouro ou prata em seu salão e, exceto pelas facas, poucos eram de metal.[22]

Tolkien pode não ter sido um seguidor consciente de Platão ao subordinar a glória à bondade e à beleza, mas o final de *O hobbit* alude a uma afirmação platônica de que a beleza mundana é a chave para o que é verdadeiramente importante na vida. Gandalf diz:

> — Você é uma ótima pessoa, Sr. Bolseiro, e gosto muito de você; mas, afinal de contas, você é apenas uma pessoazinha neste mundo enorme!
> — Ainda bem — disse Bilbo, rindo, e ofereceu-lhe a vasilha de fumo.[23]

É esse amor pelo tabaco, pela comida, pelos jardins e por outras coisas simples que mantém controlada a busca pela glória desmedida.

Sócrates e seu pupilo Platão concordariam com isso. Afinal de contas, em *O banquete*, que é o diálogo mais famoso de Platão sobre amor e beleza, a conversa não acontece na véspera de uma batalha (como no *Bhagavad-Gita*) ou em um campo militar (como na *Ilíada*). O cenário é uma festa na qual os convidados tentam superar uns aos outros em sabedoria e eloquência. Todos participam do desenvolvimento de uma filosofia do amor, com a notável exceção de um guerreiro rebelde, Alcibíades. Esse belo e famoso jovem parece ser incapaz de amar verdadeiramente a beleza; ele é melhor na arte da sedução, na busca pelo prazer e na obtenção de glória pessoal — uma ambição que eventualmente o levou a trair a cidade de Atenas com sua pior inimiga, Esparta. Platão e Tolkien apontam o caminho para um mundo mais alegre.[24]

NOTAS

1 Platão, *Apologia de Sócrates*, em *Diálogos*.

2 Cicero, *De Officiis*, traduzido para o inglês por George B. Gardiner (Londres: Methuen & Co., 1899), p. 33.

3 Santo Agostinho, *A cidade de deus*.

4 Para passagens da *Ilíada* que fornecem um retrato vívido da glória da Grécia Antiga, ver Livro 15: linhas 644-652, 17: 412-419, 17: 453-455, 17: 563-566, e 19: 202-214. Para um vívido resumo da glória pagã, ver William Durant, *The Story of Civilization: The Life of Greece* (Norwalk, Connecticut: The Eaton Press, 1992), p. 50.

5 Agostinho, *A cidade de deus*.

6 *O hobbit*, p. 276.

7 Cicero, *De Officiis*, p. 32.

8 *O Senhor dos anéis: O retorno do rei*, p. 162.

9 Aristóteles, o maior pupilo de Platão, e tutor de Alexandre, o Grande, concordava. Ver sua crítica à "honra" como o bem principal em *Ética a Nicômaco*, 1095b22-29.

10 *O hobbit*, p. 21.

11 Cicero, *De Officiis*, p. 30.

12 *O hobbit*, p. 17.

13 *O hobbit*, p. 15.

14 *O hobbit*, pp. 210-11.

15 *O hobbit*, p. 284.

16 *O hobbit*, p. 284.

17 Thomas Carlyle, *Past and Present* (Nova York: Charles Scribner's Sons, 1918), pp. 40-46.

18 Para uma excelente análise de hobbits e heróis, ver Richard Purtill, *J. R. R. Tolkien: Myth, Morality, and Religion*, 2ªed. (São Francisco: Ignatius Press, 2003), pp. 59-77.

19 *O hobbit*, p. 50. Em uma de suas cartas, Tolkien observa que uma das morais de *O Senhor dos anéis* é que "sem o elevado e o nobre, o simples e vulgar é totalmente vil; e sem o simples e ordinário, o nobre e heroico não possui significado." *The Letters of J. R. R. Tolkien.*

20 Como Tolkien observa em uma história posterior, os planos de Gandalf para se livrar de Smaug quase fracassam porque Bilbo tinha mudado muito nos anos que Gandalf passara sem vê-lo. Ele "estava ficando bastante avarento e gordo, e seus antigos desejos haviam se reduzido a uma espécie de sonho particular." J. R. R. Tolkien, "A busca de Erebor". In: *Contos inacabados*, p. 351.

21 *O hobbit*, p. 294.

22 *O hobbit*, p. 125.

23 *O hobbit*, p. 296.

24 Gostaríamos de agradecer a Eric Bronson e a Gregory Bassham por suas excelentes ideias em relação a glória e hobbits. Estamos profundamente gratos por seu encorajamento e suas contribuições para nossa pesquisa. Também queremos agradecer a Elizabeth Clark por sua assistência brilhante na pesquisa e edição deste capítulo.

6

ORGULHO E HUMILDADE EM *O HOBBIT*

Laura Garcia

No início de *O HOBBIT*, Bilbo Bolseiro se sobressai por sua falta de notabilidade. Ele é confortavelmente abastado e tem uma existência tranquila e rotineira. Lemos que ninguém o descreveria como aventureiro, apesar de certas peripécias de alguns parentes pelo lado materno (o clã Tûk). Ele é, em muitos aspectos, um verdadeiro inglês, com as virtudes da hospitalidade, da honra e da jovialidade.

A princípio, Bilbo também parece a própria imagem da humildade, abrindo sua toca para os 13 estranhos anões, além de Gandalf, que lotam sua casa em Bolsão. Ele serve café, chá, vinho e cerveja para acompanhar os bolos de sementes, pastelões de carne, tortas de carne de porco, saladas, tortas de maçã, bolinhos amanteigados, frango frio e picles. Mas também descobrimos que sempre que Bilbo se mete em problemas sérios é porque uma de suas boas qualidades saiu um pouco de controle, ameaçando transformar uma virtude em um defeito.

Por causa de seu senso de honra, por exemplo, Bilbo fica indignado quando entreouve o anão Gloin reclamar que ele "parece mais um dono de armazém que um ladrão".[1] Lemos que "de repente sentiu que poderia ficar sem comida ou descanso só para ser considerado feroz", o que é uma considerável fagulha de indignação em alguém que detestava perder uma refeição tanto quanto Bilbo![2] "Existe muito mais [neste hobbit] do que vocês podem imaginar", Gandalf avisa aos anões, "e muito mais do que ele mesmo possa ter ideia".[3]

Virtude na Terra-média

A importância da virtude ou do caráter percorre toda a aventura de Tolkien. Claramente, o autor não pretende apenas entreter, mas educar e, especialmente, apoiar a afirmação no mínimo tão antiga quanto Sócrates de que a virtude leva à prosperidade, e os maus hábitos, à degradação. As teorias morais podem ser diferenciadas por suas respostas a três questões fundamentais: (1) Que tipos de julgamento moral são os mais básicos? (2) Por que devo ser virtuoso? (3) O que torna uma ação certa ou errada?

Os filósofos da Grécia Antiga defendiam uma teoria moral, hoje chamada de "ética da virtude", que torna fundamentais os julgamentos sobre o caráter virtuoso e as ações virtuosas. Outras afirmações morais, sobre o que é bom (ou valoroso) e sobre leis e deveres morais, são baseadas em julgamentos sobre a virtude. Se Bilbo tinha o dever de tentar proteger seus amigos, por exemplo, é porque a lealdade é uma virtude. Trapacear em uma competição de adivinhas é ruim porque é incorreto tentar enganar alguém.

Quanto à segunda questão, Aristóteles afirma que uma vida virtuosa, quase por definição, é aquela que permite à pessoa alcançar seu potencial máximo. Virtudes morais são traços de caráter que levam à realização completa de alguém como animal racional e social, e todos os humanos naturalmente buscam a felicidade e a realização. Na visão de Aristóteles, devemos agir moralmente porque essa é a única maneira de alcançar a autorrealização, e o desejo por esse tipo de satisfação está por trás de todos os outros desejos que temos.

Não é por acidente que as descrições de Tolkien sobre o abastado lar de Bilbo em Bolsão e do gracioso reino de Valfenda, de Elrond, refletem o caráter das pessoas que vivem ali. Quando nossos heróis descem o vale em direção à Última Casa Amiga, quase podemos ouvir com eles a água correndo sobre as pedras lá embaixo e o cheiro dos pinheiros e dos carvalhos. Há um brilho cálido de fogueiras abaixo e o canto dos elfos entre as árvores. Quando finalmente encontramos Elrond, não ficamos surpresos ao descobrir que: "Era nobre e tinha o rosto belo de um senhor élfico, era forte como um guerreiro, sábio como um mago, venerável como um rei dos anões, generoso como o verão."[4]

Finalmente, a teoria da virtude de Aristóteles defende que as ações merecem aprovação ou repreensão moral dependendo das intenções e atitudes que as motivam. Para que se possa considerar os atos dos outros moralmente certos ou errados é preciso saber o que eles estavam *tentando* fazer, mesmo que não tenham conseguido. Agir por motivos virtuosos é correto, enquanto agir de acordo com qualquer motivo maldoso é moralmente errado.

Em nossa história, quando os anões são libertados dos barris nos quais estavam se escondendo, acham difícil perdoar Bilbo por ter criado um plano de fuga tão desconfortável. O líder, Thorin, está especialmente irritado: "Havia palha úmida grudada em sua barba encharcada; sentia o corpo tão doído e enrijecido, tão ferido e escoriado, que mal conseguiu manter-se de pé, cambalear através da água rasa e deitar-se gemendo na margem."[5] Bilbo, no entanto, se recusa a aceitar a culpa por esse resultado, e com razão, pois ele certamente não tivera a intenção de deixar os anões infelizes. Daí sua resposta bastante áspera a Thorin: "Bem, você está vivo ou morto?"[6]

Parece óbvio que Tolkien, assim como Aristóteles, baseia-se em uma teoria da virtude da moralidade. O maior louvor é reservado aos virtuosos, a personagens de caráter, por assim dizer, e essas pessoas tomam suas decisões considerando qual seria a atitude leal e justa. Em *O hobbit*, nossos heróis muitas vezes escolhem caminhos que nem mesmo eles acreditam que terão um resultado positivo — mas é simplesmente a atitude virtuosa a tomar.

Por exemplo, quando Bilbo escapa das cavernas dos orcs, não faz a mínima ideia do que aconteceu com Gandalf e com os anões; então, mesmo que esteja relutante em voltar para os túneis da montanha escura, descobrimos que "acabara de decidir que esse era o seu dever, que devia voltar — e sentia-se arrasado com a decisão — quando ouviu vozes".[7] Nesse caso, o dever do hobbit é facilmente definido em termos de virtude — a atitude corajosa e leal a tomar é ajudar os amigos.[8]

Algo semelhante à teoria da virtude moral de Aristóteles inspira grande parte da história de Bilbo, e Tolkien até descreve as diferentes criaturas da Terra-média listando suas qualidades morais juntamente com suas características físicas. Quando conhecemos os trolls, descobrimos que seu "linguajar (...) estava longe de ser adequado para uma sala de visitas, muito longe", e eles são desleixados, brigões e não muito espertos. Orcs, por outro lado, são bastante inteligentes, mas compreendemos que são repugnantes desde o começo, pois chicoteiam e beliscam os anões e planejam comer seus pôneis. Tolkien nos diz que "orcs são cruéis, malvados e perversos", e, assim, usam suas habilidades para criar armas de destruição em massa, forçando muitos de seus prisioneiros a trabalhar como escravos até a morte por falta de ar e de água.[9] Os wargs, lobos grandes, malignos e inteligentes, não são melhores, e, na verdade, agem mancomunados com os orcs para planejar um ataque às poucas vilas de homens que ainda restam próximas das Montanhas Sombrias.[10]

Felizmente, existem mais habitantes nobres na Terra-média e, em certo momento, nossos heróis são literalmente salvos do fogo pelo Senhor das Águias e seus companheiros, embora as "águias não [fossem] pássaros amigáveis. Algumas são covardes e cruéis. Mas as da raça antiga das montanhas do norte eram as mais nobres de todas as aves; eram altivas, fortes e de coração nobre".[11] Já conhecemos Elrond, praticamente o paradigma do "homem magnânimo" de Aristóteles, e instintivamente confiamos também em Gandalf, embora esse personagem seja melhor definido por suas ações do que pela descrição direta.

Orgulho por ser hobbit

As virtudes morais desempenham um papel importante em *O hobbit*, e em geral a humildade é descrita como uma virtude, e o orgulho, como um defeito. Porém, existem exceções. O Senhor das Águias é descrito como orgulhoso, o que claramente é um elogio dentro do contexto (juntamente com adjetivos como "forte" e "de coração nobre"). E, perto do fim da história, conhecemos Bard, um homem com grandes habilidades e coragem, que derrota o dragão Smaug com sua última flecha, anunciando para que todos escutem: "Eu sou Bard, da linhagem de Girion; sou o matador do dragão!"[12] Não é exatamente o retrato da humildade, embora ele certamente mereça elogios por seu heroísmo.

O orgulho geralmente é representado como um defeito, e até mesmo como uma falha de caráter fatal, que leva à ruína dos perversos: as aranhas gigantes abandonam sua presa para perseguir o invisível Bilbo porque estão enfurecidas por seus insultos e xingamentos, e Bilbo consegue descobrir o ponto fraco de Smaug apelando para sua vaidade e louvando sua alardeada invencibilidade.

Além disso, quando os heróis da história correm o risco de serem capturados ou mortos, é sempre porque estão dominados pelo orgulho, de uma maneira ou outra. Ao final da conversa com Smaug, Bilbo não consegue resistir à tentação de comentar que roubou algo de seu tesouro. "Foi uma observação infeliz, pois o dragão soltou sobre ele terríveis chamas", e o incidente deu origem ao provérbio "Nunca se ri de dragões vivos".[13] Finalmente, Thorin sente um verdadeiro orgulho por ser anão quando retorna à montanha onde seus ancestrais viveram, e isso o leva a criar uma briga desnecessária sobre a divisão do tesouro com os moradores da Cidade do Lago e os elfos da floresta. Ele começa a se autointitular "Thorin, filho de Thrain, Rei sob a Montanha", e uma combinação de orgulho e ganância o impede de reconhecer a justiça das reivindicações dos outros. Ele chega ao ponto de dizer a Bilbo: "Está usando uma armadura que foi feita pelo meu povo e é boa demais para você."[14]

Na verdade, como observa John Rateliff, estudioso de Tolkien, "o orgulho é o maior pecado no éthos de Tolkien".[15] A introdução da discórdia por Morgoth na Música dos Ainur,[16] a rebelião dos elfos noldor contra os Valar,[17] a queda de Galadriel em desgraça e seu exílio autoimposto na Terra-média,[18] a tentativa dos numenorianos de vencer a morte invadindo o Reino Abençoado,[19] a desastrosa recusa de Isildur em destruir o Anel depois de cortá-lo da mão de Sauron,[20] a tentativa do Senhor do Escuro de dominar o mundo e ser adorado como um Rei-Deus,[21] a corrupção e a recusa de misericórdia de Saruman,[22] a queda de Denethor na loucura e no desespero suicida[23] — tudo isso é atribuído por Tolkien ao pecado do orgulho. Inversamente, a humildade é sempre uma virtude central nos escritos de fantasia do autor. Por exemplo, é somente por causa da notável humildade de Frodo e Sam — sua rara habilidade de resistir à tentação de poder e glória do Anel — que Sauron é derrotado em *O Senhor dos anéis*.

Tolkien era um católico devoto, e suas representações de orgulho e humildade são fortemente influenciadas pelas visões clássicas do cristianismo sobre as virtudes e falhas morais. Na ética clássica do cristianismo, o orgulho é considerado um dos Sete Pecados Capitais. Na verdade, o mais mortal deles.

Como escreveu C. S. Lewis, amigo e colega de Oxford de Tolkien, o orgulho é "o grande pecado", porque afasta as pessoas tanto de Deus quanto de seus vizinhos ao criar uma visão falsa de seus próprios méritos diante de Deus e destruir a caridade ao levá-las a menosprezar seus "inferiores".[24]

Como define John Hardon no livro *Pocket Catholic Dictionary*, o orgulho é "uma estima excessiva por si mesmo" que pode se manifestar de várias maneiras: "gabar-se das conquistas, como se elas não fossem antes de tudo o resultado da bondade e da graça divinas; minimizar os próprios defeitos ou alegar qualidades que não possui de fato; considerar-se superior aos outros ou desdenhá-los porque não têm o que a pessoa orgulhosa tem; aumentar os defeitos alheios ou dar-lhes importância."[25] Como Lewis diz sobre o orgulho: "Não há defeito que torne um homem menos popular, nem falha da qual estejamos menos conscientes em nós mesmos."[26]

Entretanto, como vimos, Tolkien nem sempre fala do orgulho em termos negativos. E Lewis ressalta que sempre elogiamos pessoas que sintam um justificável orgulho de coisas como família, conquistas, herança ou educação.[27] Mas, afinal, o orgulho é uma virtude ou um defeito? Caso seja assim, parece que estamos dando à palavra dois sentidos diferentes.[28] A teoria da moral de Aristóteles trata o orgulho como uma virtude, mas São Tomás de Aquino, um filósofo católico do século XIII que adota a teoria de Aristóteles como fundamentalmente correta, considera o orgulho um defeito.

Uma forma de resolver essa tensão seria dizer que o orgulho é uma virtude secular, mas um defeito religioso. Porém, Aquino rejeita essa opinião, e chega a afirmar que seu enfoque do orgulho é consistente com a teoria de Aristóteles. Para verificar se ele está certo, precisamos observar com mais cuidado as discussões principais de ambos os pensadores sobre o orgulho.

Aristóteles trata do orgulho no Livro IV, Capítulo 3 de *Ética a Nicômaco*, definindo-o como uma virtude conectada aos "assuntos importantes e grandiosos" e especialmente às grandes honras ou à reputação por grandeza (moral). Alguns tradutores chamam essa virtude de "orgulho", enquanto outros usam o termo "nobreza de espírito" ou "magnanimidade". Em uma tradução de W. D. Ross, Aristóteles diz: "Chama-se orgulhoso ao homem que se considera digno de coisas grandes, e é digno delas; pois quem o faz além de suas capacidades é tolo ou estúpido, mas nenhum homem virtuoso é tolo ou estúpido."[29] O homem virtuosamente orgulhoso (e é sempre um homem para Aristóteles) merece grandes coisas, e acredita corretamente ser digno delas. As grandes coisas que Aristóteles tem em mente não são materiais, e sim a honra. E nem a honra é uma questão de fama ou notoriedade, mas um reconhecimento do valor genuíno:

> Se considerarmos com cuidado, veremos o completo absurdo que é um homem orgulhoso não ser bom. Nem seria digno de honra se fosse mau; pois a honra é o prêmio da virtude, e ao bom é concedida. Portanto, o orgulho parece ser uma espécie de coroamento das virtudes; pois as torna maiores, e não existe sem elas. Assim, é difícil ser verdadeiramente orgulhoso; pois isso é impossível sem nobreza e bondade de caráter.[30]

É comum Aristóteles descrever a virtude moral como uma espécie de média entre dois extremos, onde a moderação ou o caminho do meio é a virtude, e "demais" e "muito pouco" são os defeitos opostos. No caso do orgulho, um dos defeitos e ter uma opinião sobre si mesmo muito melhor do que a devida — Aristóteles chama isso de "vanglória" ou "tolice" — e o defeito oposto é ter uma opinião sobre si pior do que a devida, o que na tradução de Ross é chamado de "humildade indevida".

A tradução de Martin Ostwald de *Ética a Nicômaco* chama essa virtude de "nobreza de espírito" em vez de "orgulho", e as falhas correspondentes são a "vaidade" (ter uma opinião boa demais sobre si mesmo) e "limitação" (ter uma opinião desfavorável sobre si mesmo). Em uma nota de rodapé, Ostwald defende seu uso de "nobreza de espírito" contra outra escolha popular, "magnanimidade", já que esta tem um significado menos amplo no inglês contemporâneo. Ele observa que o termo grego de Aristóteles "*megalopsychia*" significa literalmente "grandeza de alma" e que Aristóteles o utiliza, como vimos, para descrever um tipo de coroamento da virtude perfeita.[31]

Aristóteles argumenta que se alguém é de fato perfeitamente virtuoso, é adequado *acreditar* que essa pessoa é merecedora de grande honra. Embora possa parecer que o filósofo está recomendando algo próximo à vaidade para os verdadeiramente nobres, ele insistia que "não há honra suficiente para a virtude perfeita",[32] de forma que é impossível para uma pessoa perfeitamente boa (se é que ela existe) superestimar a honra que lhe é devida. Com respeito aos bens externos do prazer, riqueza e afins, o homem que possui uma grande alma tem uma atitude moderada em relação a essas coisas, sendo capaz de desfrutá-las, mas também de passar sem elas.

Chá de humildade e alimento para a alma

Como Aquino interpreta a concepção de Aristóteles? Não é um trabalho fácil, pois em algumas traduções Aristóteles parece tratar o orgulho como uma virtude, e a humildade, como um defeito, enquanto que para Aquino, as coisas são exatamente o contrário. Mas Aquino considera a ideia de Aristóteles basicamente correta, e acompanha "o Filósofo" ao colocar a magnanimidade ou o orgulho adequado sob a categoria geral de moderação.

A moderação abrange uma variedade de virtudes mais específicas, e os gregos a consideravam umas das quatro virtudes fundamentais, juntamente com a coragem, a justiça e a prudência. O papel da moderação é regular os apetites naturais, havendo tantas formas de moderação quanto existem apetites naturais, incluindo desejos por comida e bebida, sexo, honra e ações nobres.

Então, assim como Aristóteles, Aquino descreve a atitude virtuosa em relação às ações nobres como uma luta apropriada ou razoável por grandes coisas, e aceita a grandeza da alma como uma descrição adequada dessa virtude. Aquino explica que "o bem árduo [aquele que é difícil de alcançar] tem algo de atraente para o apetite, ou seja, o aspecto de bem, e da mesma maneira algo de repulsivo para o apetite, ou seja, a dificuldade de obtê-lo".[33]

Nesse caso, o bem árduo é a virtude ou a perfeição moral, e Aquino acrescenta que nossas duas reações típicas diante desse bem são a essência de duas virtudes que precisamos para alcançá-lo. Uma nos estimula a continuar lutando pelo bem — é a grandeza de alma de Aristóteles, que, da mesma forma, pode ser considerada um tipo de orgulho justificado por ter alcançado essa grandeza. A outra virtude nos impede de lutar por um tipo de excelência ou perfeição que está além de nossas forças, e essa é a virtude da humildade.[34]

Como vimos, a teoria moral de Aquino descreve duas tentações que podemos enfrentar quando nos deparamos com uma tarefa difícil — desistir sem tentar ou superestimar nossas forças. A humildade ajuda a evitar o segundo erro, e tanto a vida cotidiana quanto as histórias de Tolkien estão repletas de provas de sua importância. Aristóteles, no entanto, dá uma ênfase ainda maior ao perigo de subestimar a capacidade de alguém em alcançar a grandeza de alma, e Tolkien claramente concorda com o filósofo nesse ponto. Por exemplo, embora os anões não fiquem impressionados com Bilbo em seu primeiro encontro, a opinião que têm sobre ele melhora dramaticamente após o infeliz encontro deles com as aranhas gigantes. Quando Bilbo finalmente encontra seus amigos depois que se dispersaram na escuridão da Floresta das Trevas, eles estão amarrados em grandes embrulhos de teia, pendurados nas árvores no meio do covil das perversas aranhas. Ajudado por sua inteligência e pelo anel mágico, Bilbo inventa um plano para afastá-las e, depois, volta para libertar seus amigos.

A primeira parte do plano funciona um pouco bem demais, entretanto: "Depressa como um raio, vieram correndo e balançando na direção do hobbit, lançando seus longos fios em todas as direções, até que o ar parecia cheio de armadilhas ondulantes."[35] Logo as aranhas cercam Bilbo completamente, mesmo assim ele reúne sua coragem para insultá-las com uma canção ofensiva:

> Eu estou aqui, aranhinha malvada;
> Você é gorda, você é modorrenta.
> Você não me pega, por mais aplicada,
> Em sua teia gosmenta.[36]

Bilbo consegue passar por um ponto fraco do círculo de teias com a ajuda de sua espada Ferroada, mas há uma batalha longa e feroz antes que anões finalmente estejam a salvo. Eles ficam profundamente gratos, é claro, e começam a buscar liderança em Bilbo. "Na verdade, elogiaram-no tanto que Bilbo começou a sentir que, afinal de contas, realmente havia nele algo de aventureiro destemido."[37] Parece que a intenção de Tolkien é nos fazer concordar com esse sentimento, e ficarmos orgulhosos do hobbit (no bom sentido de "orgulhosos") por assumir o papel que Gandalf espera dele.

Heróis humildes

Em alguns dos personagens menos importantes da história vemos exemplos semelhantes de heróis em desenvolvimento. Quando o dragão Smaug faz seu furioso ataque ao vilarejo, quase todos começam a fugir das chamas, pulando na água que cerca sua ilha. Até mesmo o Senhor da Cidade do lago abandona a luta e procura seu barco dourado, tentando escapar em segurança.

Entretanto, uma companhia de arqueiros se mantém firme. "Seu capitão era Bard (...) Era descendente distante de Girion, Senhor do Valle (...) Agora ele atirava com um grande arco de teixo, até que lhe restou uma única flecha. As chamas estavam perto dele. Seus companheiros o abandonaram. Ele envergou o arco pela última vez."[38] Embora seus amigos já "conhecessem seu valor e sua coragem", é nessa resistência final contra o dragão que Bard realmente consegue seu lugar de direito entre os grandes de alma. Quando o povo descobre que ele matou o dragão, quer torná-lo rei, e embora Bard não tenha desejo de substituir o Senhor da Cidade do Lago, começa a pensar em um plano para liderar um grupo de homens em direção ao norte e reconstruir a cidade ancestral de Valle.

Entre os anões, meus dois favoritos são Fili e Kili, tanto porque são os mais novos, como porque não são tão suscetíveis ao encanto do tesouro do dragão. Quando Thorin se recusa a dividir o ouro com o povo da cidade e com os elfos da floresta, "os outros não se atreveram a criticá-lo; porém, a maioria deles parecia pensar da mesma maneira — exceto, talvez, o velho e gordo Bombur [meu outro favorito], Fili e Kili".[39] Quando Thorin é fatalmente ferido em batalha, descobrimos que "Fili e Kili haviam tombado ao defendê-lo com o escudo e o corpo, pois Thorin era irmão mais velho de sua mãe".[40]

Nada mais é dito sobre esses dois, mas ficamos comovidos por sua coragem e lealdade, e de certa forma não nos surpreendemos que tenham se tornado heróis de guerra. Mesmo assim, sua morte traz à mente uma descrição anterior da batalha sangrenta: "Atrás [de Thorin], em meio aos cadáveres dos orcs, jaziam homens e muitos anões, além de muitos belos elfos que deveriam ter vivido alegremente por muitas eras na floresta."[41]

O próprio Thorin, um personagem mais velho e mais complexo, é tentado a ter uma atitude de falso orgulho, chegando a acreditar que ele e seus companheiros têm direito ao tesouro do dragão. Ele finge que não ouve os elfos e os homens, que desejam reclamar sua cota justa dos espólios, e chega a considerar quebrar a promessa de dar um catorze avos do tesouro a Bilbo. Ele é salvo de sua espiral moral descendente pelo violento ataque do exército dos orcs, que une anões, homens e elfos em uma batalha desesperada contra o inimigo comum.

Os elfos e os homens são os primeiros a ingressar no ataque, e conseguem algum sucesso inicial em rechaçar os orcs, mas no mesmo dia uma nova onda de orcs ataca, acompanhada por uma hoste de wargs e "a guarda pessoal de Bolg, orcs de enorme tamanho com cimitarras de aço".[42] Com a escuridão se aproximando, Bard e suas forças começavam a perder terreno, quando "de repente, ouviu-se um grande grito, e do Portão veio um chamado de trombeta. Haviam esquecido Thorin! (...) Na escuridão, o grande anão reluzia como ouro no fogo que se apaga".[43]

Alheio ao perigo, "Thorin desferia golpes poderosos com seu machado, e nada parecia feri-lo. — Aqui! Aqui! Elfos e Homens! Aqui! Ó, meu povo! — gritou ele, e sua voz vibrava como uma trombeta no vale".[44] Thorin lidera uma forte investida contra os orcs e os lobos, mas nossos heróis só são salvos no final pela ajuda "de cima", na forma das águias. São as mesmas criaturas nobres que salvaram Gandalf e a companhia do fogo feito pelos orcs na floresta. E é outra ave sábia e velha, um tordo, que vai até Bard com o segredo da única vulnerabilidade do dragão. Mesmo assim, a história de Tolkien nos faz sentir que vale a pena defender o que é certo e bom, mesmo quando o bem, como diria Aquino, é "difícil de alcançar" — na verdade, mesmo quando ele ameaça a própria vida.

Mas o drama central da história diz respeito a Bilbo e sua transformação de alguém caseiro e apegado à rotina e às necessidades pessoais em um herói que embarca em uma aventura (não sozinho, evidentemente) para matar um dragão perverso e devorador de homens. No começo do livro, quando Gandalf diz a Bilbo, "Estou procurando alguém para participar de uma aventura que estou organizando, e está muito difícil achar alguém", Bilbo responde logo: "Acho que sim, por estes lados! Nós somos gente simples e acomodada, e eu não gosto de aventuras. São desagradáveis e desconfortáveis!"[45]

Mas ele se deixa arrebatar pela aventura no final das contas, e, quando retorna a Bolsão, é um hobbit muito diferente, tendo lutado para salvar a própria vida e as vidas de seus amigos contra aranhas gigantes, trolls, orcs, wargs e o poderoso dragão. Além dessas façanhas de coragem e esperteza, ele enfrentara a ira de seus companheiros anões em uma tentativa malsucedida de promover a paz entre eles e os homens de Dain, um feito corajoso que mereceu o louvor de Gandalf: "Muito bem! Sr. Bolseiro! (...) Você sempre demonstra ser mais do que se espera." Provavelmente, mais até do que o próprio Bilbo espera!

Dada a reticência de Bilbo no princípio, pode parecer que é por vaidade que ele tenta realizar grandes façanhas que estão além de suas capacidades. Porém, Bilbo representa a grande maioria das pessoas comuns, que podem não estar procurando emoção, mas muitas vezes desempenham proezas heroicas e abnegadas diante do perigo e do desastre. Talvez todos nós sejamos mais do que se espera. Entretanto, Bilbo é, na melhor das hipóteses, um herói relutante, e, quando volta para casa, ele pendura sua espada sobre a lareira e dali em diante se contenta em "escrever poesias e (...) visitar os elfos".[46] Entretanto, para que ele não comece a nutrir uma opinião muito favorável sobre si mesmo, Gandalf lhe faz uma visita como fez no começo da história, perguntando de maneira intencional: "Você não acha, não é mesmo, que todas as suas aventuras e fugas foram conseguidas por mera sorte, apenas para seu próprio benefício?"[47]

Atribuir um sucesso tão notável à sorte ou (pior) à própria grandeza manifestaria o tipo de orgulho descrito anteriormente como o hábito de "gabar-se das conquistas, como se elas não fossem antes de tudo o resultado da bondade e da graça". Presumir que as coisas deram certo por causa da própria importância seria um sinal mais óbvio de orgulho, embora de um tipo que alguém pode demonstrar sem ter total consciência. Mas Gandalf não precisava temer que Bilbo incorra em nenhum dos dois. A história termina como começou, com uma conversa entre velhos amigos. Quando Gandalf continua: "Você é uma ótima pessoa, Sr. Bolseiro, e gosto muito de você; mas, afinal de contas, você é apenas uma pessoazinha neste mundo enorme!" Bilbo responde rindo, "Ainda bem!", e passa a vasilha de fumo.[48]

NOTAS

1   *O hobbit*, p. 17.

2   *O hobbit*, p. 17.

3   *O hobbit*, pp. 18-9.

4   *O hobbit*, p. 51.

5   *O hobbit*, p. 187.

6   *O hobbit*, p. 188.

7   *O hobbit*, p. 91.

8   Essa mesma atitude centrada na virtude é aparente na corajosa decisão de Bilbo de voltar para os anões e enfrentar as consequências depois de entregar a Pedra Arken ao rei élfico e ao povo do Lago em uma tentativa de promover a paz: "Não acho que deva abandonar meus amigos assim, depois de tudo pelo que passamos juntos. E, além disso, prometi acordar o velho Bombur à meia-noite!" *O hobbit*, p. 264. A mesma atitude em relação à tomada de decisões moral fica evidente na decisão de Sam de tentar resgatar Frodo de Minas Ithil em vez de buscar o "bem maior" de destruir o Anel na Montanha da Perdição. *O Senhor dos anéis: As duas torres*, pp. 354-64.

9   *O hobbit*, p. 62.

10 *O hobbit*, p. 101. Os wargs, na verdade, não são apenas mas, mas "demoníacos". Ver *The Letters of J. R. R. Tolkien*, e John D. Rateliff, *The History of The Hobbit*, vol. 1 (Boston Houghton Mifflin, 2007), pp. 216-19.

11 *O hobbit*, p. 103.

12 *O hobbit*, p. 244.

13 *O hobbit*, p. 221.

14 *O hobbit*, p. 270. Thorin demonstrava um orgulho arrogante mesmo antes de partir na busca para recuperar o tesouro do dragão. Quando Gandalf tentou convencê-lo a levar Bilbo na aventura, Thorin exibiu um "altivo menosprezo" pelos hobbits, considerando-os "meros produtores de alimentos". J. R. R. Tolkien, "The Quest of Erebor,". In: *Unfinished Tales of Númenor and Middle-earth* (Boston: Houghton Mifflin, 1980), pp. 362.

15 Rateliff, *The History of The Hobbit*, Vol. 2, p. 565.

16 *O Silmarillion*, 4ª edição, (São Paulo: Martins Fontes), p. 4.

17 *O Silmarillion*, pp. 75-78.

18 Tolkien, *Contos inacabados*, p. 255.

19 *O Silmarillion*, p. 333.

20 Tolkien, *Unfinished Tales of Númenor and Middle-earth*, pp. 274, 283; *The Return of the King*, p. 283.

21 *The Letters of J. R. R. Tolkien*; *O Silmarillion*, p. 340.

22 Tolkien, *Contos inacabados*, pp. 515.

23 *O Senhor dos anéis: O retorno do rei*, p. 121-22.

24 C. S. Lewis, *Mere Christianity* (São Francisco: HarperSanFrancisco, 2001), pp. 121-25.

25 John A. Hardon, S. J., *Pocket Catholic Dictionary* (Nova York: Image Books, 1985), p. 342.

26 Lewis, *Mere Christianity*, p. 121.

27 Lewis, *Mere Christianity*, p. 127.

28 Para uma discussão útil sobre os vários sentidos de "orgulho", ver Richard Taylor, *Restoring Pride: The Lost Virtue of Our Age* (Amherst, NY: Prometheus Books, 1996), pp. 30-39. Psicólogos que estudam o orgulho normalmente fazem distinção entre "orgulho autêntico", que se origina em realizações verdadeiras, e "orgulho arrogante", que é o contrário. Benedict Carey, "When All You Have Left is Your Pride," *The New York Times*, 7 de abril de 2009, D1.

29 Aristóteles, Ética a Nicômaco, traduzido para o inglês por W. D. Ross, IV.3, 1123b1-4. Essa tradução está disponível em: http://classics.mit.edu/Aristotle/nicomachaen.4.iv.html (em inglês).

30 *Ética a Nicômaco*, traduzido para o inglês por Martin Ostwald (Englewood Cliffs, NJ: Prentice Hall, 1969), IV.3, 1123b30–1124a4. Todas as citações subsequentes a *Ética a Nicômaco* serão dessa tradução.

31 *Ética a Nicômaco*, p. 93.

32 *Ética a Nicômaco*, IV.3, 1124a8.

33 Tomás de Aquino, *Suma teológica*, traduzido por Fathers of the English Dominican Province (Notre Dame, Ind.: Ave Maria Press, 1948), II-II, Q. 161, a. 1, sed contra.

34 Um ponto óbvio surge aqui, pois parece não haver menção à humildade na teoria de Aristóteles. Na verdade, a avaliação correta do valor moral de alguém é o que Aristóteles chama de orgulho adequado (ou grandeza de alma). Os vícios opostos ao orgulho são a limitação, que subestima o valor de alguém, e a vaidade, que superestima. Porém, o filósofo deixa uma janela aberta

aqui, dedicando uma frase a pessoa incapaz de grandeza moral: "Um homem que merece e pensa que merece pouco não é nobre de espírito, é um homem que conhece suas limitações." (*Ética a Nicômaco*, IV.3, 1123b5.) Ostwald observa que Aristóteles usa aqui o termo grego *sōphrōn*, definido no glossário como "uma pessoa consciente de suas limitações tanto positiva quanto negativamente: ela sabe o que suas habilidades e sua natureza lhe permitem ou não fazer. Ela tem controle sobre si mesma no sentido de que nunca deseja fazer o que sabe que não pode ou não deve". Embora Aristóteles não utilize o termo "humildade" aqui, sua descrição dessa virtude parece combinar com a ideia de humildade de Aquino, como uma virtude oposta aos (impróprios) orgulho e vaidade.

35 *O hobbit*, p. 154.

36 *O hobbit*, p. 156.

37 *O hobbit*, p. 161.

38 *O hobbit*, p. 242.

39 *O hobbit*, p. 258.

40 *O hobbit*, p. 283.

41 *O hobbit*, p. 276.

42 *O hobbit*, p. 275.

43 *O hobbit*, p. 276.

44 *O hobbit*, p. 276.

45 *O hobbit*, p. 4.

46 *O hobbit*, p. 295.

47 *O hobbit*, p. 296.

48 *O hobbit*, p. 296.

7

"MEU PRECIOSO": A VISÃO DE TOLKIEN SOBRE OS RISCOS DA POSSESSIVIDADE

Anna Minore e Gregory Bassham

O *HOBBIT* COMBINA DIVERSOS GÊNEROS LITERÁRIOS CLÁSSICOS. É um conto de fadas sobre um mundo mágico habitado por seres imaginários como elfos, anões, trolls e dragões. É uma história de aventura que retrata perigos e fugas de arrepiar os cabelos como parte de uma arriscada busca por um tesouro vigiado. E é um livro infantil que procura ensinar saudáveis valores éticos a jovens leitores — valores "antiquados", como lealdade, honra, coragem, misericórdia, generosidade e humildade.

Uma das lições morais mais claras no livro é a importância de manter coisas "preciosas" como anéis de ouro, joias fabulosas e tesouros de dragão em uma perspectiva eticamente adequada. Apesar de seu vívido retrato de personagens possessivos como Gollum, Smaug, Thorin e o Senhor da Cidade do Lago, Tolkien adverte seus leitores sobre os perigos de se deixar dominar pelo materialismo e pela ganância.

Os custos sociais da ganância

A ganância, na definição clássica de Tomás de Aquino (1225-1274), é "um amor desmedido pelas riquezas".[1] Como envolve desejos desordenados ou excessivos, a ganância é, por definição, sempre um defeito ou uma falha moral.

Então, o que os John Stossels, Ivan Boeskys e Gordon Gekkos[2] do mundo querem dizer quando proclamam audaciosamente que "a ganância é boa"? Querem dizer que o egocentrismo e um desejo por riqueza geralmente exercem efeitos positivos na economia de mercado — ou seja, por causa da "ganância", empresas são iniciadas, empregos com bons salários são criados, bens chegam ao mercado de maneira eficiente, remédios que podem salvar vidas são desenvolvidos, fundos de previdência são financiados e filantropos podem doar somas generosas a causas dignas.[3]

Tudo isso pode ser verdade, e provavelmente seria admitido por Aquino. Quando São Tomás fala sobre a ganância (ou "cobiça" na maioria de suas traduções), está se referindo a um traço de caráter que é, por definição, "imoderado", ou seja, censurável. Ele se concentra no estado interno da alma da pessoa cobiçosa, não nos efeitos do comportamento ganancioso na sociedade. Ele não negaria que a ganância, assim como a inveja ou o orgulho, às vezes tem consequências positivas para o mundo.

Segundo Aquino, a ganância é um defeito ou uma falha de caráter por duas razões. Viola nosso dever de amar o semelhante e nossa obrigação de amar a nós mesmos.[4] Em outras palavras, a ganância é uma vontade ou propensão "desmedida", porque tende a causar efeitos prejudiciais tanto nos outros quanto em nós mesmos.

Primeiramente, consideremos como a ganância pode prejudicar os outros. Há muito tempo os filósofos reconhecem que um amor imoderado pela riqueza é uma das causas principais de coisas como guerra, violência, crime, exploração, corrupção e danos ambientais. Quantas guerras foram travadas por causa de "pilhagens" ou "saques"? Quantos crimes foram motivados por um desejo de ganhos desonestos? Quantos sistemas sociais exploradores foram construídos sobre cobiça?

Como São Thomas More (1478-1535) escreveu em seu clássico *Utopia*, se o dinheiro fosse abolido, "quantos crimes [poderiam ser] arrancados pela raiz! (...) Fraude, furto, roubo, disputas, brigas, motins, assassinatos, traições, envenenamentos e diversos outros crimes (...) morreriam todos de uma vez. Se o dinheiro desaparecesse, com ele sumiriam o medo, a ansiedade, a preocupação, a fadiga e as noites em claro".[5]

E o problema, como acreditava Platão (428-348 a.C.), não está confinado a sistemas sociais ou econômicos específicos, é enraizado na própria natureza humana. Como Platão observou nos tempos turbulentos em que viveu:

> [Por um] desejo insaciável de ouro e prata, todo homem se curva a qualquer esquema ou artifício, decente ou indecoroso, na esperança de se tornar rico; e não fará objeção a desempenhar qualquer ato, sagrado ou profano e totalmente abjeto, contanto que, assim como as bestas, possa comer e beber todo tipo de coisa e obter para si mesmo todos os tipos de gratificação de seu apetite.[6]

Tantos são os males sociais provenientes dos impulsos gananciosos humanos, que filósofos utópicos — de Platão e São Tomas More a Karl Marx (1818-1883) — propuseram sociedades comunistas radicais como a única cura possível. Outros pensadores, como o filósofo cínico grego Diógenes (aproximadamente 412-323 a.C.), o filósofo chinês Lao Tzu (supostamente século XI a.C.) e o naturalista norte-americano Henry David Thoreau (1817-1862) condenaram severamente a avareza e recomendaram, no lugar dela, levar uma vida simples e independente em harmonia com a natureza. É provável que o próprio Beorn concordasse com a famosa observação de Thoreau de que "a riqueza de um homem é proporcional ao número de coisas que ele pode se dar ao luxo de deixar para lá",[7] assim como com a máxima de Lao Tzu: "Quem sabe que tem o bastante é rico."[8]

A ideia de que a ganância pode levar a conflitos e guerras é um tema central de O hobbit. O ardente desejo de Thorin pelo tesouro do dragão e sua recusa obstinada em dividi-lo com outras partes merecedoras quase leva a uma terrível batalha entre anões, elfos e os homens do lago. A batalha é evitada porque as três facções em guerra são atacadas por orcs, que também estão parcialmente motivados pelo desejo de obter o tesouro.[9]

Somente quando está morrendo, Thorin cai em si e reconhece que "o mundo seria mais alegre" se mais de nós valorizássemos os simples prazeres em vez de joias cintilantes.

Além de levar à guerra, ao crime e à violência, a ganância pode enfraquecer as relações humanas de incontáveis outras maneiras. Como observa o escritor de best-sellers Harold Kushner, a ganância pode nos afastar das outras pessoas criando um foco egoísta e até mesmo obsessivo sobre nosso próprio desejo, em vez das necessidades dos outros.[10] Grandes obras literárias como *O avarento*, de Molière, *Eugenie Grandet*, de Honoré de Balzac, *Silas Marner*, de George Eliot, e *Uma história de Natal*, de Charles Dickens, são um retrato vívido de como o foco excessivo no dinheiro nos separa e aliena dos outros, incluindo nossos entes queridos. Lembre-se, por exemplo, de que no romance clássico de Dickens, a avareza de Scrooge o leva a uma existência solitária e triste, enquanto ele explora avidamente seu pobre funcionário, Bob Cratchit.

Em *O hobbit*, Gollum fornece um exemplo extremo dos efeitos de isolamento da possessividade devoradora. Sméagol vive sozinho e sem amigos em uma ilha no meio de um lago subterrâneo escuro e frio. Em *O Senhor dos anéis*, descobrimos que Gollum adquiriu seu anel mágico por um ato de desejo assassino, que usou o Anel para roubar e cometer outros atos cruéis, e que eventualmente foi expulso de sua comunidade pela avó.[11]

Quando Bilbo o encontrou, ele vivia sozinho nas raízes das Montanhas Sombrias havia mais de 450 anos.[12] Durante todo esse tempo, a avidez pelo Anel lentamente destruiu a mente de Gollum e corrompeu sua vontade. Até mesmo Bilbo, apesar da crueldade traiçoeira de Gollum, não pode evitar sentir um "misto de pena e horror"[13] ao contemplar sua vida triste, solitária e sem conforto.

O fim trágico do Senhor da Cidade do Lago — bastante chocante para um livro infantil — oferece outro exemplo dos efeitos isoladores e alienantes da ganância. Lemos que o Senhor era o que hoje chamaríamos de empreendedor — um político visionário focado nos negócios, com o "pensamento voltado para o comércio e as tarifas, para carregamentos e ouro", e não para "velhas canções".[14] Quando a Cidade do Lago é atacada pelo dragão, o Senhor foge covardemente em seu barco dourado e quase é deposto pelo furioso povo do Lago ("Já estamos fartos dos velhos e dos contadores de dinheiro! (...) abaixo o Avarento.")[15]

Finalmente, a avareza do Senhor o derrota, e ele tem um final terrível. "Bard dera-lhe muito ouro para socorrer o povo do Lago, mas, sendo o tipo de pessoa que pega facilmente tal doença, contraiu o mal do dragão, pegou a maior parte do ouro, fugiu com ele e morreu de fome no Ermo, abandonado pelos companheiros."[16]

Os custos pessoais da ganância

Na ética cristã, a ganância é considerada um dos Sete Pecados Capitais e, a "raiz de todo o mal"[17] Por que a "raiz" do mal? Porque, como Aquino observa, ter muito dinheiro permite que se cometa praticamente qualquer pecado.[18] Ao longo dos séculos, filósofos e pensadores religiosos indicaram como o amor pelas riquezas pode distorcer a personalidade e danificar a psique de uma pessoa de várias maneiras.

De Buda (560-480 a.C.), passando pelos cínicos da Grécia Antiga e chegando até Thoreau, filósofos observaram que a ganância cria uma espécie de dependência psíquica, um laço com o objeto do desejo. No bucólico século XIX de Thoreau, os Estados Unidos eram inquestionavelmente "menos barulhentos e mais verdes" do que hoje em dia. Porém, mesmo então, estava ficando claro que a busca pela dispendiosa e consumista "boa vida" podia se tornar um círculo vicioso no qual perdia-se tanto a liberdade quanto a qualidade de vida. Thoreau escreve:

> Já viajei bastante por Concord; e em todo lugar, em lojas, escritórios e campos, me pareceu que os habitantes pagavam penitência de mil maneiras notáveis (...) A massa de homens leva vidas de tranquilo desespero (...) Quantas pobres almas imortais conheci quase esmagadas e sufocadas sob seu fardo, rastejando pela estrada da vida, empurrando um celeiro de 22

metros por 12, seus estábulos de Áugias nunca limpos, e 100 hectares de terra, lavoura, ceifa, pastagem, e bosques! (...) Quem os tornou servos do solo? (...) É uma vida tola, como descobrirão quando chegarem ao fim dela, se não antes.[19]

Em *O hobbit*, vemos os efeitos opressores da possessividade representados tanto pelo Anel quanto pelo mal do dragão que aflige Thorin e o Senhor. Gollum é um escravo do Um Anel, seu "precioso", que o deixa obcecado dia e noite (apenas em *O Senhor dos anéis*, é claro, descobrimos quão escravizante o objeto mágico é). O mal do dragão — uma avidez irresistível pelo tesouro encantado do dragão — também causa um tipo de desejo obsessivo, que nubla o pensamento da vítima e engana seu coração. Apenas Bilbo é praticamente imune à doença. Embora, como a maioria dos hobbits, ele seja singularmente "livre de ambição ou cobiça de riqueza"[20] até ele às vezes sente o poderoso encantamento.[21]

Os filósofos também ressaltavam que a ganância geralmente *cria* mais desejos e necessidades do que satisfaz. Como observa o cardeal Newman, "uma vida de acúmulo de dinheiro é uma vida de preocupação".[22] O avarento é uma pessoa aflita; compara-se constantemente aos outros, inveja os que possuem mais, teme perder o que tem e pensa dia e noite em como obter mais.

Pior, como observa o filósofo contemporâneo Tom Morris, ao contrário da maioria dos desejos, a ganância tende a ser insaciável: não importa quanto a pessoa cobiçosa possua, ela sempre quer mais. No que diz respeito ao dinheiro, Morris ressalta:

O conceito de "bastante" não faz sentido algum. Que quantidade de dinheiro é suficiente? Todas as pessoas que conheço que têm um pouco querem mais. Mas é ainda mais interessante que todos os meus conhecidos que têm muito queiram ainda mais. Certa vez, um repórter perguntou a John Rockefeller quanto dinheiro é necessário para que um homem seja feliz. Ele respondeu: "Um pouquinho mais do que ele tem."[23]

Gollum fornece uma ilustração perfeita de como a possessividade leva a uma vida angustiante de preocupação. Gollum, como ficamos sabendo, "cismara com [o Anel] durante anos e anos, e sempre tivera medo de que fosse roubado".[24] Ele "costumava usá-lo no início, até que ficou enjoado; depois passou a guardá-lo numa bolsa junto ao corpo, até ficar com a pele esfolada; agora geralmente o escondia num buraco na pedra em sua ilha, e estava sempre voltando lá para olhar para ele".[25] Sua possessividade, estimulada pela influência corruptora do Anel, é compreensível. Ele fala com o Anel. O Anel lhe dá comida, poder e uma vida artificialmente longa. O Anel o mantém a salvo. Ele é seu precioso, e sua vida inteira está organizada em torno dele. Mesmo assim, é obvio que o Anel não faz Gollum feliz. Pelo contrário, ele lhe traz tristeza, preocupação e dependência.

O budismo fornece lentes não ocidentais através da qual podemos examinar personagens ávidos como Gollum. Uma importante diferença entre o pensamento cristão e o budista é baseada no conceito do *self*. Ao contrário da compreensão ocidental de corpo físico e alma espiritual, no budismo não existe *self*. Para aqueles que seguem essa religião, todo conceito do *self* e do outro é ilusório e não passa de uma manifestação da mente. Embora esteja longe de levar à apatia e à amoralidade, esse entendimento afirma que os atos e atitudes de uma pessoa são de extrema importância. A explicação para esse paradoxo está no conceito central do budismo do *tanha*, ou apego autocentrado. Os budistas acreditam no seguinte:

> [Somos] possessivos, gananciosos, cheios de ódio, zangados, preocupados e temerosos porque pensamos que temos um *self* com necessidades, desejos e direitos que devem ser honrados e satisfeitos. Os budistas dizem que nos iludimos sobre esse *self*. Nosso apego à ideia é a causa de todos os problemas que temos e a razão pela qual reencarnamos para vidas de sofrimento diversas vezes. Quando nos desapegamos da noção do *self*, conseguimos avançar espiritualmente e, eventualmente, chegar ao nirvana, uma extinção de todos os desejos que proporciona a feliz libertação.[26]

Segundo as Quatro Nobres Verdades de Buda, esse desejo autocentrado é a maior causa de sofrimento e insatisfação dos humanos. Portanto, o entendimento correto da realidade (do *anatta*, ou não *self*) permite a liberdade e o fim de emoções aflitivas e autocentradas. Resulta tanto em sabedoria (*prajna*) quanto em compaixão (*karuna*), e busca reduzir os sofrimentos do mundo. Isso contrasta com a ganância que — procurando aumentar o poder e as posses de um "*self*" inexistente — é baseada em uma ilusão.

Assim, no budismo a maior causa de ações danosas não é delito voluntário, mas a ignorância (*avidya*).[27] Só os ignorantes viveriam de uma maneira ilusória e aumentariam o sofrimento. Portanto, no budismo, a ganância se torna uma manifestação de ignorância e ilusão. O resultado de ficar atolado em *avidya*, que por sua vez envolve estar preso em *tanha*, baseado na satisfação de algo que na verdade não existe (o *self*). Quando o entendimento correto substitui a ilusão, as manifestações ilusórias (como a possessividade e a ganância) podem desaparecer. Quando o entendimento correto não é alcançado, temos Gollum.

Para Tolkien, portanto, a ganância é a maior falha de caráter, não apenas porque estimula tantas guerras, violência e injustiça, mas também porque oferece uma falsa promessa de felicidade. A ganância é como uma miragem no deserto, sempre se distanciando exatamente quando pensamos que estamos nos aproximando dela. Embora de vez em quando vejamos os ricos e famosos levando vidas confusas e descontroladas, nunca aprendemos a lição óbvia. Logo à frente, só um pouco mais adiante, a miragem sempre acena.

Estranhos alojamentos

Então, se a ganância e a possessividade não são o caminho da felicidade duradoura e de comunidades fortes e pacíficas, o que é? Em *O hobbit*, Tolkien retrata quatro comunidades felizes e organizadas: o Condado, de Bilbo; Valfenda, de Elrond; o reino dos elfos da floresta; e os "estranhos alojamentos", de Beorn, com seus amigos animais na mata de carvalhos.

Em outro livro, um de nós já examinou os segredos élficos para a felicidade e para as comunidades organizadas.[28] Portanto, consideremos Beorn e Bilbo.

Beorn é um urso-homem, um troca-peles que, por meio da própria magia, pode se transformar quando quiser em um gigantesco urso. Ao lado de seus inteligentes e falantes amigos animais, Beorn vive de forma natural e rústica, criando abelhas para obter mel, fazendo uma dieta vegetariana, bebendo hidromel feito em casa em grandes tigelas de madeira e se recusando a caçar e a comer animais domésticos ou selvagens.

Como ressalta Michael Brannigan em seu capítulo neste livro, existem interessantes paralelos entre a descrição de Beorn feita por Tolkien e a antiga filosofia chinesa do taoismo. Sábios taoistas como Lao Tzu e Chuang Tzu (369-286 a.C.) insistiam na busca da felicidade e da paz interior por meio de uma vida de simplicidade, harmonia com a natureza, tranquilidade, inação e a harmonização dos opostos (*yin* e *yang*).

Assim como Beorn, os primeiros mestres taoistas normalmente levavam vidas solitárias isoladas na floresta, preferindo uma existência de simplicidade natural às artificialidades, angústias e hipocrisias da civilização. Assim como Beorn, os sábios taoistas procuravam superar dualidades como natureza/humano e humano/animal. E, como Beorn, eles tinham pouco interesse por "ouro, prata e pedras preciosas e sobre a fabricação de objetos de ourivesaria",[29] pois a voz do Tao, acreditavam eles, era ouvida nas leves brisas de verão e no murmúrio dos riachos das montanhas, não no irascível rugido das fornalhas ou no retinir dos martelos. Nas palavras de Lao Tzu:

Não há desastre maior que a ganância.
Aquele que se contenta com o contentamento está sempre contente.[30]

Em *O hobbit*, temos apenas um relance da vida no Condado: um retrato muito mais completo é encontrado em *O Senhor dos anéis* e em outras obras de Tolkien. Nesses trabalhos, descobrimos que os hobbits do Condado levam uma vida simples e rústica em comunidades agrárias fechadas. Eles adoram os simples prazeres como comer e beber, fumar cachimbos, cuidar de jardins, ir a festas, participar de jogos, escrever e receber cartas, criar árvores genealógicas e se reunir nos bares do vilarejo com os amigos e a família.

Naturalmente alegres, joviais, hospitaleiros e pacatos, os hobbits basicamente não têm governo e quase não possuem leis ou crime. A maioria deles nem sequer tranca suas portas à noite,[31] e até a Batalha de Beirágua no final de *O retorno do rei*, nenhum hobbit jamais matara outro de propósito no Condado.[32] Desconfiados da tecnologia e excepcionalmente livres de possessividade, os hobbits compartilham um profundo amor pelo Condado e estão satisfeitos com suas vidas simples e sua comunidade basicamente imutável. Seu modo de vida se parece muito com o dos Amish, embora os hobbits tenham menos religião e mais cerveja.

Um dos traços mais interessantes desse povo é sua generosidade. Eles adoram dar presentes: na verdade, eles *dão* presentes em seus aniversários, em vez de recebê-los.[33] Bilbo é generoso, e fica ainda mais conforme *O hobbit* avança. No começo da história, ele é um "hobbit muito abastado" que vive sozinho em uma grande toca muito confortável com diversos cômodos: "quartos, banheiros, adegas, despensas (muitas delas), guarda-roupas (ele tinha salas inteiras destinadas a roupas), cozinhas, [e] salas de jantar."[34] Repare no uso do plural: despensas, cozinhas. Já dá para perceber que Bilbo nadava em dinheiro.

Tudo isso sugere que Bilbo era um pouco hedonista que gostava de conforto doméstico e pode ter tido — em um grau incomum para os hobbits — um traço de possessividade. Durante a "festa inesperada", Bilbo sem dúvida fica perturbado pelas imagens das "joias dos anões brilhando em cavernas escuras",[35] e em certo ponto adota sua "atitude de negócios" e insiste em saber tudo sobre "os riscos, despesas extras, o tempo necessário e a remuneração, e tudo o mais".[36]

Mas durante sua aventura, ele cresce em diversos pontos, inclusive em generosidade. Entregar a Pedra Arken — uma joia que valia mais que "um rio de ouro"[37] — é um ato de incrível generosidade (sem falar na coragem).

Além disso, depois da recuperação do tesouro, ele se recusa a levar a parte de um catorze avos que lhe fora prometida, satisfazendo-se com duas pequenas arcas, uma cheia de ouro e outra, de prata (além de parte do ouro enterrado dos trolls, que ele e Gandalf recuperam em sua viagem de volta ao Condado).

Em *O Senhor dos anéis*, descobrimos que Bilbo doou praticamente todo o tesouro do dragão, e que a festa de despedida em seu onzentésimo aniversário foi um entretenimento de generosidade extravagante. Setenta e seis anos depois de retornar de sua jornada à Montanha Solitária, Bilbo deu tanto Ferroada quanto sua inestimável cota de *mithril* para Frodo — presentes majestosos, de fato, pois sem eles Frodo nunca teria sobrevivido à jornada para Mordor.

Por tudo isso, a mensagem central de Tolkien fica clara: seja generoso. Deleite-se com comida, alegria e música, não com o ouro guardado. Conte suas riquezas em bênçãos, não em bens materiais. Respeite a sabedoria das tradições e os modos de vida estabelecidos, e não presuma que todas as mudanças são necessariamente para melhor. Concentre-se na qualidade de vida, não na quantidade de brinquedos que possui. Simplifique, simplifique, simplifique.

Essa é uma mensagem antiga, expressada, como vimos, por muitos filósofos e sábios. E, ainda assim, nunca foi mais adequada.

NOTAS

1 Tomás de Aquino, *Suma teológica*, II-II, Q. 118, art. 4. Aquino observa que, em um senso mais amplo, a *ganância* se refere a qualquer "amor desmedido pelas posses", seja de riquezas ou de outras coisas cobiçadas. II-II, Q. 118, art. 2. (Sim, isso inclui sua coleção de latinhas de cerveja.)

2 John Stossel, "Greed Is Good," disponível em: http://townhall.com/columnists/JohnStossel/2006/04/26/greed_is_good (em inglês). Ivan Boesky, um financista fracassado de Wall Street, disse em discurso de formatura em 1985: "A ganância é boa, aliás. Acho que a ganância é saudável. Você pode ser ganancioso e ainda assim se sentir bem consigo mesmo." A versão mais forte

do comentário de Boesky — "A ganância é boa" — foi dita pelo personagem Gordon Gekko (Michael Douglas) no filme *Wall Street — Poder e cobiça*, de 1987.

3   Um ponto importante, dada a expressão clássica na metáfora de Adam Smith da "mão invisível" em *The Wealth of Nations* (Nova York: Modern Library, 1994; originalmente publicado em 1776), Livro IV, Cap. 2. Para uma defesa contemporânea do capitalismo de livre mercado, ver Deepak Lal, *Reviving the Invisible Hand: The Case for Classical Liberalism in the Twenty-first Century* (Princeton: Princeton University Press, 2006).

4   Aquino, *Suma teológica*, II-II, Q. 118, art. 1, ad. 2.

5   Sir Thomas More, *Utopia*, traduzido e editado por Robert M. Adams (Nova York: W. W. Norton and Co., 1975), pp. 89-90.

6   Platão, *Leis*, Livro 8, 831c (tradução para o inglês de Jowett). Alguns veem ressonâncias dessa descrição na conduta dos banqueiros e agentes de empréstimos imobiliários de Wall Street, cuja ganância irresponsável, como muitos acreditam, detonou a recessão global de 2007-2009.

7   Henry David Thoreau, *Walden* (Roslyn, NY: Walter J. Black, 1942; originalmente publicado em 1854), p. 106. Muitas das ideias de Thoreau são refletidas no movimento contemporâneo de simplicidade voluntária, que louva os benefícios de um estilo de vida simples e pouco consumista, incluindo menos estresse, mais oportunidades para atividades de lazer e crescimento pessoal, e menos impacto no meio ambiente. Para uma introdução clássica ao movimento da simplicidade voluntária, ver Duane Elgin, *Voluntary Simplicity: Toward a Way of Life That Is Outwardly Simple, Inwardly Rich*, rev. ed. (Nova York: Quill, 1993).

8   Lao Tzu, *Tao te Ching*, traduzido para o inglês por Gia-Fu Feng e Jane English (Nova York: Vintage, 1972), §33.

9   *O hobbit*, p. 282.

10 Harold Kushner, *When All You've Wanted Isn't Enough: The Search for a Life That Matters* (Nova York: Summit Books, 1986), p. 52.

11 *O Senhor dos anéis: A Sociedade do Anel*, p. 55.

12 *O Senhor dos anéis: O retorno do rei*, p. 376.

13 *O hobbit*, p. 86.

14 *O hobbit*, p. 191.

15 *O hobbit*, p. 244.

16 *O hobbit*, p. 296.

17 I Timóteo 6:10 ("O amor pelo dinheiro é a raiz de todo o mal.").

18 Aquino, *Suma teológica*, I-II, Q. 84, art. 1. Outra razão é que a ganância, talvez mais do que qualquer outra paixão humana, tem o poder de fixar a mente e o coração em bens terrenos em vez de celestiais. Para expressões clássicas sobre o tema, ver Dante, *A divina comédia: Purgatório*, Canto 19; e Geoffrey Chaucer, "The Parson's Tale". In: *Os contos de Canterbury* (Garden City, NY: International Collector's Library, 1934).

19 Thoreau, *Walden*, pp. 28, 29, 30, 32. Como comenta Aragorn: "Alguém que, numa necessidade, não consegue jogar fora um tesouro está acorrentado." *O Senhor dos anéis: As duas torres*, p. 167.

20 *The Letters of J. R. R. Tolkien*.

21 *O hobbit*, p. 210, 230. Como observa o filósofo David Hume (1711-1776), em suas formas extremas a avareza pode literalmente ser um tipo de doença — uma verdadeira condição patológica. Hume, "Of Avarice". In: *Essays Moral, Political, Literary*, rev. ed., editado por Eugene F. Miller (Indianapolis: Liberty Classics, 1987), pp. 570-71.

22 John Henry Newman, "The Dangers of Riches," In: *Parochial and Plain Sermons* (São Francisco: Ignatius Press, 1987), p. 448.

23 Tom Morris, *Philosophy for Dummies* (Foster City, CA: IDG Books Worldwide, 1999), p. 308. Um aspecto semelhante é destacado pelo filósofo e historiador grego Plutarco, "Of Avarice, or Covetousness," In: *Moralia*, traduzido por Philemon Holland (Londres: Dent, 1911), p. 277; e por Boécio em *The Consolation of Philosophy*, traduzido por V. E. Watts (Harmondsworth, UK: Penguin Books, 1969), p. 57.

24 *O hobbit*, p. 82.

25 *O hobbit*, p. 81.

26 Mike Wilson, "Schisms, Murder, and Hungry Ghosts in Shangri-la," *CrossCurrents* (Spring 1999), p. 26.

27 Sócrates também ensinava que virtude é conhecimento, e que ninguém erra por vontade própria. Ver, por exemplo, *Protagoras* 345d, *Meno* 78a, *Timaeus* 86d.

28 Ver Gregory Bassham, "Tolkien's Six Keys to Happiness". In: *The Lord of the Rings and Philosophy: One Book to Rule Them All*, editado por Gregory Bassham e Eric Bronson (Chicago: Open Court, 2003), pp. 49-60.

29 *O hobbit*, p. 125.

30 Lao Tzu, *Tao Te Ching*. In: *A Sourcebook of Chinese Philosophy*, traduzido para o inglês e compilado por Wing-Tsit Chan (Princeton: Princeton University

Press, 1963), p. 162. Não há dúvida de que tais paralelos taoistas não devem ir longe demais. Existem certos traços de Beorn, como sua ferocidade e seu temperamento "terrível", que refletem suas raízes na mitologia nórdica como um homem-urso e não como um plácido sábio taoista. Para mais informações sobre as origens nórdicas de Beorn, ver John Rateliff, *A History of the Hobbit*, Part 1 (Boston: Houghton Mifflin, 2007), pp. 256-60.

31 *O Senhor dos anéis: A Sociedade do Anel*, p. 104.

32 *O Senhor dos anéis: O retorno do rei*, p. 288.

33 *O Senhor dos anéis: A Sociedade do Anel*, p. 27.

34 *O hobbit*, pp 1-2.

35 *O hobbit*, p. 15.

36 *O hobbit*, p. 21.

37 *O hobbit*, p. 263.

8

A GUERRA JUSTA DE TOLKIEN

David Kyle Johnson

A guerra deve acontecer enquanto estivermos defendendo nossas vidas contra um destruidor que poderia devorar tudo; mas não amo a espada brilhante por sua agudeza, nem a flecha por sua rapidez, nem o guerreiro por sua glória. Só amo aquilo que eles defendem: a cidade dos homens de Númenor.

Faramir, *O Senhor dos anéis: As duas torres*

AS OBRAS DE FANTASIA DE TOLKIEN são repletas de cenas de batalha e de guerra.[1] Das batalhas titânicas de *O Silmarillion*, que literalmente modificaram a forma da Terra-média, passando pela Busca de Erebor e a Batalha dos Cinco Exércitos em *O hobbit*, que acabou por salvar Valfenda e o Condado,[2] às três grandes batalhas de *O Senhor dos anéis*, Tolkien frequentemente escrevia sobre a guerra, geralmente em termos inspiradores e heroicos.

Você deve imaginar que Tolkien tinha noções românticas sobre conflitos armados, mas não é verdade. Como oficial britânico na Primeira Guerra Mundial, ele se familiarizou com os horrores e os estragos da guerra. O próprio Tolkien lutou na Batalha do Somme (1916), na qual mais de 1 milhão de pessoas morreram ou ficaram feridas, incluindo um cabo austríaco chamado Adolf Hitler, que foi ferido por uma granada britânica três semanas antes de Tolkien deixar o combate por causa de uma febre das trincheiras.

113

Como demonstraram Janet Brennan Croft e John Garth, os estudiosos de Tolkien, existem muitos ecos das experiências bélicas do escritor em suas obras de fantasia. Por exemplo, os Pântanos Mortos, com seus corpos sem vida destruídos pela guerra olhando para cima de dentro de poças d'água, refletem a visão do autor dos milhares de mortos do *front* ocidental.[3] Ninguém que leia a comovente história de Nirnaeth Arnoediad (a Batalha das Lágrimas Incontáveis)[4] pode achar que ele glorificava ou romantizava a guerra.

Mas, apesar disso, Tolkien realmente pensava que, às vezes, a guerra tem uma justificativa moral. A defesa do Abismo de Helm pelos rohirrim, a destruição de Isengard pelos ents, Gandalf reunindo as forças de Gondor para defender sua cidade, Aragorn convocando os Mortos para ir em auxílio de Minas Tirith — todos esses atos são retratados como nobres e heroicos. Como Sam diz na versão cinematográfica de *O Senhor dos anéis: As duas torres*, "existe algum bem neste mundo, Sr. Frodo, e vale a pena lutar por ele". Tolkien certamente teria concordado.

Porém, nem todos os exemplos de combate nos escritos de Tolkien são tão nobres ou moralmente nítidos. Afinal de contas, a Batalha dos Cinco Exércitos, o conflito culminante de *O hobbit*, começou por causa de um tesouro. A situação, como você deve se lembrar, é a seguinte: Smaug está morto, a Cidade do Lago foi destruída e Thorin e seus companheiros estão sitiados com o tesouro do dragão na Montanha Solitária. Thorin acha que o tesouro deve ficar todo para eles porque foi tomado de seus ancestrais, mas Bard e seus companheiros da Cidade do Lago sentem que merecem uma parte.

Bard não está sozinho. Apoiando-o está o rei élfico (Thranduil, pai de Legolas) e um exército de elfos da floresta. Originalmente, os elfos partem para a montanha pensando que o tesouro está desprotegido e pode ser levado. Entretanto, depois de ver a situação das pessoas do Lago, decidem ampará-las — até mesmo lutando em seu nome para ajudá-las a recuperar sua parte justa do ouro. Thorin pede reforços e os anões das Colinas de Ferro aparecem para defender a reivindicações dos anões pelo tesouro. Thorin se recusa a fazer um acordo, e os exércitos se preparam para resolver a questão de forma bélica.

Quando os três exércitos se preparam para a guerra, Gandalf aparece e os avisa de que uma gigantesca legião de orcs, wargs, lobos e morcegos vampiros está para atacar. Os orcs estão furiosos por causa da morte do Grão-Orc, mas também querem pôr as mãos no tesouro e conquistar o Norte. Os exércitos de homens, anões e elfos chegam à conclusão de que Gandalf está certo, colocam as diferenças de lado e juntam forças. E quando as coisas começam a parecer ruins, o exército das Grandes Águias entra em cena para salvar o dia, trazendo o troca-peles Beorn. Quando a batalha é vencida, todos fazem as pazes e dividem o tesouro. Nada como um inimigo comum para resolver uma briga.

Essa batalha foi justificada? Vejamos o que os filósofos têm a dizer sobre a moralidade da guerra para ver se esta valia mesmo seu peso em ouro.

Guerra! Hunf! De que serve a guerra?

Os pacifistas argumentam que a guerra não é aceitável em circunstância alguma. A vida humana é intrinsecamente valiosa e, na guerra, vidas humanas são deliberadamente ceifadas. Então, concluem que um conflito armado nunca pode se justificar. De forma a apoiar sua posição, normalmente mencionam o número de inocentes mortos "acidentalmente" em guerras. Eles também ressaltam que os combatentes são, em geral, inocentes. Afinal de contas, normalmente o governo os obriga a lutar, e eles prefeririam estar em casa com a família. Por fim, os pacifistas afirmam que a violência nunca consegue resolver nada realmente — a guerra sempre faz mais mal do que bem, e mesmo que possa parecer que a guerra resolve problemas, ela sempre se limita a criar problemas maiores.

Mas aqueles que contestam os pacifistas têm algumas respostas possíveis. Sim, a vida humana é valiosa, mas isso não significaria que é justificável defendê-la? Se é possível impedir o massacre de milhares de inocentes em Rohan apenas matando Saruman, por que não fazê-lo? Caso não seja feito, não seria uma desvalorização da vida humana? Na guerra, inocentes podem morrer, mas ter algumas pessoas mortas não é melhor do que deixar milhares — ou todo um povo — serem assassinados?

E é incerto o conceito de que a violência *nunca* resolve nada. Dezenas de milhões de pessoas morreram no palco europeu da Segunda Guerra Mundial, mas se os Aliados não tivessem lutado e vencido, Hitler poderia ter conquistado a maior parte do mundo e ter exterminado os judeus. Derrotar o fascismo e impedir o Holocausto não valeu a pena? E, embora muitos combatentes inimigos sejam "inocentes" no sentido de que foram obrigados pelo governo a lutar, eles *estão* tentando matar outra pessoa. Não temos o direito à legítima defesa? Se um país pacífico é invadido, não tem o direito de se defender? E seria errado que outras nações o ajudassem ao forçar o país invasor a sair?

Considerações como essas levaram os filósofos clássicos e os antigos pensadores cristãos a desenvolver a "teoria da guerra justa". Essa teoria define as condições nas quais a guerra pode ser moralmente justificável. Há dois aspectos na teoria da guerra justa.[5] A primeira, "*jus ad bellum*" impõe as condições sob as quais ir para a guerra se justifica. A segunda, "*jus in bello*" impõe os métodos pelos quais a guerra deve ser conduzida com justiça.

Santo Agostinho (354-430) tentou conciliar a guerra com os ensinamentos pacifistas de Jesus. Mais tarde, seus argumentos foram desenvolvidos por Tomás de Aquino (1225-1274) e novamente por filósofos e teólogos mais recentes. Embora existam versões diferentes para a teoria da guerra justa, as diversas interpretações têm elementos comuns.

O critério *jus ad bellum* foca no propósito da guerra. Para uma guerra ser justa, deve ser iniciada por uma *autoridade legítima*; quem não é o líder de uma população não tem o direito de convocar aquela população para a guerra. A guerra deve ter uma *causa justa*; portanto, inveja e orgulho (como a rejeição das propostas razoáveis de Bard por Thorin) ou sede de poder (como a megalomania de Sauron) não são causas justas para iniciar um conflito armado. Entretanto, a defesa contra uma invasão sem motivos ou contra a tomada de poder (como os muitos conflitos de Faramir pelo território de Gondor) é justificada.

Os meios usados para vencer uma guerra devem ser *proporcionais*. Ou seja, o dano que se pode causar para se sair vitorioso num conflito armado não pode ser pior do que o dano que a guerra está tentando evitar, e só se deve causar o dano estritamente necessário. Na verdade, é preciso estar *razoavelmente certo de que se pode ganhar a guerra*, antes de travá-la — se você sabe que vai perder, a rendição teria o mesmo resultado, mas com menos perda de vidas. E quanto você trava uma guerra, ela tem de ser o *último recurso* — se sanções econômicas puderem alcançar os mesmos resultados, devem ser usadas em lugar do combate.

Vemos Tolkien brincando com o conceito de sanções econômicas para evitar a guerra na antecipação da Batalha dos Cinco Exércitos. Dain acaba de chegar das Montanhas Azuis com um grande exército de anões. Os enviados dele são encontrados por Bard. Tolkien escreve:

> Bard, é claro, recusou-se a permitir que os anões fossem para a Montanha. Estava determinado a esperar até que o ouro e a prata fossem trazidos em troca da Pedra Arken, pois não acreditava que isso seria feito se a fortaleza fosse guarnecida por uma companhia tão grande e belicosa.[6]

Como vemos, Bard brinca com a ideia das sanções contra Thorin, esperando que a atração pela Pedra Arken se torne forte demais. Se Dain conseguisse reforçar as defesas de Thorin, as sanções não funcionariam e Bard seria obrigado a recorrer à força.

Após o começo da guerra, a teoria da guerra justa especifica as regras para determinar como esta deve ser conduzida com justiça. O critério *jus in bello* foca especificamente nas ações militares na guerra e são como explicamos a seguir. Por exemplo, ações militares individuais devem ser *corretamente planejadas* em busca de um *objetivo militar legítimo* e devem ser *proporcionais* — uma ação militar específica não pode proporcionar mais danos do que benefícios e deve causar o mínimo possível de estragos para alcançar esse objetivo

Normalmente, ações militares não podem ser justificadamente realizadas sem a aprovação apropriada de *autoridades legítimas*. Além disso, a ação deve ser *necessária* e *suficiente* para o objetivo militar; o qual deve ser alcançável através — e apenas através — do uso da força. Finalmente, a ação militar deve mostrar *discriminação*; independentemente do eventual resultado, não combatentes jamais devem ser o alvo intencional de uma ação militar.

Entretanto, esses critérios são apenas diretrizes. O que é uma causa justa, por exemplo? Os critérios não esclarecem. Existem exemplos óbvios de causas justas, como defesa nacional contra um invasor violento. Porém, e quanto a retomar uma terra natal ancestral de um poder invasor há muito estabelecido? E uma guerra preventiva contra uma ameaça estrangeira perigosa, mas incerta? E a interrupção da disseminação de ideologias intolerantes que vão contra os direitos humanos?

Além disso, esses critérios para a guerra justa não são "tudo ou nada". Se o líder de uma nação declara guerra contra uma força invasora sabendo que seu exército pode rechaçar a invasão, mas também que provavelmente lutará de forma temerária, sua declaração ainda pode ser moral — sua guerra simplesmente não é tão justa quanto poderia ser. E se um soldado descobre que outra divisão militar está usando mais força do que o necessário para alcançar seus objetivos, ele não é obrigado a declarar a guerra injusta, largar as armas e ir para casa.

Uma guerra ainda pode ser justa, mesmo se ela não satisfizer todos os critérios. Como o próprio Tolkien observou, ainda que em desespero, Aragorn ou a força do Oeste "tivesse gerado ou contratado hordas de orcs e tivesse cruelmente assolado as terras de outros Homens enquanto aliados de Sauron, ou meramente para impedi-los de auxiliá-lo, sua Causa teria permanecido irrevogavelmente certa".[7]

A Batalha dos Cinco Exércitos

Tendo em mente esses tradicionais princípios de guerra justa, vamos agora questionar se a Batalha dos Cinco Exércitos foi justificada. A questão da justificação da batalha pode ser dividida em duas. Primeira, vamos perguntar se os homens, anões ou elfos teriam justificativa para lutar pelo tesouro.

Bem, cada exército era liderado por uma autoridade legítima — os anões por Thorin e Dain, os homens por Bard, e os elfos por Thranduil — de forma que esse critério é satisfeito. Mas será que era o último recurso? Os meios eram proporcionais? E havia chance de sucesso? No caso dos homens, a resposta parece ser sim. Eles barganharam de boa vontade com Thorin durante muito tempo antes de recorrer à força — usando até a Pedra Arken como moeda de troca para evitar a luta.

Como observa Thranduil, a combinação de forças de elfos e homens tinha uma excelente chance de vencer a guerra, e como o povo do Lago de fato precisava de sua parte do tesouro para reconstruir a cidade, os danos da batalha seriam justificados pela reconstrução (mas admito que essas coisas são difíceis de determinar). Além do mais, como Bard observa, o dragão roubou parte do tesouro de seu ancestral, Girion de Valle; foram os anões que provocaram o ataque do dragão à Cidade do Lago; o povo do Lago ajudou os anões quando eles precisaram; e foi Bard, e não os anões, que matou o dragão e, portanto, libertou o tesouro.

O caso dos elfos é um pouco diferente. No começo, eles não se diferenciam dos orcs — aparecendo para pegar parte do tesouro porque acharam que estava desprotegido. Porém, depois que chegam e veem a situação dos homens, alteram seu propósito e se oferecem para ajudá-los. Thranduil, rei de um "povo bondoso e gentil",[8] parece até reconhecer explicitamente que a guerra só deveria ser travada como último recurso, e apenas se puder ser vencida. Quando Bard sugere atacar os anões quando eles se aproximam da Montanha, o rei élfico diz:

Permanecerei aqui por muito tempo antes de começar esta guerra por ouro. Os anões não podem passar por nós, a não ser que assim desejemos, nem fazer qualquer coisa sem que notemos. Vamos esperar que aconteça algo que traga a reconciliação. Nossa vantagem em número será suficiente se no final tivermos de chegar a uma batalha infeliz.[9]

Os anões, por outro lado, parecem bem menos justificados. Sua luta certamente não era o último recurso — eles simplesmente poderiam ter aberto mão da parte de um doze avos do tesouro que Bard pediu. Na verdade, as principais causas de sua guerra parecem ter sido ganância e orgulho — que certamente não são causas justas. Além disso, foram os anões que começaram as hostilidades. Como diz Gandalf, Thorin não estava "fazendo muito bela figura como Rei sob a Montanha".[10]

Agora temos de investigar se a batalha quíntupla que realmente aconteceu foi justificada. Os orcs estão claramente errados. Nenhuma de suas motivações (vingança pela morte do Grão-Orc, ganância, sede de dominação) são justas.

Os homens, elfos e anões, por outro lado, estão obviamente lutando uma guerra de legítima defesa (e defesa de outros) contra uma hoste de invasores assassinos — uma causa perfeitamente justa. As outras condições também parecem ser satisfeitas; a tensa coalizão sabe que não há como negociar com orcs enfurecidos, e que todos eles seriam mortos se não reagissem — então, a luta parece ser o último e proporcional recurso. E, como eles têm três exércitos, a chance de sucesso é razoável. Assim, parece que a luta é justificada. E, como as Águias e Beorn estão ajudando a causa justa deles, parece que também têm uma justificativa para lutar.

No geral, a teoria da guerra justa confirma o que a maioria de nós — e a maioria dos jovens leitores de Tolkien — pensaria sobre os erros e acertos da Batalha dos Cinco Exércitos. Os anões agiram mal por não dividir o tesouro, e os orcs, por tentar tomar um tesouro que não lhes pertencia. Elfos, anões e homens lutaram uma batalha justa contra os orcs e os lobos. No entanto, há mais uma coisa que precisa ser considerada: será que o próprio Tolkien acreditava que guerras podem ser justas?

Seria Tolkien um teórico da guerra justa?

As dúvidas sobre se o autor de *O hobbit* defendia (ou se defendia em parte) os tradicionais princípios da guerra justa provêm de duas fontes em seus escritos: passagens que parecem apoiar o pacifismo e passagens que exaltam a misericórdia sobre a justiça ou lançam dúvidas sobre o direito de criaturas mortais de decidir quem merece viver ou morrer. Vamos analisar esses dois grupos.

Duas figuras importantes de *O Senhor dos anéis* — Tom Bombadil e Frodo Bolseiro — parecem adotar visões que são, no mínimo, pacifistas. Bombadil, o poderoso e misterioso espírito da natureza retratado em *A Sociedade do Anel*, recusa-se a aceitar ou usar o Anel, e, na verdade, como diz Tolkien, tinha "renunciado ao controle" e adotado uma "visão pacifista natural, que sempre vem à mente quando há uma guerra".[11] Tolkien claramente retrata Bombadil como um ser antigo, sagrado e extremamente poderoso.[12] Deveríamos dizer, então, que Tolkien defende o pacifismo de Bombadil como próprio?

Não, pois Tolkien deixa claro que Bombadil é um caso especial. Ele renuncia a todo o interesse em questões "dos bens e males do poder e do controle" para se devotar totalmente à contemplação e à fruição da natureza em si. Então, ele é como um monge que faz um voto de abandonar os prazeres e as preocupações mundanos para se concentrar em questões mais elevadas.

"[Na] visão de Valfenda", diz Tolkien, "[a renúncia de Bombadil] é algo excelente de se ter representado, mas que de fato há coisas com as quais não pode lidar e que, no entanto, sua existência depende delas. Em última instância, apenas a vitória do Oeste permitirá Bombadil a continuar, ou mesmo a sobreviver".[13] Portanto, Tolkien não endossa a visão pacifista de Bombadil como um princípio aplicável de forma geral.

Um segundo exemplo do aparente pacifismo em *O Senhor dos anéis* é a recusa de Frodo de usar armas ou de desculpar violência ou vingança desnecessárias ao expulsar "Charcote" (Saruman) e seus homens do Condado no final de *O Senhor dos anéis: O retorno do rei*.[14] Será que Frodo — o servo sofredor, quase um Cristo — fala pelo próprio Tolkien aqui?

Não, não fala. Como Tolkien deixa claro em uma carta:

> A atitude de Frodo com relação a armas era pessoal. Ele não era, em termos modernos, um "pacifista". É claro, ele ficou principalmente horrorizado com a possibilidade de guerra civil entre os hobbits; mas ele também chegou (suponho) à conclusão de que a luta física, na realidade, no final das contas é menos efetiva do que a maioria dos homens (bons) pensa![15]

Então, Tolkien vê Frodo, assim como Bombadil, como um caso especial, não como um modelo a ser seguido por todos.

Tolkien era católico, e as virtudes tradicionais cristãs da pena, da misericórdia e da compaixão são bastante visíveis tanto em *O hobbit* quanto em *O Senhor dos anéis*.

Considere a atitude do autor em relação a Gollum. No começo de *O Senhor doa anéis: A Sociedade do Anel*, quando Frodo lamenta que Bilbo não tivesse apunhalado Gollum quando teve a chance, Gandalf retruca:

> Pena? Foi justamente Pena que ele teve. Pena e Misericórdia: não atacar sem necessidade (...) Muitos que vivem merecem a morte. E alguns que morrem merecem viver. Você pode dar-lhes vida? Então não seja tão ávido para julgar e condenar alguém à morte. Pois mesmo os muito sábios não conseguem ver os dois lados.[16]

Embora esse tipo de comentário seja mais voltado para a matança em um nível individual, e possa ser aplicado mais diretamente a questões como a pena capital, poderia muito bem fazer parte de uma crença pacifista.

Mesmo que o invasor mereça a morte por invadir, estamos qualificados a "brincar de Deus", a distribuir morte e julgamento? Além do mais, nem mesmo os sábios conseguem saber se lutar, mesmo em legítima defesa, pro porcionaria um bem maior. Não seria melhor evitar riscos e não lutar?

Fica evidente que nem o próprio Tolkien aceitava uma leitura completamente pacifista do comentário de Gandalf, como uma observação cuidadosa da passagem original em *O hobbit* deixa claro. Quando Gollum bloqueia sua saída, Bilbo chega à conclusão de que:

> Tinha de sair dali, daquela escuridão horrível, enquanto ainda lhe restavam forças. Tinha de lutar. Tinha de apunhalar a coisa maligna, apagar seus olhos, matá-la. Ele queria matá-lo. Não (...) não havia ameaçado matá-lo, nem havia tentado ainda.[17]

Como não era um ato de legítima defesa, matar Gollum não seria justificável. Porém, essa passagem também sugere que se Gollum *tivesse* ameaçado, ou tentado, matar Bilbo, este teria uma justificativa para assassiná-lo caso precisasse salvar a própria vida. Assim, parece que Tolkien acha que o homicídio pode ser justificável.

Outras passagens das obras de Tolkien fornecem evidências ainda mais fortes de que ele acreditava que algumas guerras são justas. Em *O Silmarillion*, não apenas os bons elfos, mas até mesmo os próprios semideuses (os Valar) unem-se em uma batalha para derrotar o primeiro Senhor da Escuridão, Morgoth. Em *O Senhor dos anéis*, personagens evidentemente bons, como Gandalf, Aragorn, Legolas e Sam pegam em armas para defender o Oeste de Sauron e seus exércitos. Sem dúvida, cada um desses heróis concordaria com a visão de Faramir de que "a guerra deve acontecer enquanto estivermos defendendo nossas vidas contra um destruidor que poderia devorar tudo".[18]

Entretanto, a evidência mais clara das opiniões de Tolkien sobre a guerra é encontrada em suas cartas. Em abril de 1944, escrevendo para seu filho Christopher, que treinava como piloto de bombardeiro na África do Sul, Tolkien comenta:

O absoluto desgaste estúpido da guerra, não apenas material mas moral e espiritual, é tremendo para aqueles que têm de suportá-lo. E sempre foi (apesar dos poetas) e sempre será (apesar dos propagandistas) — *não que, é claro, não tenha sido, seja e será necessário enfrentá-lo em um mundo maligno.* Mas tão curta é a memória humana e tão evanescentes são suas gerações que em cerca de apenas 30 anos haverá poucas ou nenhuma pessoa com aquela experiência direta que sozinha toca o coração. A mão queimada é a que mais ensina a respeito do fogo.[19]

Aqui, Tolkien deixa claro que a guerra, embora trágica, destrutiva e tolamente glorificada, é um mal inevitável em um mundo maligno. Em outra carta a Christopher, ele observa que, na vida real, existem muitos personagens semelhantes aos orcs — malignos e cruéis — e na guerra eles normalmente estão de ambos os lados (não apenas no de Sauron). Então, diz:

Na vida real (exterior), os homens estão nos dois lados: o que significa uma aliança diversificada de orcs, bestas, demônios, homens simples naturalmente honestos e anjos. Mas faz alguma diferença quem seus capitães são e se eles são órquicos per se! E é tudo sobre isso (ou se pensa ser). É até possível neste mundo se estar (mais ou menos) errado ou com razão.[20]

Aqui ele parece perceber que a maneira que uma guerra é travada tem algo a ver com o fato de ser justificada ou não, e que talvez seja possível estar "com a razão" durante o conflito armado. Como Tolkien diz em outro ponto:

[Há] casos claros: como por exemplo atos de absoluta agressão cruel nos quais, portanto, o certo está desde o início totalmente de um lado (...) Assim sendo, o certo permanecerá uma possessão inalienável do lado certo e justificará sua causa por toda a parte (...) Os agressores são eles próprios os primeiros a serem culpados pelos atos de maldade que se originam de sua violação original da justiça (...) De qualquer forma, eles não têm o direito de exigir que suas vítimas, quando atacadas, não exijam olho por olho e dente por dente.[21]

Fica claro, portanto, que Tolkien acreditava que a guerra, por mais trágica e destrutiva que pudesse ser, às vezes, podia ser moralmente justificável.

No entanto, talvez Tolkien não concordasse com todos os critérios tradicionais da teoria da guerra justa. Por exemplo, essa teoria diz que as guerras devem ser travadas apenas se existirem "reais possibilidades de sucesso."[22] Tolkien concordava? Parece que não. A Batalha do Abismo de Helm era supostamente "invencível", assim como a Batalha do Morannon nos portões de Mordor. Como o autor claramente considerava essas lutas justificadas, parece que as "chances de sucesso" eram irrelevantes para ele (afinal, o próprio Gandalf admite que sempre houve apenas "a esperança de um tolo"[23] para o sucesso de Frodo). Assim, parece que Tolkien discordava desse aspecto da teoria da guerra justa.

Mas esperem um momento! Os teóricos da guerra justa sugerem a rendição quando uma guerra não pode ser vencida, principalmente porque fornece o mesmo resultado com um número menor de mortes. Porém, quando se está lutando contra os Uruk-hais ou os orcs, é sabido que a rendição só tornará as coisas piores. Além disso, alguns desses teóricos sugerem que ingressar em uma batalha sem esperança pode ser justificável, se for feito em defesa de valores fundamentais.[24]

A Batalha do Morannon foi travada para distrair Sauron enquanto Frodo e Sam lançavam o Um Anel no fogo da Montanha da Perdição. Isso parece estar defendendo um valor fundamental: a liberdade dos Povos Livres da Terra-média. E talvez a maior pista de que Tolkien concordava com esse princípio é encontrada na descrição de Denethor enviando Faramir para defender o rio em Osgiliath, sabendo que a causa não tem esperança. Denethor é claramente retratado como um louco. Até mesmo Gandalf recomendou a Faramir que não jogasse fora sua vida de maneira temerária.[25]

Porém, a verdade é que Tolkien simplesmente não nos diz o bastante para que saibamos ao certo se ele concordava com todos os aspectos da teoria da guerra justa ou não. Mesmo assim, não resta dúvida de que o autor acreditava profundamente que "existe algum bem neste mundo... e vale a pena lutar por ele".[26]

NOTAS

1 Para uma visão abrangente sobre o tema, ver Janet Brenan, *War and the Works of J. R. R. Tolkien Croft* (Westport, Conn.: Praeger, 2004).

2 J. R. R. Tolkien, *Contos inacabados*, editado por Christopher Tolkien (Boston: Houghton Mifflin, 1980), pp. 322, 326.

3 Para obter mais exemplos, ver John Garth, *Tolkien and the Great War: The Threshold of Middle-earth* (Boston: Houghton Mifflin, 2003), pp. 311-12.

4 *O Silmarillion*, capítulo 20.

5 Para uma útil visão geral, ver "War", Stanford Encyclopedia of Philosophy, de Brian Orend. Disponível em: http://plato.stanford.edu/entries/war (em inglês). Por causa das limitações de espaço, existem complexidades na tradicional teoria da guerra justa que não puderam ser averiguadas neste livro.

6 *O hobbit*, p. 271.

7 *The Letters of J. R. R. Tolkien*.

8 *O hobbit*, p. 247.

9 *O hobbit*, p. 272.

10 *O hobbit*, p. 269.

11 *The Letters of J. R. R. Tolkien*.

12 Há um considerável debate entre os estudiosos de Tolkien sobre quem, ou o que, é Bombadil. Para obter uma resposta plausível, ver "Who Is Tom Bombadil?", de Eugene Hargrove. Disponível em: http://www.cas.unt.edu/~hargrove/bombadil.html (em inglês). Hargrove, filósofo e especialista em Tolkien da North Texas University, afirma que Bombadil é o Valar Aulë.

13 *The Letters of J. R. R. Tolkien*.

14 *O Senhor dos anéis: O retorno do rei*, pp. 301, 303.

15 *The Letters of J. R. R. Tolkien*.

16 *O Senhor dos anéis: A Sociedade do Anel*, p. 61.

17 *O hobbit*, p. 86.

18 *O Senhor dos anéis: As duas torres*, p. 286.

19 *The Letters of J. R. R. Tolkien* (grifo meu).

20 *The Letters of J. R. R. Tolkien*.

21 *The Letters of J. R. R. Tolkien* (ênfase omitida).

22 *Catechism of the Catholic Church* (Mahwah, NJ: Paulist Press, 1994), p. 555.

23 *O Senhor dos anéis: O retorno do rei*, p. 79.

24 Ver National Conference of Catholic Bishops, *The Challenge of Peace: God's Promise and Our Response* (Washington D.C.: United States Conference of Catholic Bishops, 1984), pp. 42-43.

25 *O Senhor dos anéis: O retorno do rei*, p. 81.

26 Um imenso agradecimento especial a meu bom amigo Caleb Holt, cujo grande conhecimento de Tolkien e a destreza literária muito contribuíram para este capítulo.

9

"UMA BELA BOBAGEM": ARTE E BELEZA EM *O HOBBIT*

Philip Tallon

O QUE *O HOBBIT* PODE NOS ENSINAR sobre a filosofia da arte? Ou talvez devêssemos perguntar o que *um* hobbit pode nos ensinar sobre o assunto? Se, por exemplo, Bilbo tivesse de fazer uma palestra sobre arte no museu em Grã Cava, o que ele diria? Este capítulo tentará responder a essa questão por meio da análise de alguns temas fundamentais no pensamento de Tolkien e da maneira como esses temas aparecem em *O hobbit*.

Quando começamos a procurar, é fácil ver que a estética (a área da filosofia relacionada à arte e à beleza) é fundamental para a compreensão do mundo de *O hobbit* e das visões de seu criador. Do mapa mágico que Gandalf entrega a Thorin, passando pelas adivinhas no escuro de Gollum, o Anel do Poder que Bilbo encontra, a maneira artística que Gandalf tece sua história para Beorn, e pela beleza inigualável da Pedra Arken de Thrain, as artes são sempre um aspecto fundamental na história.

Obras de arte estão para *O hobbit* assim como dispositivos de vigilância e documentos secretos estão para filmes de espionagem: elementos que conduzem o enredo. A história de *O hobbit* é uma jornada por um mundo de manufaturas, artefatos e habilidades artísticas. De seu mundo insular e rotineiro dentro do protegido Condado, Bilbo sai em uma jornada e experimenta um universo mais amplo e estranho que jamais poderia ter imaginado.

Evidentemente, os próprios hobbits não são uma raça muito artística. Embora fumar cachimbo seja descrito por eles como uma arte, e todos os hobbits, como diz Tolkien, aprendam a arte de cozinhar; parece que a maior parte das habilidades deles é dedicada à praticidade e ao conforto. Se nunca tivesse saído do Condado, dificilmente Bilbo teria algo a dizer sobre arte ou beleza, exceto, talvez, para comentar sobre a melhor maneira de encher um cachimbo ou para sugerir que tipo de cerveja combina melhor com carneiro assado.

Tolkien e o movimento da arte pela arte

Tolkien (1892-1973) nasceu no final de um século que viu uma imensa mudança na concepção de arte e beleza. Na Idade Média, a arte servia como o sustentáculo da Igreja, ilustrando (tanto figurativa quanto literalmente) o texto da visão de mundo cristã. No século XIX, a ideia de que a arte devia sujeitar-se à mensagem da Igreja, ou que devia servir basicamente para fortalecer valores morais e espirituais, desaparecera havia muito tempo.

Por causa de mudanças na estética iniciadas um século antes por Immanuel Kant (1724-1804), já não se presumia imediatamente que a arte podia ou devia servir como veículo para a instrução ou o crescimento moral. Mais ou menos na época em que Tolkien nasceu, supunha-se que a arte existia em um reino indiferente, ou talvez até hostil, à verdade e à moralidade. Oscar Wilde expressou bem essa disposição quando comentou que "a arte está fora do alcance da moral, pois seus olhos estão fixos em coisas belas, imortais e em constante transformação. À moral pertencem as esferas mais baixas e menos intelectuais".[1]

Esse desenvolvimento, do qual Wilde participou e deu voz, normalmente é conhecido como "arte pela arte". Ele deixou a moralidade e os ensinamentos para trás da mesma maneira que crianças em idade escolar deixam seus livros na sala quando vão para o recreio. A arte foi liberada da obrigação de *ter* de fazer alguma coisa. James Whistler (1834-1903), o famoso pintor de mães, escreveu que "a arte devia ser independente de todo artifício — devia ser autossuficiente (...) e apelar ao senso artístico de seu olho ou ouvido, sem confundir-se com emoções completamente estranhas a ela, como devoção, pena, amor, patriotismo e coisas assim".[2]

Hoje em dia, a ideia de que a arte existe em uma esfera separada de outros reinos de interesse é amplamente aceita na cultura ocidental. A frase "arte pela arte", ou seu equivalente em latim *"ars gratia artis"*, geralmente é citada como uma visão padrão da criatividade. É até o lema do estúdio hollywoodiano MGM, que, apropriadamente, coproduziu o filme *O hobbit*.

Tolkien concordava com o movimento da arte pela arte, mas só até certo ponto. Assim como Whistler e Wilde, o autor acreditava que a arte não devia ser considerada prática ou utilitária. Por exemplo, Tolkien expressou um "desagrado cordial"[3] em relação a formas de literatura como a alegoria, que explicitamente buscavam passar uma mensagem. Embora Tolkien fosse católico, ele não acreditava que a arte devesse ser apenas o sustentáculo da Igreja, pois via a criação artística como um fim válido em si mesmo, e não apenas como meio para algum propósito maior.

Com palavras que, de certa forma, se parecem com as de Whistler, Tolkien escreveu, "a Arte e a criatividade (ou, devo dizer, subcriatividade) (...) parecem não possuir qualquer função biológica e estão à parte das satisfações da vida biológica comum(...)".[4] Em outras palavras, Tolkien não via qualquer necessidade prática direta para a criatividade, a não ser que alguém vendesse muita arte, ela não colocava comida na mesa ou um telhado sobre sua cabeça.

Além do mais, Tolkien parecia *favorecer* a falta de praticidade da arte como um verdadeiro benefício, observando, por exemplo, que os elfos "são antes de tudo artistas",[5] cuja mágica é "a Arte, não o Poder; subcriação, e não dominação e reforma tirânica da Criação".[6] Escrevendo sobre os perigos da tecnologia, Tolkien lamentou que os humanos não fossem mais parecidos com os elfos nesse sentido:

> A tragédia e o desespero de toda máquina são revelados lá. Ao contrário da arte, que se contenta em criar um novo mundo na mente, as máquinas tentam tornar real o desejo e, desse

modo, criar poder neste mundo; e isso não pode ser feito com nenhuma satisfação real. O maquinário para poupar o homem do trabalho apenas cria um trabalho pior e interminável.[7]

Tudo isso é para dizer que, para Tolkien, a criatividade não estava relacionada, acima de tudo, a *fazer* alguma coisa prática. Dessa forma, ecoam temas do movimento da arte pela arte.

"Por puro prazer"

No auge de seu poder e criatividade, os anões também consideravam a arte intrinsecamente valiosa, criando objetos por puro prazer. No início de *O hobbit*, os anões visitam Bilbo, fazendo com que ele embarque na aventura. Descrevendo o que perderam em seu longo exílio da Montanha Solitária, Thorin fala sobre dias melhores:

> Esses foram dias felizes, e os mais pobres de nós tinham dinheiro para gastar e emprestar, e tempo para fazer coisas bonitas por puro prazer, sem falar dos brinquedos mais mágicos e maravilhosos do tipo que não se encontra em lugar algum no mundo hoje em dia.[8]

Criar "por puro prazer" parece ser uma atividade também compartilhada por outras raças em *O hobbit*. Vemos Gandalf soprar anéis de fumaça e ouvimos os elfos cantando. O mago não vê nada de errado em se divertir (lembre-se também de seus famosos fogos de artifício), nem os elfos. Quando o grupo de Thorin se aproximam da casa de Elrond, ouvem uma cantoria vinda das árvores: "Assim eles riam e cantavam nas árvores; e imagino que vocês achem tudo uma bela bobagem. Mas eles não ficariam preocupados; apenas ririam mais ainda se vocês lhes dissessem isso."[9]

De maneira similar, Tolkien não se preocupava que os críticos modernistas considerassem seus escritos de fantasia uma bobagem. Ele inventou e elaborou seu mundo da Terra-média sem qualquer intenção de que aquilo um dia se tornasse mais do que uma diversão particular. "Sou uma pessoa muito séria e não consigo diferenciar o divertimento particular e a obrigação", escreveu ele, acrescentando: "Trabalho apenas para minha própria diversão, uma vez que acho minhas obrigações particularmente divertidas."[10]

Muito mais tarde, Tolkien escreveu confessando que somente seu amigo, o escritor C. S. Lewis, o convencera a publicar muitos de seus escritos, incluindo *O Senhor dos anéis*. "Somente após [Lewis] tive noção de que meu 'material' poderia ser mais do que um hobby particular."[11] A maioria dos colegas de Tolkien em Oxford teria considerado sua criação artística "uma bela bobagem", mas o próprio escritor, assim como os elfos e os anões, tinha uma saudável interpretação da criatividade "por puro prazer".

"Para que também eles percebessem a beleza de Eä"

Porém, ao contrário de muitos dos escritores que defendiam a arte pela arte, Tolkien deixa espaço para uma dimensão moral na criação artística, ressaltando especialmente que a criatividade e a admiração da beleza são sinais de saúde moral e espiritual.[12] Em diversos pontos de *O hobbit*, Tolkien usa a sensibilidade à beleza como um tipo de termômetro moral para testar se a pessoa (ou a raça) tem um nível saudável de virtude ou de excelência moral.

Criaturas bondosas na Terra-média de Tolkien tendem a ser criativas e sensíveis à beleza, e as criaturas maldosas, não. Depois de escapar por pouco dos trolls, Thorin e seus companheiros encontram espadas élficas entre os pertences deles. Gandalf percebe imediatamente que as espadas, com suas "belas bainhas e punhos adornados com pedras preciosas", não podiam ter sido feitas por trolls.[13] Tolkien também observa que as canções dos orcs são mais um grasnado do que um canto e, como um sinal a mais de que os orcs "são cruéis, malvados e perversos", o autor declara que eles não "fazem coisas bonitas, mas fazem muitas coisas engenhosas". Na verdade, Tolkien observa que não é improvável que essa espécie tenham inventado algumas das máquinas usadas hoje em dia para matar um grande número de pessoas de uma só vez.[14] Isso contrasta com a maneira como ele louva os elfos como "antes de tudo artistas" que buscam "a Arte, não o Poder". Claramente, Tolkien está sugerindo que a boa criatividade tem como objetivo proporcionar beleza e prazer, não morte e destruição.

A criação artística é um sinal de que podemos amar algo além de nós mesmos. A própria existência dos anões originou-se desse desejo benevolente de criar por amor. Em *O Silmarillion*, Tolkien conta que Aulë, o Criador (um dos Valar, os seres angelicais quase divinos da Terra-média) queria algo a mais para amar, e então criou uma raça de pessoas pequenas e resistentes que, assim como Aulë, são ferreiros. Quando ele tem problemas com Ilúvatar, a figura divina da Terra-média, por criar seres vivos sem permissão, explica por que criou os anões em segredo:

> Desejei seres diferentes de mim, que eu pudesse amar e ensinar, para que também eles percebessem a beleza de Eä, que tu fizeste surgir. Pois me pareceu que há muito espaço em Arda para vários seres que poderiam nele deleitar-se; e, no entanto, em sua maior parte ela ainda está vazia (...) Contudo, a vontade de fazer coisas está em meu coração porque eu mesmo fui feito por ti.[15]

Nessa passagem, Aulë explica o motivo para criar os anões: porque pensou que o mundo precisava de outras criaturas para desfrutar sua beleza. Por causa de sua intenção inteiramente boa, Ilúvatar não destrói os anões, deixando-os se tornar uma raça da Terra-média. Compare a motivação de Aulë com a de Saruman quando ele cria uma raça melhorada de superorcs resistentes ao Sol (os Uruk-hai), e verá claramente a diferença entre a criatividade moral e o desejo imoral por dominação e corrupção. Aulë quer apenas criar por criatividade benevolente e prazer; Saruman, com seu "cérebro de metal e rodas", deseja a dominação, independentemente de quão horrendas sejam suas criações.[16]

Assim, é fácil ver que a apreciação estética e a habilidade artística são indicadores morais positivos no mundo de *O hobbit*. Isso se conecta à visão que Santo Agostinho tem da virtude como uma *ordo amoris*, ou seja, uma "ordenação correta dos amores".[17] Tolkien, conhecedor da tradição para a qual Agostinho contribuiu, parece concordar que pessoas boas (e bons hobbits, bons anões e bons Valar) apreciam a boa arte, enquanto aos seres malignos falta gosto pela beleza. Talvez o melhor exemplo disso em *O hobbit* seja o que Thorin diz sobre dragões em seu primeiro encontro com Bilbo:

> Dragões roubam joias e ouro, você sabe, dos homens, dos elfos e dos anões, onde quer que possam encontrá-los; e guardam o que roubaram durante toda a sua vida (o que é praticamente para sempre, a não ser que sejam mortos), e nunca usufruem sequer um anel de latão. Na verdade, eles mal sabem distinguir um trabalho bem-feito de um trabalho ruim, embora tenham uma boa noção do valor de mercado corrente; e não conseguem fazer nada por si mesmos, *nem sequer remendar uma escama solta de suas armaduras.*[18]

Os dragões não conseguem apreciar a beleza de nada, nem conseguem realizar nada, nem sequer remendar uma escama solta de suas armaduras. Isso é especialmente significativo para Bilbo, já que é ele quem nota o buraco na armadura de Smaug e conta ao tordo, que então conta a Bard, que mata o dragão ao mirar uma flecha no buraco que o dragão, por causa de sua incapacidade artística, não consertou. O livro inteiro depende do simples fato de que dragões não são artísticos e não se importam verdadeiramente com a beleza, apenas com a posse de riqueza material.

Diversos personagens de *O hobbit* são atacados pelo "mal do dragão", um apetite desmedido e magicamente induzido pelo tesouro guardado da fera, incluindo o Senhor da Cidade do Lago, que recebeu uma boa parte do ouro da montanha para reconstruir a cidade, mas fugiu com ele e "morreu de fome no Ermo."[19] De maneira similar, Thorin se torna obcecado pela beleza da Pedra Arken depois que os anões retomam a montanha. "Era como um globo de mil faces; brilhava como prata à luz do fogo, como água ao sol, como neve sob as estrelas, como chuva sob a Lua!"[20]

A obsessão de Thorin pela Pedra Arken é diferente da ganância do dragão ou do Senhor, porque ele é motivado basicamente pela beleza do objeto que procura, mas, mesmo assim, é afetado de maneira similar. Thorin é temporariamente levado à loucura por seu desejo de recuperar a Pedra Arken (que Bilbo guarda secretamente). Isso mostra que mesmo as coisas belas podem nos afastar de nossa bússola moral, assim como o desejo por coisas como justiça ou verdade pode nos levar a agir de forma imoral.

Entretanto, é preciso observar que Thorin é corrompido de uma maneira que um dragão, ou uma pessoa simplesmente gananciosa, nunca poderia ser. Seu desejo pela Pedra Arken vai além de seu valor, "a Pedra Arken de meu pai (...) vale mais que um rio de ouro e, para mim, não tem preço".[21]

"O amor por coisas belas"

Como todos sabemos, a tranquila existência de Bilbo como um Bolseiro é rudemente interrompida no início de *O hobbit*. Gandalf, o responsável pela interrupção, expressa sua decepção ao ver que, sendo um Tûk (um clã intrépido), Bilbo tema que as aventuras façam com que se "atrase para o jantar". Porém, quando Thorin pega sua bonita harpa dourada e começa a tocar uma canção sobre a Montanha Solitária, os outros anões se juntam a ele. A canção comove Bilbo:

> Enquanto eles cantavam, o hobbit sentiu agitar-se dentro de si o amor por coisas belas feitas por mãos, com habilidade e com mágica, um amor feroz e ciumento, o desejo dos corações dos anões. Então alguma coisa dos Tûk despertou no seu íntimo, e ele desejou ir ver as grandes montanhas, e ouvir os pinheiros e as cachoeiras, explorar as cavernas e usar uma espada ao invés de uma bengala.[22]

Ouvindo a bela música, Bilbo é despertado para um mundo mais amplo e valores mais profundos. A visão da beleza de Tolkien em *O hobbit* é similar à de Elaine Scarry, uma filósofa contemporânea da arte. Em seu livro

On Beauty and Being Just, Scarry é contra a ideia de que a arte pela arte existe em um reino separado da moralidade. Para Scarry, "a beleza nos prepara para a justiça", porque quando vemos alguma coisa bela, sentimos "uma necessidade de protegê-la, ou agir por ela."[23] Por meio da música, Bilbo sente um pouco do "desejo dos corações dos anões" e compartilha sua vontade de recuperar o tesouro roubado pelo dragão.

Iris Murdoch (1919-1999), uma filósofa moral e colega de Tolkien em Oxford, também liga a apreciação da beleza ao dever ético de se importar com os outros:

> Nas disciplinas intelectuais e na fruição da arte e da natureza, descobrimos valor em nossa capacidade de esquecer os próprios interesses, de ser realista, de perceber com justiça. Usamos nossa imaginação não para fugir do mundo, mas para nos conectar a ele, e isso nos estimula por causa da distância entre nossa consciência entorpecida e comum e uma apreensão do real.[24]

Esse tipo de despertar é exatamente o que vemos em Bilbo quando ele entra em contato com a beleza da canção dos anões. Antes disso, o hobbit só conseguia pensar em seu conforto e sua rotina agradável. Aventuras eram apenas coisas "desagradáveis e desconfortáveis" que "fazem com que você se atrase para o jantar".[25] No entanto, depois de ouvir a música, Bilbo consegue sentir que talvez existam coisas mais importantes na vida. Algo desperta dentro dele e o hobbit deseja experimentar algo mais do que sua vida confortável e tranquila.

Então, Bilbo, diante da cota de mithril emprestada ao museu em Grã Cava, sem dúvida diria que a beleza e a arte não apenas são valiosas por si (embora o sejam), nem meramente sinais de saúde moral (embora também o sejam), mas também que acendem a imaginação e geram no coração um desejo por coisas mais elevadas, nobres e difíceis. Ao concluir, é claro, Bilbo sem dúvida reconheceria graciosamente que essa é apenas uma pequena janela no grande campo das artes porque, afinal de contas, ele é apenas um pequeno hobbit neste mundo enorme.

1 Oscar Wilde, "The Critic as Artist". In: *Intentions* (Londres: Methuen, 1913), pp. 190-92.

2 James McNeill Whistler, *The Gentle Art of Making Enemies* (Nova York: Courier Dover Publications, 1967), p. 127.

3 *O Senhor dos anéis: A Sociedade do Anel* (levemente adaptado).

4 *The Letters of J. R. R. Tolkien.*

5 *The Letters of J. R. R. Tolkien.*

6 *The Letters of J. R. R. Tolkien.*

7 *The Letters of J. R. R. Tolkien.*

8 *O hobbit*, p. 22.

9 *O hobbit*, p. 49.

10 *The Letters of J. R. R. Tolkien.*

11 *The Letters of J. R. R. Tolkien.*

12 Tolkien comenta que um de seus objetivos ao escrever seus contos da Terra-média era o "encorajamento da boa moral". *The Letters of J. R. R. Tolkien.*

13 *O hobbit*, p. 42.

14 *O hobbit*, p. 62.

15 *O Silmarillion*, p. 40.

16 *O Senhor dos anéis: As duas torres*, p. 70.

17 Agostinho, *A cidade de Deus*, Vol. 4, traduzido para o inglês por Philip Devine (Cambridge, MA: Harvard University Press, 1966).

18 *O hobbit*, p. 22 (grifo nosso).

19 *O hobbit*, p. 296.

20 *O hobbit*, p. 225.

21 *O hobbit*, p. 259.

22 *O hobbit*, p. 15.

23 Elaine Scarry, *On Beauty and Being Just* (Princeton: Princeton University Press, 2001), p. 88.

24 Iris Murdoch, *The Sovereignty of the Good* (Londres: Routledge & Kegan Paul, 1970), p. 93.

25 *O hobbit*, p. 4.

10

HOBBITUS LUDENS:
POR QUE OS HOBBITS GOSTAM DE SE
DIVERTIR E POR QUE DEVERÍAMOS
FAZER O MESMO

David L. O'Hara

A CADA QUATRO ANOS, ATLETAS DE TODO O MUNDO se reúnem para os Jogos Olímpicos. Se considerarmos o treinamento, a viagem e as instalações, as Olimpíadas custam bilhões de dólares. Junte a isso a quantia que gastamos com esportes profissionais pelo mundo e você poderá começar a se perguntar: será que não existem maneiras mais importantes de usar esse dinheiro? Sabe, acabar com a fome no mundo, curar o câncer, doar cadeiras para professores de filosofia... esse tipo de coisa.

Porém, o veredicto da história parece ser que todas as culturas consideram o lazer parte importante de uma vida plena. Então, aqui vai a pergunta: até que ponto devemos levar o lazer a sério?

Futebol, golfe e outros esportes que os hobbits praticam

Se usarmos *O hobbit* como indicador, J. R. R. Tolkien parece achar que devíamos levar isso muito a sério. Afinal de contas, é um livro sobre um hobbit. Se você é um hobbit, boa parte de sua vida é devotada a vários tipos de recreação: jogos, festas, fogos de artifício, fofoca, visitas a amigos e vizinhos, jogar pedras e dardos, lutar,[1] cantar, roubar cogumelos, beber cerveja e soprar anéis de fumaça. De fato, os hobbits são "habilidosos com ferramentas" e sem dúvida trabalharam duro para manter sua "região campestre bem organizada e bem cultivada".[2] (Afinal, alguém tinha de cultivar e preparar toda a comida de que os hobbits precisavam para suas seis refeições diárias!) Porém, é evidente que os hobbits de Tolkien passam muito mais tempo em atividades de recreação e lazer do que a maioria das pessoas da atualidade.

Mesmo assim, não são apenas eles que se divertem. Os elfos cantam e festejam nos bosques à noite. O povo da Cidade do Lago gosta de festejos (embora um ou dois sejam sujeitos sérios). Até mesmo personagens que você não imaginaria brincando gostam de se divertir: Gollum sugere que Bilbo participe de um jogo de adivinhas com ele, e Gandalf obtém a hospitalidade de Beorn por meio de uma divertida interpretação de sua história. À noite, Beorn se diverte de maneira ainda mais intensa com os ursos locais. Smaug não consegue resistir à tentação de participar do perigoso jogo de perspicácia de Bilbo. E quase todos em *O hobbit* — até mesmo os orcs — fazem canções e músicas.

Tolkien escreve até sobre esportes.[3] Ele nos conta que os hobbits inventaram o golfe quando Urratouro Tûk arrancou a cabeça do rei dos orcs Golfimbul e ela rolou para dentro de uma toca de coelho. Depois que Thorin e companhia deixam Valfenda em sua jornada ruma à Montanha Solitária, eles se veem na trilha escarpada durante uma tempestade, cercados por gigantes que estão "lançando pedras uns sobre os outros, como num jogo, e apanhando-as, jogando-as na escuridão embaixo, onde elas despedaçavam-se por entre as árvores ou se estilhaçavam em mil fragmentos com um ruído ensurdecedor".[4]

Thorin reclama: "Assim não dá! (...) Se o vento não nos levar, se não nos afogarmos, se um raio não cair em nossas cabeças, seremos apanhados por algum gigante e chutados para o céu como uma bola de futebol."[5] Essa não é apenas uma frase solta; ela nos mostra uma característica importante da Terra-média: anões conhecem futebol.

É claro que estou brincando. Na verdade, a frase nos diz outra coisa: até mesmo gigantes envolvem-se em jogos. Talvez seja por isso que Gandalf acredita que conseguirá encontrar um "gigante mais ou menos confiável"[6] para bloquear a entrada dos orcs. O lazer pode parecer algo pouco importante se considerarmos o todo, mas também pode ser o que conecta a maioria de nós uns com os outros.

Pense em Gollum quando ele conhece Bilbo. A presença de um hobbit relembra o asqueroso ser da parte mais agradável de sua vida passada, quando ele brincava de adivinhas com seus amigos: "Propô-las e algumas vezes decifrá-las era o único jogo que já tinha jogado com outras criaturas divertidas, sentadas em suas tocas, muito, muito tempo atrás, antes que ele perdesse todos os amigos e fosse expulso, sozinho, e descesse mais, cada vez mais, na escuridão sob as montanhas."[7]

Momentos como esse tornam Gollum menos um monstro e mais uma pessoa. Nós nos sentimos mais próximos dos animais quando eles estão brincando; se eles o fazem, são como nós. Na verdade, se alguém não se divertisse de forma alguma, duvidaríamos de sua humanidade. Seguindo a mesma linha, o filósofo alemão Friedrich Schiller (1759-1805) pergunta: "Mas por que dizer *mero* jogo, quando consideramos que em todos os estágios do homem é precisamente o jogo, e apenas ele, que completa o homem?"[8]

Está bem, você vai dizer, grande coisa: hobbits jogam golfe e anões jogam futebol. Isso não torna exatamente *O hobbit* uma versão da *Sports Illustrated* da Terra-média.

E essa é a pura verdade. Entretanto, há muito mais divertimento na história. Quando a companhia está em Valfenda, Tolkien nos diz:

> É estranho, mas as coisas boas e os dias agradáveis são narrados depressa, e não há muito que ouvir sobre eles, enquanto as coisas desconfortáveis, palpitantes e até mesmo horríveis podem dar uma boa história e levar um bom tempo para contar. Eles ficaram bastante tempo naquela casa agradável (...) Apesar disso, há pouco a dizer sobre a estada deles lá (...) Eu gostaria de ter tempo para lhes contar apenas algumas das histórias, ou mostrar uma ou duas das canções que eles ouviram naquela casa.[9]

Eles ficaram pelo menos duas semanas em Valfenda, mas não há muito a contar porque esse tempo foi passado basicamente com descanso e recreação.

Mas este capítulo não trata apenas de jogos e diversão. Na língua inglesa, a palavra *"play"* tem diversos significados, servindo para designar, por exemplo, peças teatrais, o ato de tocar um instrumento e também caçar. O que todos esses significados têm em comum? O que é lazer? Vamos começar eliminando algumas coisas que ele não é.

Lazer não é falta de seriedade

Podemos nos sentir tentados a pensar no lazer como uma falta de seriedade, mas, na verdade, quando mais intensamente nos divertimos, mais sérios nos tornamos em relação à diversão. Pense em uma criança brincando de faz de conta. Se tocamos guitarra em uma banda de garagem ou jogamos basquete com os amigos, esperamos que as pessoas envolvidas levem a atividade a sério. Schiller pensava no lazer como uma seriedade superlativa, dizendo: "O homem é apenas sério com o agradável, o bom, o perfeito; mas com a beleza ele *joga*."[10] Schiller acha que a beleza é mais elevada do que apenas o "agradável, bom e perfeito", e, então, o lazer, que está focado na beleza, é algo mais elevado do que ser sério.

O lazer é, de certa forma, sério demais para ser chamado meramente de "sério", de forma que o chamamos de "lazer".

Lazer não é preguiça

O lazer também não é meramente relaxamento ou preguiça. O filósofo Tomás de Aquino (aproximadamente 1225-1274) escreveu em Suma teológica que, enquanto a acedia, ou "indolência", era claramente um pecado, o descanso e a recreação eram tão importantes que ele achava que as pessoas continuariam a dedicar-se a eles no Paraíso[11].

Em um nível mais mundano, os atletas que levam seus esportes a sério treinam arduamente. Os hobbits são outro exemplo disso: quando se divertem, o fazem a sério. Pense no planejamento envolvendo a festa de aniversário de Bilbo em *A Sociedade do Anel*, ou no trabalho duro que deve ter sido transformar Bolsão em um lugar divertido: "Era a toca de um hobbit, e isso quer dizer conforto."[12]

O verdadeiro conforto só é alcançado através de trabalho árduo e planejamento cuidadoso. O filósofo Charles S. Peirce (1839-1914) dizia que o lazer é praticamente o oposto da preguiça. Segundo ele, "brincar, como todos sabemos, é um vigoroso exercício das capacidades da pessoa".[13] Quando nos divertimos, usamos todos os nossos recursos para continuar o que estamos fazendo.

Lazer não é infantilidade

O lazer também não é tolice ou infantilidade, mesmo que pareça à primeira vista. Tolkien ilustra essa afirmação pelas pessoas mais divertidas de *O hobbit*: os elfos de Valfenda. Quando Bilbo e companhia chegam a Valfenda, eles são recebidos pelo som dos elfos rindo e cantando nas árvores.

"E imagino que vocês achem tudo uma bela bobagem. Mas eles não ficariam preocupados; apenas ririam mais ainda se vocês lhes dissessem isso. Eram elfos, é claro. (...) Até mesmo anões bastante decentes como Thorin e seus amigos acham que eles são tolos (o que é uma coisa tola de achar), ou irritam-se com eles."

Evidentemente, esses elfos "tolos" "sabem muita coisa, [e] são espantosos quando se trata de notícias",[14] e quando os anões deixam a casa de Elrond, "seus planos foram enriquecidos com os mais sábios conselhos".[15] Sem o conhecimento de Elrond sobre runas, os anões ainda estariam na porta de Smaug se perguntando como entrar. Ou teriam virado churrasco de dragão.

Os benefícios do lazer

Muitas vezes, os filósofos acham útil traçar a história de uma ideia para entendê-la melhor. Como os antigos gregos nos proporcionaram tanto a filosofia quanto as Olimpíadas, vamos analisar o que eles pensavam sobre o lazer. No grego antigo, há uma conexão entre as palavras lazer (*paidia*) e educação (*paideia*). Eles consideravam a educação algo que provém do lazer, porque o lazer é o tempo gasto buscando coisas belas e agradáveis, não apenas trabalhando para conseguir as coisas necessárias.

Meus alunos sempre se surpreendem ao descobrir que a palavra "escola" vem da palavra grega "*scholé*", que significa lazer. A escola pode não parecer divertida, mas se não pudéssemos tirar uma folga da agricultura de subsistência e das lutas contra os ursos das cavernas, não teríamos tempo para estudar as coisas só por estudar. O estadista ateniense Péricles (aproximadamente 495-429 a.C.) defendeu o amor de seu povo pelo lazer e pelo *scholé* em sua famosa "oração fúnebre", dizendo que os cidadãos de Atenas "amavam a beleza frugalmente, e amavam a sabedoria sem se tornar fracos".[16] Nessa única frase, Péricles resume duas observações importantes. O lazer relaciona-se ao aprendizado e à beleza.

Tendo isso em mente, pode ser útil pensar sobre o lazer em termos éticos. Uma das coisas que os filósofos fazem é distinguir entre tipos diferentes de bens e de coisas boas. Alguns bens, como o dinheiro, são desejáveis porque nos ajudam a obter outras coisas. Outros, como o amor, são desejáveis em si, e não como um meio para outros fins. Entre esses dois está um terceiro tipo de bem, desejável tanto por si próprio quanto porque nos proporciona outros bens.[17] Então, que tipo de bem é o lazer?

Diversas pessoas afirmam que o lazer é o primeiro tipo de bem porque, quando nos divertimos, podemos aprender coisas úteis de uma maneira agradável. Xenofonte (aproximadamente 431-355 a.C.) escreveu que qualquer um que quisesse uma educação deveria aprender a caçar.[18] Depois, disse ele, se tiver algum dinheiro sobrando, deve estudar outros assuntos. Xenofonte acreditava que na prazerosa perseguição de animais selvagens, os jovens aprenderiam todas as lições que precisavam para ter sucesso na vida e na guerra.

Por motivo semelhante, o rei Eduardo III da Inglaterra (1312-1377) baniu os jogos de bola; ele queria tornar os ingleses melhores arqueiros forçando-os a brincar com arcos em vez de bolas. Assim, Eduardo usou o arco longo para derrotar os escoceses e aniquilar a nata da cavalaria francesa na Batalha de Crécy.

A famosa educadora Maria Montessori (1870-1952) afirmava, de uma forma mais pacífica, que brincar era o trabalho das crianças. Muitas vezes aprendemos quando estamos nos divertindo — essa, afinal, é uma das esperanças deste livro: que você se divirta aprendendo filosofia.

Outros, como Sócrates (aproximadamente 469-399 a.C.), afirmavam que ao menos determinados tipos de lazer estão mais próximos do segundo tipo de bem: algo que é bom por si só. Platão (aproximadamente 428-348 a.C.) nos diz que Sócrates acreditava que o tipo mais valioso de lazer era a filosofia. Devotar-se ao lazer com as ideias mais elevadas é como semear belos jardins de pensamento.[19] O pensamento prazeroso e filosófico se torna sua própria recompensa.

Aristóteles (384-322 a.C.), pupilo de Platão, discordava de Sócrates nesse ponto. Em seu famoso *Ética a Nicômaco*, Aristóteles afirmava que o lazer não era a coisa mais elevada, mas que integra o terceiro tipo de bem: como o lazer possui um tipo de beleza, é desejável por si só, mas também é essencial em nos preparar para outras coisas que são válidas por si próprias. Em suas palavras, "brincamos para poder ser sérios".[20]

Lazer aventureiro: a educação de Bilbo

O lazer obviamente nos treina. Como disse o poeta Alexander Pope (1688-1744): "A educação forma a mente / assim como o galho se curva de acordo com a inclinação da árvore."[21] E o lazer é parte da educação. Isso nos ajuda a entender um pouco mais sobre porque Bilbo era o homem certo — quer dizer, o hobbit certo — para o trabalho de ladrão.

Apesar de os anões terem duvidado de que Bilbo seria um bom ladrão, Gandalf sabia algo que eles desconheciam sobre os hobbits: os dessa espécie "conseguem se mover sem muito barulho, escondem-se com facilidade (...) e têm um cabedal de sabedoria e frases sábias que a maioria dos homens nunca ouviu ou esqueceu há muito tempo".[22] Claramente, muitas dessas habilidades vêm de participar de jogos como esconde-esconde, ouvir histórias e cantar canções. Parte da diversão de *O hobbit* é observar que, a cada peripécia, o próprio Bilbo descobre como a vida no Condado o preparara bem para suas aventuras. Quando os anões são capturados pelas aranhas na Floresta das Trevas, descobrimos que:

> Bilbo era ótimo em atirar pedras (...) Quando menino, costumava praticar atirando em bichos (...) e, mesmo adulto, ele passara grande parte de seu tempo jogando malha, dardos, tiro ao alvo, boliche e outros jogos não violentos do tipo mira e arremesso — na verdade sabia fazer um monte de coisas, além de soprar anéis de fumaça, propor adivinhas e cozinhar, que eu ainda não tive tempo de lhes contar.[23]

Os passatempos de infância de Bilbo, como geralmente acontecia na época em que "havia menos barulho e mais verde",[24] eram um treinamento para a aventura. Na verdade, isso não é uma surpresa para os filósofos. Joseph Esposito descreve o lazer como uma abertura para as possibilidades. Parte do motivo de participarmos de esportes é precisamente que não sabemos o resultado. Um jogo não é um jogo se o resultado for totalmente determinado antes de seu início. Participamos do jogo não apenas por exercício ou para ganhar, mas para experimentar o encontro com as possibilidades que o jogo oferece. Ele escreve:

> A escalada é um esporte, e não apenas um exercício saudável, porque contém um momento de possibilidade — o apoio dos pés ou das mãos na pedra, que pode ceder sem aviso. Na pesca

esportiva é a beliscada do peixe na isca. (...) Quando a natureza tem chance de brincar conosco, como também no iatismo, surfe, caça, voo com planador etc., essas atividades vão além de serem simplesmente lazer e se tornam ocasiões de prática esportiva.[25]

De maneira semelhante, o filósofo Drew Hyland diz que o lazer envolve uma "postura de receptividade" para novas experiências.[26] Talvez isso explique o lado Tûk de Bilbo. Quando os Tûks desejam aventura, eles não estão agindo de maneira pouco usual aos hobbits, no fim das contas. Pelo contrário, estão apenas levando o amor dos hobbits pelo lazer a seu fim natural: se você ama o lazer, é porque ama a possibilidade; e as maiores possibilidades são chamadas de *aventuras*.

Parafraseando Schiller, a vida de um hobbit é boa e confortável, mas precisa de um pouco de aventura para ser completa. Bilbo não é motivado pela riqueza, pelo medo, pelo patriotismo ou por nada que seja externo à aventura; ele embarca na aventura por ela própria.[27]

Brincando com fogo: Gandalf e os orcs

Porém, nem todo lazer é igual, em parte porque nem sempre é orientado para a beleza. Anteriormente, mencionei que quase todos na Terra-média se divertem. Talvez seja insolente dizer isso, mas Gandalf e os orcs têm algumas coisas em comum. Primeiro, os dois lados gostam de canções. E, em segundo lugar, os dois brincam com fogo. Em ambos os casos, é claro, o lazer de Gandalf é melhor que o dos orcs.

Comecemos com o fogo. Gandalf tem um dom para os fogos de artifício, e isso o torna a alma das melhores festas do Condado. Às vezes, os fogos de artifício também são úteis para coisas como distrair orcs e atear fogo a wargs. Como os jogos da infância de Bilbo, o divertimento de Gandalf é focado na beleza, e acaba também se tornando útil.

Os orcs também gostam de explosões. Lemos que:

Orcs são cruéis, malvados e perversos. Não fazem coisas bonitas, mas fazem muitas coisas engenhosas (...) Não é improvável que tenham inventado algumas das máquinas que desde então perturbam o mundo, especialmente os instrumentos engenhosos para matar um grande número de pessoas de uma só vez, pois sempre gostaram muito de rodas e motores e explosões, como também de não trabalhar com as próprias mãos além do estritamente necessário.[28]

Gandalf brinca com fogos de artifício porque são belos; orcs só se divertem com explosões *porque são úteis.* Outra vez, a diferença entre essas duas atitudes tem a ver com a possibilidade. Os orcs não desejam possibilidades ou aventuras; eles querem fazer as coisas com menos trabalho.

A atitude dos orcs em relação ao lazer fica ainda mais clara em seu canto. Suas canções não têm admiração, beleza ou mistério. Eles cantam para fazer uns aos outros trabalhar: "Martelos e travas! Gongos e aldravas! (...) Trabalha, trabalha e não atrapalha!"[29] Compare essas músicas com as alegres canções de Valfenda; a música dos barqueiros, que se deslumbram com a natureza; ou as canções proféticas e esperançosas da Cidade do Lago. Seja com ferramentas ou com canções, os orcs amam a engenhosidade, não a beleza.

Seguindo as regras: adivinhas e ética

E a engenhosidade é superestimada. Ou, ao menos, não é tão importante quanto o lazer e a beleza. O título deste capítulo vem de outro livro de filosofia e lazer chamado *Homo Ludens,* do historiador holandês Johan Huizinga (1872-1945). Esse título brinca com *Homo sapiens,* o nome que damos a nós mesmos para enfatizar nossa engenhosidade ao fazer as coisas. Huizinga acha que as pessoas que inventaram esse nome eram como os wargs, latindo para a árvore errada. Não é a engenhosidade que nos torna o que somos, mas o lazer.

Huizinga afirma que a própria filosofia nasceu em jogos de palavras, em adivinhas.[30] Na antiga Atenas, os homens que se autodenominavam "sofistas" ensinavam aos outros a falar habilmente para que pudessem vencer eleições e casos jurídicos. Os sofistas desafiavam uns aos outros com adivinhas para estabelecer suas posições como pensadores. Nesse meio apareceu Sócrates, o primeiro grande filósofo ocidental, que descobriu algo importante por trás da aparente tolice das adivinhas. Nas charadas, brincamos com os múltiplos significados das palavras e exploramos por diversão as conexões entre coisas que podem não parecer conectadas. De certa forma, é o início da metafísica (o estudo do que é totalmente real) e da epistemologia (o ramo da filosofia que estuda o conhecimento e a crença). Também fornece uma compreensão da ética, ou como devemos conviver com os outros.

O muito citado discurso de Thorin em seu leito de morte sugere que ele também tinha aprendido que uma vida divertida pode nos colocar em contato mais profundo com a ética e com o melhor tipo de vida.[31] Talvez seja por isso que Schiller afirmou que: "O homem joga somente quando é homem no pleno sentido da palavra, e somente é homem pleno quando joga."[32] Para Schiller e Aristóteles, o lazer é um tipo de bem intermediário. É desejável por si só, mas também une todos os nossos outros pensamentos. Quando nos divertimos, nosso encontro com a beleza das possibilidades nos permite unir nossas sensações com ideias mais gerais, regras e definições. Para simplificar, é o lazer que nos permite saber o que é ético. Se somos *Homo sapiens* (humanos sábios), é apenas porque antes somos *Homo ludens* (humanos lúdicos).

Recreação e subcriação

Aparentemente, essa visão é semelhante à de Tolkien. Em diversos de seus livros, ele oferece imagens do que significa ser um artista. A arte, sugere ele, é um tipo de divertimento no qual imitamos a ética mais elevada, o divino. Tolkien chamava esse processo de "subcriação".

Um exemplo disso é encontrado em *O Silmarillion*, quando Aulë explica a Ilúvatar (Deus) por que criou os anões sem seu conhecimento. Aulë descreve sua criação como uma diversão: "A vontade de fazer coisas está em meu coração porque eu mesmo fui feito por ti; e a criança de pouco entendimento que graceja com os atos de seu pai pode estar fazendo isso sem nenhuma intenção de zombaria, apenas por ser filho dele."[33] Tolkien não escreveu sua história da Terra-média por lucro, e sim por recreação ou, como ele diria, subcriação — o trabalho divertido e criativo de um artista imitando o divino.

Os limites do lazer

Mesmo assim, Tolkien não nos deixa esquecer que o lazer tem limites. Por exemplo, essa última citação de *O Silmarillion* sugere que nem todo lazer é igual. Aulë reconhece que, se estivesse zombando de Ilúvatar em seu divertimento, ele próprio seria degradado e mereceria censura. Lembre-se do que disse Aristóteles: a brincadeira é importante, mas tem como objetivo preparar para a seriedade.

O filósofo Immanuel Kant (1724-1804) concorda.[34] O divertimento, diz ele, exercita nossas habilidade, mas sem trabalho e disciplina nunca obteremos habilidades ou cultivaremos nossas mentes. Kant alertava que a brincadeira também tem seus perigos, especialmente no que diz respeito à maneira com que tratamos outras pessoas quando brincamos. Nesses momentos, não devemos tratar os outros como brinquedos. Na verdade, Kant dizia que dar às crianças o que elas querem não as deixa mimadas; o principal fator que mima uma criança é um pai ou uma mãe que a trata como um brinquedo. Isso, sugeriu Kant, é uma falta de respeito com a pessoa que aquela criança está se tornando.

O perigo da brincadeira é não levar os outros tão a sério quanto eles merecem. Tolkien nos dá muitos exemplos disso. Como disse Bilbo: "Nunca se ri de dragões vivos!"[35] Ou lembre-se de Gandalf diante de Orthanc em

O Senhor dos anéis: As duas torres quando disse: "Aqueles entre vocês que quiserem podem me acompanhar — mas cuidado! E não façam gracejos! Agora não é hora para isso." Quando Pippin perguntou qual era o perigo, Gandalf respondeu que o maior perigo era "se dirigir à porta [de Saruman] com o coração desprevenido"[36] e não levar o poder da voz de um mago tão a sério quanto deveria ser levado. Tolkien sabia que pode ser divertido brincar com as palavras, mas elas também podem ser poderosas e perigosas.

O lazer do professor

C. S. Lewis (1898-1963), que conhecia o poder das palavras bem empregadas melhor do que ninguém, leu *O hobbit* e adorou o livro. Em sua resenha escrita em 1937, Lewis confirmou a capacidade de entretenimento da obra de Tolkien, dizendo: "*O hobbit*, embora seja muito diferente de *Alice no País das Maravilhas*, assemelha-se a essa obra por ser o trabalho de um professor em um momento de lazer."[37] Como Lewis previu em sua crítica, a diversão do professor nos concedeu um clássico eterno. Será que precisamos de um testemunho melhor sobre a importância do lazer?

NOTAS

1 Como Pippin diz de maneira afável para o jovem Bergil (que ameaça virá-lo de cabeça para baixo ou derrubá-lo no chão), "conhecemos alguns truques de luta em nossa pequena terra". *O Senhor dos anéis: O retorno do rei*, p. 28.

2 *O Senhor dos anéis: A Sociedade do Anel*, p. 1. Na verdade, antes de sua jornada à Montanha Solitária, Thorin Escudo de Carvalho menosprezava os hobbits como uma raça de "produtores de alimentos." J. R. R. Tolkien, "A busca de Erebor". In: *Contos inacabados*, editado por Christopher Tolkien (Boston: Houghton Mifflin, 1980), p. 362.

3 O próprio Tolkien era um competitivo (embora de pouca expressão) atleta na juventude. Quando compareceu a um reencontro da classe na King Edward's School, Tolkien descobriu que era mais lembrado por suas proezas no rúgbi do que como aluno. *The Letters of J. R. R. Tolkien*.

4   *O hobbit*, p. 58.

5   *O hobbit*, p. 58.

6   *O hobbit*, p. 95.

7   *O hobbit*, pp. 73-74.

8   Friedrich Schiller, *On the Aesthetic Education of Man*, traduzido por Reginald Snell (Mineola, NY: Dover, 2004), Letter 15, p. 79.

9   *O hobbit*, p. 50-51.

10 Schiller, *On the Aesthetic Education of Man*. Reginald Snell, tradutor (Mineola, NY: Dover Publications, 2004), p. 79.

11 Tomás de Aquino, *Suma teológica*, Parte I, Q. 73, art. 2; Parte II-II, Q. 35; e Parte III, Q. 84.

12 *O hobbit*, p. 1.

13 Charles S. Peirce, "A Neglected Argument for the Reality of God". In: *The Essential Peirce*, Vol. II (Bloomington: Indiana University Press, 1998), p. 436.

14 *O hobbit*, p. 49.

15 *O hobbit*, p. 51.

16 Thucydides, *The Peloponnesian War*, Livro 2, par. 40. (Tradução do autor.)

17 Essa distinção dos três tipos de bem é encontrada em Platão, *A república*, Livro II, 357b-d.

18 Xenofonte, *Cynegetica*. Encontrado em *Xenophon*. In: *Seven Volumes*, vol. VII: *Scripta Minora*, traduzido por E. C. Marchant (Cambridge, MA: Harvard University Press, 1971). Ver, por exemplo, os comentários de Xenofonte na p. 373.

19 Platão, Fedro, 276d. Ver também Arthur A. Krentz, "Play and Education In Plato's Republic", disponível em: www.bu.edu/wcp/Papers/Educ/EducKren. htm (em inglês); and Drew Hyland, *The Question of Play* (Lanham, MD: University Press of America, 1984), Cap 7.

20 Aristóteles, *Ética a Nicômaco*, 1176b33 (tradução livre.)

21 Alexander Pope, *Epistles to Several Persons*, 1.102.

22 *O hobbit*, p. 71. Gandalf também ressalta que Smaug nunca *farejou* hobbits — uma grande vantagem, dado o ótimo olfato do dragão. Tolkien, "A busca de Erebor", p. 363.

23 *O hobbit*, p. 154.

24 *O hobbit*, p. 3.

25 Joseph L. Esposito, "Play and Possibility", *Philosophy Today* (Verão de 1974), p. 141.

26 Hyland, *The Question of Play*, p. 139.

27 Estou em dívida com o estudioso de Tolkien, Matthew T. Dickerson, por este insight.

28 *O hobbit*, pp. 62-63.

29 *O hobbit*, p. 61.

30 Johan Huizinga, *Homo Ludens* (Boston: Beacon Press, 1950). Ver especialmente o Capítulo 9, "Play-Forms in Philosophy".

31 *O hobbit*, p. 281.

32 Friedrich Schiller, *On the Aesthetic Education of Man*, Carta 15, p. 80.

33 *O Silmarillion*, p. 40.

34 Kant fala sobre isso em seu livro *On Education*, especialmente em II. 55 e IV. pp. 65–69.

35 *O hobbit*, p. 221.

36 *O Senhor dos anéis: As duas torres*, pp. 181-182.

37 C. S. Lewis, "The Hobbit". In: *On Stories* (San Diego: Harcourt, 1982), p. 81.

PARTE TRÊS

ADIVINHAS E ANÉIS

11

"O SENHOR DA MAGIA E DAS MÁQUINAS": A VISÃO DE TOLKIEN SOBRE MAGIA E TECNOLOGIA

W. Christopher Stewart

O *HOBBIT* RETRATA MUITA MAGIA, ÀS VEZES FANTÁSTICA, às vezes prática. Quando Bilbo encontra Gandalf pela primeira vez, fica claro que já o conhece por sua reputação de "mago errante" responsável pelos esplêndidos fogos de artifício de que o hobbit se lembra das celebrações da véspera do Solstício de Verão do Velho Tûk. Além de histórias sobre "dragões, orcs e gigantes e sobre resgates de princesa e sobre a sorte inesperada de filhos de viúvas". Também foi Gandalf, relembra Bilbo, que deu "ao Velho Tûk um par de abotoaduras de diamante que se abotoavam e nunca se soltavam até que fosse ordenado".[1]

Muitos outros objetos espalhados ao longo de *O hobbit* têm propriedades mágicas, são feitos "com mágica"[2] ou são manipulados por meio de magia. Durante a "festa inesperada" em Bolsão no começo da história, Gandalf e Thorin se envolvem em uma competição de anéis de fumaça. Enquanto os enormes anéis de fumaça de Thorin flutuavam para "onde quer que ordenasse (...) que fossem", Gandalf enviava um anel menor bem no meio de cada um deles, e depois esse anel ficava "verde e voltava a flutuar sobre a cabeça do mago".[3] Mais tarde, em meio a suas negociações com Bilbo em Bolsão, Thorin faz referência aos "brinquedos mais mágicos e maravilhosos" feitos nas oficinas sob a Montanha por seus ancestrais, "do tipo que não se encontra em lugar algum no mundo hoje em dia".[4]

Exemplos de aplicações menos fantásticas e mais práticas de magia incluem Gandalf acendendo a ponta de seu "cajado mágico" para fornecer luz em lugares escuros. Em seu encontro com os trolls, a primeira tentativa séria de Bilbo de demonstrar seu valor como ladrão é frustrada quando a bolsa mágica de um dos trolls guincha "Ei, quem é você?" quando Bilbo a tira de seu bolso. Depois de sua eventual fuga dos trolls, ajudados tanto pela oportuna chegada de Gandalf quanto pelo começo da manhã (que, segundo as leis mágicas da Terra-média, faz com que os trolls virem pedra), os anões enterraram os potes de ouro que encontraram na caverna dos trolls, "lançando vários encantamentos sobre eles" para protegê-los até seu esperado retorno. Na Floresta das Trevas, o grupo fica aliviado ao descobrir que, fosse por causa de "alguma mágica" ou por outro motivo, as horríveis teias de aranha que enchiam a floresta não se estendiam através da trilha que estavam usando.

Outros exemplos de magia incluem as fogueiras dos elfos na Floresta das Trevas, que se acendiam e depois se apagavam repentinamente "como que por mágica" sempre que intrusos entravam nas clareiras, e as letras-da-lua no mapa de Thorin que, como explica Elrond, "só podem ser vistas quando a Lua brilha atrás delas e, além disso, com o tipo mais sofisticado, tem de ser uma lua da mesma forma e da mesma estação do dia em que foram escritas".[5] Na batalha contra os orcs nas Montanhas Sombrias, encontramos antigas espadas feitas por elfos como "Glamdring, Martelo do Inimigo" e a "Ferroada" de Bilbo, que brilham "com fúria" sempre que há orcs por perto. E em meio ao tesouro recuperado de Smaug pelos anões estão harpas mágicas que ainda estavam afinadas apesar de serem muito antigas.[6]

Assim como as tentativas humanas de manipular a natureza por meio da ciência, a magia da Terra-média funciona de acordo com regras bem definidas. Várias vezes vemos feitiços que não funcionaram, como as diversas tentativas de Gandalf de abrir a porta que bloqueava a entrada para a caverna dos trolls através de "encantamentos", ou os "pedaços de encantamentos para abrir" com os quais os anões tentaram sem sucesso abrir a porta secreta da Montanha Solitária.[7]

Na Terra-média, a mágica não é um meio pelo qual se pode violar os princípios que governam o funcionamento do mundo. Não é um poder que permite fazer qualquer coisa que se pode imaginar. No começo da história, ficamos sabendo que nem mesmo Gandalf pode fazer tudo, embora ele consiga, evidentemente, "fazer muita coisa por amigos numa enrascada". As grandes habilidades mágicas de Gandalf são basicamente fruto de anos de paciente estudo e treinamento, e seus talentos especiais com encantamentos envolvendo "fogo e luzes" (como os impressionantes fogos de artifício que abrem a versão cinematográfica de *O Senhor dos anéis: A Sociedade do Anel*) são o resultado de muitos anos de estudo especial do assunto. Gandalf faz o melhor possível com essas habilidades sempre que se vê numa enrascada, como sua fuga dos orcs com "um terrível clarão, feito relâmpago", seu resgate do grupo todo logo depois de ter extinguido a grande fogueira do Grão-Orc "em uma nuvem de fumaça azul e brilhante (...) [que] espalhava faíscas brancas e lancinantes por entre os orcs",[8] e as pinhas flamejantes que ele lançou de uma árvore quando ele e seus companheiros estavam encurralados por lobos.[9]

Até mesmo eventos mágicos no "mundo secundário" da Terra-média devem obedecer às leis desse mundo, o que torna a mágica de Tolkien muito diferente do que a maioria das pessoas entende como "milagre".[10] É do filósofo David Hume (1711-1776) a conhecida definição de que "milagre é uma violação das leis da natureza". Como a experiência é nosso único guia no que diz respeito aos "fatos", e a "experiência uniforme" está por trás de nossa fé nas leis da natureza, Hume diz que nunca é razoável acreditar em qualquer testemunho humano de que aconteceu um milagre.

Embora milagres genuínos aconteçam na Terra-média — como o retorno de Gandalf à vida em *O Senhor dos anéis: As duas torres* — aparentemente eles são muito raros. Quando os residentes deste mundo temem os poderes mágicos, não é porque acreditam que aqueles que os possuem sejam capazes de violar as leis da natureza, mas porque suspeitam (em geral corretamente) de que o conhecimento que os outros têm dessas leis é muito superior ao deles, permitindo que seus adversários produzam efeitos mais sofisticados e potencialmente mais perigosos do que aqueles que eles próprios são capazes de produzir.[11]

Além disso, a magia pode ser forte ou fraca, da mesma maneira que outras forças naturais como a eletricidade, a gravidade e o magnetismo. Pense, por exemplo, na cena da Floresta das Trevas em que Bilbo esperançosamente sugere que a magia do rio encantado provavelmente não é forte bastante para prejudicar alguém que apenas tocou um pedaço de corda molhada.[12] A magia tem seus limites, como percebemos quando ficamos sabendo que "mesmo os anéis mágicos não são de grande utilidade contra lobos", que: "têm o faro mais apurado que os orcs, e não precisam enxergar para pegar alguém!"[13]

Ao longo de *O hobbit*, também descobrimos que o anel mágico de Bilbo não torna quem o usa completamente invisível, pois não esconde sua sombra à luz do dia (embora ela fique "trêmula e apagada"), como Bilbo nota em sua fuga da caverna dos orcs. O Anel também não apaga suas pegadas molhadas, a trilha de pingos de suas roupas ensopadas ou os sons de seus espirros durante sua fuga dos elfos da floresta.[14]

Assim, embora um anel mágico talvez não forneça "proteção completa num ataque orc, nem evite flechas e lanças", ajuda muito a "sair do caminho" e impedir sua cabeça de ser "especialmente escolhida para um golpe avassalador de um espadachim orc".[15] Até mesmo os anões admitem que "certa inteligência, além de sorte e um anel mágico (...) são posses muito úteis".[16]

É interessante que uma das primeiras coisas que aprendemos sobre os hobbits seja que "não possuem nenhum ou quase nenhum poder mágico, com exceção daquele tipo corriqueiro de mágica que os ajuda a desaparecer silenciosa e rapidamente quando pessoas grandes e estúpidas como vocês e eu se aproximam de modo desajeitado",[17] o que é mais uma questão de discrição do que realmente de magia. Além da habilidade de se mover silenciosamente e de se esconder com facilidade, ficamos sabendo que os hobbits "não [perdem] o senso de direção debaixo da terra", o que se deve ao fato de que estão "mais acostumados a túneis do que nós".[18]

No Prólogo de *O Senhor dos anéis*, descobrimos que os hobbits têm "uma relação íntima com a terra" e, na verdade, nunca estudaram qualquer tipo de magia. E, embora essa raça seja habilidosa com ferramentas e adepta de muitos ofícios, "não conseguem entender ou gostar de máquinas mais complicadas que um fole de forja, um moinho de água ou um tear manual", nem se apressam "desnecessariamente".[19]

Em sua atitude em relação às máquinas e trabalhos em metal, os hobbits contrastam nitidamente com os orcs, que "não fazem coisas bonitas, mas (...) muitas coisas engenhosas". Orcs são especialmente habilidosos em criar ferramentas para a construção de túneis (uma arte na qual são superados apenas pelos anões), bem como de armas e instrumentos de tortura. Além disso, os orcs são culpados por terem "inventado algumas das máquinas que desde então perturbam o mundo, especialmente os instrumentos engenhosos para matar um grande número de pessoas de uma só vez, pois sempre gostaram muito de rodas e motores e explosões, como também de não trabalhar com as próprias mãos além do estritamente necessário", mas, na época de *O hobbit*, "ainda não tinham avançado (como se diz) tanto"[20] quanto os humanos atuais na invenção de armas de destruição em massa.

A inclinação para a magia

O cinismo do comentário de Tolkien sobre o "avanço" dos orcs na criação de armas terríveis fornece uma pista para pelo menos uma importante mensagem subjacente no tratamento que o autor dá à magia em *O hobbit*, e que desenvolve melhor em *O Senhor dos anéis*: que não é só porque *podemos* fazer alguma coisa "mágica" por meios científicos, que *devemos* fazê-la.

Os orcs foram criados por Morgoth, o Senhor da Escuridão original da Terra-média, em imitação aos elfos. Não descobrimos muito sobre a história dos elfos em *O hobbit*, mas o que aprendemos é muito instrutivo. Lemos, por exemplo, que, embora eles sejam primos dos "Altos Elfos do oeste", os elfos da Floresta das Trevas são "mais perigosos e menos sábios" que seus parentes, que foram para o "Reino Encantado no oeste" onde "viveram por séculos, e tornaram-se mais belos, sábios e eruditos, inventando sua mágica e seu habilidoso ofício na confecção de coisas belas e maravilhosas, antes que alguns retornassem ao Grande Mundo".[21]

Tolkien insiste que a "mágica", na verdade, não é bem a palavra certa para a habilidade especial dos elfos. "Encantamento" é uma palavra melhor, pois o que os elfos praticam é mais semelhante à "Arte" do que à "Mágica ou da magia propriamente dita".[22] O objetivo da "mágica" élfica não é tanto produzir uma mudança no mundo físico, mas criar um "mundo secundário" em nossas mentes para deleitar, inspirar e instruir.

A magia, em contraste, procura realizar nosso desejo por coisas que não se apresentam a nós naturalmente ao longo de nossa experiência ou que não podem ser obtidas por meio de "poderes ou talentos interiores inerentes", e são, portanto, alcançáveis apenas por meios artificiais (e, mesmo assim, sem "qualquer satisfação verdadeira"). Nesse sentido, a mágica, ao contrário dos encantamentos dos elfos, procura "criar poder" ao produzir efeitos reais no mundo físico.[23]

Em contraste, a mágica dos elfos é uma arte "livre de muitas das suas limitações humanas: com menos esforço, mais rápida, mais completa." Como arte, seu propósito é a "subcriação" e não a "dominação e reforma tirânica da Criação".[24] Esse é o contraste entre a "mágica" do "Belo Reino" (como o espelho de Galadriel) e os "artifícios vulgares do mágico laborioso e científico", assim como o elo entre o segundo tipo de mágica e a tecnologia moderna, muita da qual serve ao mesmo propósito em nosso mundo que os super-orcs geneticamente manipulados de Saruman (os Uruk-hai), ou o aríete mágico de Sauron, Grond.[25]

Em uma de suas cartas, Tolkien diferencia *magia* de *goeteia* (uma palavra grega que significa "feitiço" ou "ilusionismo"), que não procura produzir efeitos reais no mundo físico, mas criar ilusões (assim, *goeteia* está mais próxima ao que normalmente entendemos como o tipo de coisa vendido em lojas de mágica ou apresentado no palco por "ilusionistas" profissionais).

Nenhum dos dois é bom ou mau em si; essas características dependem do "motivo, propósito ou uso" do mágico (ou do cientista). O motivo supremamente mau é "o domínio de outras vontades 'livres'". Tanto as forças do bem quanto as do mal usam *magia* e *goeteia*, mas as do mal usam a *magia* para "intimidar tanto pessoas como coisas" e *goeteia* para "aterrorizar e subjugar". Os efeitos goéticos dos elfos não têm a intenção de ludibriar, embora possam fazê-lo acidentalmente. Os próprios elfos nunca são enganados pela *goeteia*. Na verdade, Gandalf e os elfos são bastante contidos no uso da *magia*, que tendem a usar apenas para "propósitos benéficos específicos", como escapar do perigo (o uso frequente de "fogo e luzes" por Gandalf e as fogueiras dos elfos da floresta em *O hobbit* são bons exemplos).[26]

Muitas vezes, as forças do mal da Terra-média têm as mesmas razões para ser atraídas pelo maquinário e pela magia. Na verdade, dado que "o sinal do simples Mágico", em contraste com o feiticeiro ou a feiticeira, é a "avidez por poder centrado em si mesmo", isso é precisamente o que devemos esperar.[27] O "motivo básico" para a magia é o imediatismo: "Rapidez, diminuição do trabalho e também a um mínimo (ou ponto de convergência) do intervalo entre a ideia ou desejo e o resultado ou efeito."[28]

A "tragédia e o desespero de todo maquinário"[29] é que, assim como a magia, brotam da impaciência e do "desejo pelo poder, para tornar a vontade em realidade no mínimo de tempo possível".[30] Portanto, como "o Inimigo" na Terra-média (Sauron) sempre "se ocupa 'naturalmente' da mera Dominação" e está impaciente por resultados rápidos, ele também é "o Senhor da magia e das máquinas".[31]

Todas essas distinções são apenas sugeridas em *O hobbit*, embora a história claramente pressuponha uma distinção entre a magia "boa" e "má" (ou "negra") As aranhas da Floresta das Trevas, por exemplo, não gostam da "boa mágica" que parece permanecer nos lugares onde as fogueiras dos elfos da floresta iluminaram suas festas. No final de *O hobbit*, Gandalf finalmente explica os "negócios urgentes no sul" que o impediram de entrar com o grupo na Floresta das Trevas. Ele deixou-os por algum tempo para participar de um conselho de "magos brancos" — "mestres de tradição e boa mágica" — e para expulsar o "feiticeiro negro" (conhecido como "o Necromante" em *O hobbit*), de sua "fortaleza escura, ao sul da Floresta das Trevas".[32]

O anel que Bilbo encontra por acidente (ou assim parece) na caverna de Gollum é o supremo artefato tecnológico na Terra-média. Embora em *O hobbit* fiquemos sabendo apenas que ele é um "anel de poder", em seguida ele se torna o elo entre *O hobbit* e *O Senhor dos anéis*, adquirindo, na transição de um livro para o outro, uma letra maiúscula. Seu "simbolismo primário" é a "ambição de mero poder, que busca tornar-se objetivo por força e mecanismos físicos, e assim, inevitavelmente, também por mentiras".[33] (Repare na palavra "inevitavelmente".)

Parte de seu fascínio para os mortais é seu uso na busca vã pela imortalidade por meio de dispositivos ou de "mágica" (não muito diferente da "pedra filosofal" dos alquimistas da Renascença), que Tolkien identifica como um aspecto da "tolice suprema e malícia" dos mortais, levando "o pequeno a tornar-se um Gollum e o grande a tornar-se um Espectro do Anel".[34] (Em outro ponto, Tolkien diz que a "Morte e o desejo pela imortalidade" são a base das histórias da Terra-média.)[35]

O "mal aterrorizante" que surge dapressa em usar "magia e (...) máquinas" para alcançar os objetivos de alguém provém "de uma raiz aparentemente boa", ou seja, do "desejo de beneficiar o mundo e os demais". Porém, o que eventualmente perverte esse objetivo é que o benefício pretendido é buscado "rapidamente e de acordo com os próprios planos daquele que se beneficia", e não em harmonia com o propósito cósmico e o desejo do "o Único", Ilúvatar, o criador.[36]

Parte do caráter enganador do Anel na Terra-média e da atração pela tecnologia em nosso mundo não é uma ilusão, mas uma visão limitada e parcial de mundo. A ciência aplicada é sempre empregada com a intenção de solucionar um problema em particular, e normalmente ficamos cegos para tudo o mais em nossa busca por uma solução, sem nos importarmos com as consequências não pretendidas. (Pense por um momento nas tecnologias que salvam vidas, nos telefones celulares ou na pornografia na internet.)

Tolkien compreende o impulso da pura ciência — a busca de conhecimento pelo conhecimento sem qualquer intenção de *fazer* alguma coisa com o conhecimento adquirido. Em *O Senhor dos anéis*, Tom Bombadil é a personificação dessa busca desinteressada por conhecimento, motivada unicamente por uma sensação de deslumbramento, o que em parte explica sua atitude de indiferença em relação ao Anel, cujo único propósito é controlar e manipular, mas não consegue exercer um efeito discernível sobre ele.[37]

Em contraste, Sauron, arrependido depois da derrota de Morgoth, fica na Terra-média com a intenção de reabilitar o que considera uma ruína "negligenciada pelos deuses", mas eventualmente se torna "um ser que anseia pelo Poder Completo",[38] importando-se apenas com instrumentos de magia e tecnologia que possam ajudá-lo a alcançar seus fins malignos.

Tolkien considera a máquina a forma moderna mais óbvia do desejo de tonar "a vontade mais rapidamente efetiva" e que ela é "mais intimamente relacionada com a Magia do que se costuma reconhecer".[39] Refletindo sobre os 150 anos que se passaram desde o início da Revolução Industrial na Inglaterra, ele observa que o "maquinário para economizar trabalho cria apenas um trabalho pior e interminável". Além disso, a corrupção humana garante que "nossas máquinas não apenas falhem em cumprir seu desejo [de melhorar nossas vidas], como também se tornem um mal inédito e horrível". Na visão de Tolkien, a transição inevitável "de Dédalo e Ícaro para o Bombardeiro Gigante" certamente "não é um avanço em sapiência" e a considera sintomática de "uma doença mental mundial que apenas uma minoria percebe".[40]

Em 1945, Tolkien escreveu a seu filho, Christopher: "Bem, a primeira Guerra das Máquinas parece estar se aproximando de seu inconclusivo último capítulo — deixando, que tristeza, todos mais pobres, muitos enlutados ou mutilados, milhões de mortos e apenas uma coisa triunfante: as Máquinas." Em palavras que farão sentido para os fãs dos filmes da série *Matrix*, acrescentou: "Como os servos das Máquinas estão tornando-se uma classe privilegiada, as Máquinas serão imensamente mais poderosas. Qual será seu próximo passo?"[41]

O problema é que com muita frequência desenvolvemos e empregamos tecnologias com uma rapidez maior do que desenvolvemos recursos conceituais para refletir sobre suas implicações. (Pense, por exemplo, nos rápidos desenvolvimentos acontecendo neste momento na engenharia genética e na internet ou na energia nuclear na primeira metade do século XX.) Como em um passe de mágica, a tecnologia tanto acelera quanto amplifica o efeito de nossas ações no mundo, incluindo aquelas ações motivadas por intenções incorretas ou maliciosas. Com frequência, como observa Tolkien, nosso desejo por rapidez, poder e controle ultrapassa nossa capacidade de pensar de maneira responsável sobre consequências de longo prazo e valores mais profundos:

> Se realmente há qualquer referência [em minhas histórias da Terra-média] é o que, na minha opinião, parece ser o pressuposto mais difundido de nossa época: que se algo pode ser feito, ele deve ser feito. Isso me parece completamente falso. Os maiores exemplos da ação do espírito e da razão estão na abnegação.[42]

Recentemente, em um piscar de olhos, os humanos adquiriram o poder de alterar o clima, de clonar a si próprios, de prolongar a velhice por meio de intervenções médicas, de atingir milhões pelos meios de comunicação e de exterminar populações inteiras com armas de destruição em massa. Será que nossa sabedoria acompanhou o passo de nossa tecnologia?

A visão de Tolkien sobre a natureza e o mundo moderno

Tolkien conecta o triunfo das máquinas, possibilitado pelo surgimento da ciência moderna, com a supressão do espírito humano. Na história do mundo real, a magia se desenvolveu durante milhares de anos — lado a lado e intimamente — com o que hoje chamamos de "ciência". Parte integrante tanto da magia quanto da ciência é a filosofia da natureza — uma compreensão do que significa "natureza" que é distinta das aplicações práticas de nosso entendimento sobre esse assunto específico. Tolkien insiste que o materialismo subjacente à ciência moderna, apesar de suas evidentes e impressionantes conquistas, também teve um efeito claro e cada vez mais desastroso na satisfação de "certos desejos primordiais humanos" que, segundo ele, são profundamente enraizados no espírito humano,[43] especialmente o desejo de experimentar uma sensação de conexão com o mundo natural e uma "comunhão com outros seres vivos".[44]

Nesse sentido, Beorn — um poderoso e imprevisível troca-peles, com quem Gandalf é cauteloso — fornece outro contraste nítido com a fascinação dos orcs pelas máquinas. Depois de sua fuga das montanhas dos orcs, Thorin e seus companheiros chegam à casa de Beorn, um ser que "não está sob nenhum encantamento, a não ser o seu próprio" e que demonstra pouco interesse na conversa dos anões sobre "ouro, prata e pedras preciosas e sobre a fabricação de objetos de ourivesaria", tendo poucas dessas coisas em seu salão. Beorn "ama seus animais como se fossem seus filhos",[45] e parece ser vegetariano. Sua harmonia com a natureza é tão profunda que ele é capaz de trocar sua forma de homem para urso, e ele comunga intimamente com outros animais, alguns dos quais também parecem ter poderes mágicos.

Nos contos de Tolkien sobre a Terra-média, a antítese de Beorn é Saruman, um mago corrupto que usa a magia e a tecnologia para tentar realizar seus sonhos de poder e dominação. Saruman transforma Isengard em uma paisagem desértica, inventa explosivos e usa a engenharia genética para criar uma força de elite de super-orcs — tudo para tentar exercer sua visão distorcida de "Conhecimento, Liderança, Ordem". Em contraste com os criadores dos três Anéis de Poder élficos, que "não desejavam força, ou dominação ou acúmulo de riquezas; mas entendimento, ações e curas, para preservar todas as coisas imaculadas",[46] Saruman possui "um cérebro de metal e rodas"[47] que busca apenas os métodos mais rápidos e eficientes para subjugar outras vontades.

Como Lynn Thorndike documenta em *History of Magic and Experimental Science*, desde sua origem na antiguidade, a mágica não foi simplesmente uma arte ou técnica prática, mas uma forma de ver o mundo e de entender nossa relação com a natureza. A ideia de que o mundo natural (incluindo o corpo humano) nada mais é do que uma complexa máquina representa um desenvolvimento significativo não apenas na história de nossa luta com o mundo natural, mas na história de nossa cultura como um todo. Alguns consideram essa uma das principais causas da sensação de alienação e estranhamento da natureza na qual caímos nos últimos séculos, apesar dos avanços (e em alguns casos devido a eles) em nosso domínio técnico sobre a natureza.

Nesse clima de incerteza e alienação, *O hobbit* nos convida a considerar se, afinal de contas, "é possível que um homem racional, após reflexão (...) chegue à condenação, pelo menos implícita no simples silêncio da literatura 'escapista', de coisas progressistas como fábricas, ou das metralhadoras e bombas que parecem ser seus produtos mais naturais e inevitáveis, ousemos dizer 'inexoráveis'".[48] Como o filósofo e naturalista americano Henry David Thoreau (1817-1862), o livro nos incita a avaliar as posses materiais ou avanços tecnológicos, não em dinheiro, mas em termos da quantidade de "vida necessária para trocar por eles".[49] Ele nos convida a relembrar um tempo em que havia "menos barulho e mais verde",[50] quando existiam ao menos algumas pessoas que, assim como os hobbits, entendiam que a vida é mais do que velocidade crescente.

NOTAS

1 *O hobbit*, p. 5.

2 *O hobbit*, p. 15.

3 *O hobbit*, p. 12.

4 *O hobbit*, p. 22.

5 *O hobbit*, p. 52.

6 *O hobbit*, p. 232.

7 *O hobbit*, p. 202.

8 *O hobbit*, p. 64.

9 *O hobbit*, p. 102.

10   J. R. R. Tolkien, *Sobre histórias de fadas*, p. 37.

11   A famosa discussão de Hume sobre milagres está na Seção X de seu *An Enquiry Concerning Human Understanding*, do qual esses trechos foram tirados.

12   *O hobbit*, p. 140.

13   *O hobbit*, p. 98.

14   *O hobbit*, p. 181.

15   *O hobbit*, pp. 274-275.

16   *O hobbit*, p. 161.

17   *O hobbit*, p. 2.

18   *O hobbit*, p. 71.

19   *O Senhor dos anéis· A Sociedade do Anel*, p. 1.

20   *O hobbit*, pp. 62-63.

21   *O hobbit*, p. 162.

22   *Sobre histórias de fadas*, p. 78.

23   *The Letters of J. R. R. Tolkien.*

24   *The Letters of J. R. R. Tolkien.*

25   *Sobre histórias de fadas*, p. 20.

26   *The Letters of J. R .R. Tolkien.* Como um dos elfos ae Lothlórien diz a Frodo: "Colocamos o pensamento de tudo o que amamos nas coisas que fazemos." *O Senhor dos anéis: A Sociedade do Anel*, p. 394.

27   *Sobre histórias de fadas*, p. 79.

28   *The Letters of J. R. R. Tolkien.*

29   *The Letters of J. R. R. Tolkien.*

30   *The Letters of J. R. R. Tolkien.*

31   *The Letters of J. R. R. Tolkien.*

32   *O hobbit*, p. 291. Mais tarde, Tolkien identificou o Necromante como Sauron, o Senhor da Escuridão de *O Senhor dos anéis*.

33   *The Letters of J. R. R. Tolkien.*

34   *The Letters of J. R. R. Tolkien.*

35   *The Letters of J. R. R. Tolkien.*

36 *The Letters of J. R. R. Tolkien.*

37 *The Letters of J. R. R. Tolkien.*

38 *The Letters of J. R. R. Tolkien.*

39 *The Letters of J. R. R. Tolkien.*

40 *The Letters of J. R. R. Tolkien.* (Na mitologia grega, Dédalo fez asas com penas e cera, que Ícaro usou para escapar do labirinto, apenas para sucumbir quando voou perto demais do Sol, derretendo a cera das asas.)

41 *The Letters of J. R. R. Tolkien.*

42 *The Letters of J. R. R. Tolkien.*

43 *Sobre histórias de fadas*, p. 24.

44 *Sobre histórias de fadas*, p. 24.

45 *O hobbit*, p. 134.

46 *O Senhor dos anéis: A Sociedade do Anel*, p. 284.

47 *O Senhor dos anéis: As duas torres*, p. 70.

48 *Sobre histórias de fadas*, p. 93.

49 Henry David Thoreau, *Walden* (Roslyn, NY: Walter J. Black, 1942), p. 55.

50 *O hobbit*, p. 3.

12

POR DENTRO DE *O HOBBIT*: BILBO BOLSEIRO E O PARADOXO DA FICÇÃO

Amy Kind

Conforme a campainha de sua toca de hobbit soa diversas vezes naquela bela manhã de abril, Bilbo Bolseiro fica cada vez mais agitado. O que um hobbit deve fazer quando 13 anões aparecem inesperadamente, todos convencidos de que ele é um talentoso ladrão que deve ajudá-los a recuperar seu tesouro roubado de um terrível dragão? Incentivado por Gandalf e por seu há muito suprimido lado Tûk, Bilbo relutantemente concorda em se juntar à busca. Inicialmente, as coisas não são tão ruins (apesar de Bilbo estar sem seu lenço de bolso), porém, depois de várias semanas na estrada, tanto o terreno quanto o tempo pioram. Encharcado, faminto e com saudades de casa, Bilbo sente pena de si mesmo — e nós, leitores, também sentimos pena dele.

Essa não é a única vez que temos pena de Bilbo durante a leitura de *O hobbit*. É impossível **não** ter piedade dele quando está preso desconfortavelmente em uma árvore com lobos selvagens uivando lá embaixo, quando acorda sozinho e aparentemente abandonado na escuridão total da caverna dos orcs, ou quando está sentado taciturnamente à entrada da Montanha Solitária com saudades de casa. E nossos sentimentos de pena dão lugar a todo tipo de outras reações emocionais conforme a aventura de Bilbo prossegue. Ficamos apreensivos quando ele é capturado pelos trolls famintos; ansiosos quando troca adivinhas com Gollum; contentes quando as águias salvam a ele e seus companheiros, do topo das árvores; indignados quando Thorin o censura por entregar a Pedra Arken; e orgulhosos quando ele reúne a coragem para descer o túnel sozinho e enfrentar o terrível Smaug.

Entretanto, tudo isso cria um intrigante enigma filosófico: como podemos ter essas emoções em relação a Bilbo — e por que, afinal, deveríamos nos importar com o que acontece com ele — se sabemos que ele é uma criatura ficcional que jamais existiu? Nossas reações emocionais a personagens e eventos fictícios são — como Gollum diria — traiçoeirasss?

Paradoxos nos escuro

Os filósofos se referem a esse enigma como o *paradoxo da ficção*. Como nossas respostas emocionais à ficção podem ser racionais? Embora existam pistas sobre esse enigma na discussão de Aristóteles sobre os efeitos catárticos da tragédia, no prefácio às peças de Shakespeare feito por Samuel Johnson e nas obras de Samuel Taylor Coleridge (1772-1834), esse tema não atraiu atenção filosófica significativa até meados dos anos 1970, quando foi colocado em destaque pelos trabalhos de Colin Radford e Kendall Walton.[1] O paradoxo pode ser explicado com base em três afirmações mutuamente inconsistentes.[2]

Primeira: é praticamente inegável que temos respostas emocionais à ficção. Quando lemos *O hobbit* ou o assistimos na tela, ficamos comovidos com os personagens e com os eventos retratados. Isso nos dá o que chamaremos de *condição emocional*: temos respostas emocionais genuínas e racionais a personagens como Bilbo.

Segunda: para que tenhamos respostas emocionais genuínas e racionais a alguém ou a alguma situação, essas respostas devem ser adequadamente coordenadas com nossas crenças, ou seja, devemos acreditar que aquela pessoa realmente existe ou que aquela situação de fato ocorreu. (Algo que exista ou aconteça apenas ficcionalmente não existe ou acontece *de verdade*.) Isso normalmente é explicado pela ideia de que as emoções requerem *crenças de existência*. Como argumenta Radford, parece "que eu só posso ser comovido pela situação de alguém se acreditar que algo terrível aconteceu a essa pessoa. Se eu não acreditar que a pessoa sofreu e está sofrendo, ou seja o que for, não consigo ficar aflito nem ser levado às lágrimas".[3] Assim, temos a *condição de coordenação*: para que tenhamos respostas emocionais genuínas em relação a alguém, devemos acreditar que esse alguém realmente existe.

Finalmente, as respostas emocionais que exibimos quando nos envolvemos conscientemente com uma obra de ficção não são adequadamente coordenadas com o que acreditamos. Não possuímos as crenças de existência necessárias. Às vezes, podemos confundir ficção com realidade, mas com exceção dessa confusão, não vemos os personagens ficcionais de nossa imaginação como reais. Isso nos dá *a condição de crença*: não acreditamos que Bilbo realmente exista.

Cada uma dessas três afirmações parece verdadeira quando considerada sozinha, mas quando são consideradas em conjunto, nos deparamos com uma inconsistência. Até mesmo para aqueles que gostam de adivinhas, o paradoxo da ficção não é fácil.

Raios partam!

Às vezes conseguimos dissolver um paradoxo demonstrando que, apesar da aparência inicial, as afirmações que o compõem não são de fato inconsistentes. Com o paradoxo da ficção, essa estratégia não parece ter muita chance; é difícil enxergar alguma maneira pela qual as três afirmações seriam verdadeiras em conjunto. Assim, uma solução para o paradoxo exige que rejeitemos uma das três afirmações. Porém, assim como a maioria dos muitos caminhos e passagens pelas Montanhas Sombrias era "engano ou decepção, e não levavam a lugar nenhum ou acabavam mal",[4] nenhuma de nossas três opções para solucionar o paradoxo da ficção é uma jornada filosófica fácil.

Numa primeira reflexão, negar a condição emocional parece ser um caminho especialmente difícil. Como podemos negar que temos respostas emocionais genuínas ou racionais quando nos entretemos com obras de ficção? Então, talvez seja surpreendente que tanto Radford quanto Walton façam exatamente isso, embora de maneiras diferentes. Radford aceita que experimentamos emoções genuínas em resposta à ficção, mas nega que sejam racionais. Walton, entretanto, nega que nossa ligação com a ficção envolva qualquer emoção genuína.

Vejamos primeiro a resposta de Radford. Esteja ou não nos dando uma solução adequada ao paradoxo da ficção, sua afirmação de que as emoções podem ser irracionais parece estranha por si só, pois há uma inclinação natural a pensar que as emoções estão completamente fora da esfera da racionalidade. O filósofo escocês David Hume (1711-1776) fez a famosa sugestão: "Não é contrário à razão preferir a destruição do mundo a arranhar meu dedo."[5] Hume estava dando uma opinião sobre desejos, ou o que ele chamava de *paixões*, mas devemos pensar que uma opinião similar se aplica à emoção.

Supondo que adotemos a *visão de pura sensação* das emoções normalmente atribuída a William James (1842-1910), uma visão que identifica as emoções com sensações físicas. Quando percebemos que estamos em perigo, nossos corpos passam por todo tipo de mudança — o pulso acelera, o rosto fica corado e começamos a suar. Para James, o estado emocional de medo é apenas uma sensação física que acompanha todas essas respostas psicológicas.[6] Como é improvável que sensações físicas possam ser consideradas racionais ou irracionais, a ideia da pura sensação parece sugerir que as emoções também não podem ser julgadas racionais ou irracionais.

Mesmo assim, fica claro que rotineiramente caracterizamos as emoções tanto como racionais quanto como irracionais. Considere o personagem Iago, de Shakespeare, um marido que acusa sua mulher, Emília, de ter um caso, apesar de não ter quaisquer evidências de infidelidade da parte dela. Esse ciúme é naturalmente caracterizado como desmedido e irracional. Ou considere alguém que experimenta uma grande alegria por causa de alguma coisa totalmente trivial — como a descoberta de que realmente tinha 12 lenços de bolso na gaveta, e não apenas 11. Essa exuberância também é naturalmente caracterizada como desmedida e irracional.

Considere mais um caso: certo dia, o jornal local relata que um leão da montanha foi visto em uma área residencial próxima, caçando pequenos animais de estimação que foram deixados do lado de fora à noite. Provavelmente, muitas emoções seriam despertadas ao ler essa história — medo do perigoso animal à solta, pena das famílias que perderam seus chihuahuas ou seus gatos e preocupação com nosso querido Totó no quintal. Entretanto, suponha agora que no dia seguinte o jornal relate que todos os avistamentos do leão da montanha se mostraram falsos, e descobriu-se que todos os aparentes sumiços de animais de estimação foram perpetrados por vândalos adolescentes; todos os bichinhos desaparecidos já foram devolvidos completamente ilesos a seus donos. Qualquer medo que continuemos a sentir do leão da montanha nesse ponto seria desmedido e irracional. Não faz sentido algum temer um leão da montanha rondando a cidade agora que sabemos que ele não existe.[7]

Em seu esforço para resolver o paradoxo da ficção ao negar a condição emocional, Radford afirmava que nosso medo de Smaug é como o medo irracional do leão da montanha. Como sabemos que Smaug não existe, o medo que sentimos dele é irracional. Para Radford, todas as emoções que experimentamos quando estamos lendo *O hobbit* — e, na verdade, todas as emoções que experimentamos quando estamos lendo qualquer obra de ficção — são irracionais da seguinte forma: "Sentir-nos tocados por obras de arte de determinadas maneiras, embora muito 'natural' para nós e, dessa forma, totalmente compreensível, nos envolve em inconsistência e incoerência."[8]

Uma boa razão para pôr em dúvida a rejeição de Radford da condição emocional vem das distinções que fazemos entre as reações emocionais que temos à ficção; certamente nem *todas* podem ser consideradas desmedidas. Embora não fosse apropriado temer o gentil elfo Elrond, nossa reação assustada diante de Smaug é um assunto bem diferente. Afinal, como Thorin nos conta, ele é um dragão "especialmente ganancioso, forte e mau".[9]

A filósofa contemporânea Martha Nussbaum nos sugere uma maneira produtiva de defender a racionalidade de nossas respostas à ficção, argumentando que essas respostas nos tornam capazes de cultivar nosso caráter moral. Ao entrar em contato com a ficção, compreendemos experiências alheias, às quais, de outra maneira, não teríamos acesso, e portanto nos tornamos mais capazes de desenvolver nossa sensibilidade moral. Parece implausível descartar as reações emocionais à ficção, julgando-as irracionais, dado o importante papel que desempenham em nossa educação moral.[10]

Quase-desconcerto

A segunda estratégia para negar a condição emocional é adotar uma visão que podemos chamar de *irrealismo emocional*.[11] Nessa visão, embora possa parecer inegável que experimentamos uma avalanche de emoções — medo, ansiedade, pena, alegria — quando estamos lendo sobre Bilbo, estamos enganados. Na verdade, tudo o que estamos experimentado são *quase-emoções*.

O principal defensor do irrealismo emocional é Kendall Walton, um filósofo que teve uma profunda influência sobre a estética — a filosofia da arte — nos últimos quarenta anos. Segundo Walton, aceitar a condição emocional "é tolerar a confusão entre mistério e tribunal."[12] Embora naturalmente relatemos ficar aterrorizados pela representação cinematográfica do avanço das forças dos Uruk-hai de Saruman durante a batalha do Abismo de Helm, isso não deve ser interpretado literalmente. Nossos corações podem estar batendo com força, podemos estar suando e sem fôlego, e os nós de nossos dedos podem estar brancos de tanto agarrar os braços da poltrona do cinema, porém, ainda assim, é um erro descrever essas respostas involuntárias como um indicativo de terror genuíno. Como não acreditamos que os Uruk-hai estejam de fato avançando em nossa direção, não podemos temê-los. Na verdade, nossas reações ao filme são melhor descritas como análogas às reações que temos quando estamos em um jogo de faz de conta.

Para apoiar esse ponto, Walton nos pede para considerar uma criança pequena brincando de monstros com o pai:

> O pai, fingindo ser um monstro feroz, persegue habilidosamente a criança e, num momento crucial, a ataca cruelmente. A criança foge, gritando, para o cômodo ao lado. O grito é mais ou menos involuntário, assim como a fuga. Entretanto, a criança (...) está perfeitamente consciente de que o pai está apenas "brincando", de que tudo aquilo é "apenas um jogo", e que apenas de faz de conta há um monstro cruel atrás dela. Ela não está verdadeiramente assustada.[13]

Assim como os filmes e os livros nos encorajam a imaginar certos personagens e a imaginar que os eventos retratados são reais, também nos encorajam a fazer de conta que sentimos as emoções correspondentes.

Além de fornecer uma solução ao paradoxo da ficção, o irrealismo emocional também é eficiente em resolver um enigma relacionado a nossas respostas emocionais à ficção. As emoções normalmente nos motivam a agir — quando tememos alguma coisa, temos a tendência a fazer algo para tentar nos esquivar dela ou evitar que aconteça. No entanto, nosso aparente medo do exército em marcha de Saruman não nos motiva a tomar nenhum tipo de atitude. Pelo contrário, ficamos passivamente sentados em nossas cadeiras. Porém, se esse medo aparente é apenas imaginação, temos uma boa explicação para nossa passividade: não há razão para agir se não existe um sentimento genuíno de medo.

Entretanto, apesar do fato de fornecer soluções para esses problemas filosóficos, o irrealismo emocional é extremamente questionável. Quando estamos assistindo a *O Senhor dos anéis: A Sociedade do Anel*, de Peter Jackson, e nos sentindo angustiados pela queda de Gandalf da ponte de Khazad-dûm, lembrar que ele é apenas um personagem ficcional não diminui nossa tristeza — e a lembrança também não faz a tristeza parecer diferente ou menos real. O medo e a ansiedade que sentimos quando lemos *O hobbit* certamente se *parece* ao medo e à ansiedade genuínos, tanto que confundimos um com o outro.

Como resposta, irrealistas emocionais como Walton descartam a similaridade superficial de nossas impressões subjetivas, argumentando que não devemos nos deixar enganar por nossa incapacidade de distinguir medo falso de medo real. À distância, podemos não conseguir distinguir Kili e Fili, mas não devemos deduzir suas identidades pelo fato de que não conseguimos saber quem é quem. Quase-medo pode parecer exatamente o medo real, mas isso não é o bastante para torná-lo uma emoção genuína.

É difícil ficar totalmente satisfeito com essa resposta. Quando Bilbo se aproxima de casa em sua viagem de volta, ele chega a um local "onde os contornos da paisagem e das árvores eram-lhe tão familiares quanto suas mãos e os dedos dos seus pés".[14] Parece que conhecemos nossas próprias emoções com a mesma intimidade e, assim, é difícil aceitar uma teoria que sugere que estamos sistematicamente enganados em relação ao tipo de experiências que temos quando nos envolvemos com a ficção.

Além disso, podem surgir problemas adicionais para o irrealista emocional a partir de um escrutínio mais detalhado de sua analogia de jogos de faz de conta. Quando entramos em contato com a ficção, é notável nossa incapacidade de controlar nossas respostas emocionais. Como podemos não nos deixar abalar pela aventura de Bilbo? Na verdade, não temos escolha além de ficar enojados por Gollum, temer os wargs selvagens e nos alegrar com o retorno seguro do hobbit para casa.

Da mesma maneira, por mais que tentássemos, não conseguiríamos temer os hobbits do Condado. Ao brincar de faz de conta, temos muito mais controle sobre nossas respostas emocionais. Como afirmou Noël Carroll, se nossas respostas emocionais à ficção fossem meramente o resultado do faz de conta, deveríamos ser capazes de "nos envolver à vontade" — deveríamos conseguir ligá-las e desligá-las quando quiséssemos.[15]

Assim, parece que deveríamos preferir uma solução ao paradoxo da ficção que nos permita reconhecer como genuínas nossas respostas emocionais à ficção. É simplesmente implausível considerá-las produto do faz de conta. Precisamos considerar nossas outras alternativas para resolver o paradoxo da ficção.

Da frigideira para o fogo?

Infelizmente, negar a condição de crença também não parece funcionar. É difícil engolir a ideia de que acreditamos que os eventos retratados em *O hobbit* são reais, de que de alguma forma os confundimos com uma narrativa de viagem factual. Mesmo quando estamos completamente cativados pela prosa mágica de Tolkien, não acreditamos que Bilbo realmente exista. O que alguns filósofos sugerem, entretanto, é que nós "acreditamos parcialmente" que ele existe. Afinal de contas, falamos de *ser absorvidos* pela ficção, de *nos perder* no que lemos.[16] Esse discurso pode até ser aplicável a obras de fantasia, através das quais *escapamos* para o mundo ficcional criado.

O próprio Tolkien sugere algo parecido em seu livro *Sobre histórias de fadas*. Afirmando que o escapismo é uma das principais funções da fantasia, Tolkien sugere que o escritor de fantasia bem-sucedido "concebe um Mundo Secundário no qual nossa mente pode entrar. Dentro dele, o que ele relata é 'verdade': está de acordo com as leis daquele mundo. Portanto, acreditamos enquanto estamos, por assim dizer, do lado de dentro".[17] Sob esse ponto de vista, podemos distinguir nossas "crenças dentro da história" de nossas crenças habituais. Embora não acreditemos que Bilbo exista, podemos acreditar nisso dentro da história.

O sucesso dessa resposta ao paradoxo resume-se a nossa capacidade de compreender a noção de "crença dentro da história", ou crença parcial, e, se conseguirmos fazê-lo, se ela desempenha a função filosófica necessária. Se realmente tivéssemos crenças — ainda que fracas ou parciais — em relação às obras ficcionais com as quais nos envolvemos, provavelmente essas crenças seriam manifestadas em nosso comportamento.

Enquanto assistimos às primeiras cenas de *O Senhor dos anéis: A Sociedade do Anel*, por exemplo, ficaríamos mesmo sentados passivamente em nossas cadeiras se tivéssemos a crença — mesmo que parcial — de que os Cavaleiros Negros estavam vindo nos pegar? De forma convincente, Walton argumentou que mesmo uma crença hesitante ou uma mera suspeita de que os Cavaleiros Negros estivessem a caminho "induziria qualquer pessoa normal a considerar seriamente chamar a polícia [ou os "Condestáveis"] e avisar sua família".[18] Até mesmo aquele entre nós que tivesse menos características Tûk certamente faria *alguma coisa*, mesmo que fosse fugir e se esconder.

Dada a dificuldade de rejeitar tanto a condição de crença quanto a emocional, outros filósofos tentaram excluir a condição de coordenação. Primeiro, devemos ressaltar que a condição de coordenação normalmente é defendida considerando emoções como pena e medo. Quando consideramos outras emoções, os exemplos se tornam menos interessantes. Berys Gaut nos convida a refletir sobre nossos sentimentos de aversão:

> É estranho afirmar que alguém precisa saber se alguma coisa realmente aconteceu para se sentir enojado ao pensar nela. Se eu descrever de um jeito vívido e detalhado um sanduíche de geleia e rato vivo que comi no café da manhã outro dia, você pode muito bem sentir nojo sem achar que estou lhe dizendo a verdade.[19]

Nesse caso, é muito natural dizer que a simples imagem mental do sanduíche nos deixa enojados, o que dá origem a uma visão que, em geral, é chamada de *teoria do pensamento*. Grosso modo, os teóricos do pensamento alegam que meros pensamentos, em vez de crenças existenciais, são o bastante para gerar respostas emocionais. Assim como a imagem mental do sanduíche é o suficiente para fazer surgir um sentimento de aversão, mesmo que não acreditemos que ele realmente exista, a imagem mental de Bilbo pode originar um sentimento de pena, mesmo que não acreditemos que ele exista de verdade.

Peter Lamarque defende uma versão da teoria do pensamento com base em *representações mentais*: "As representações mentais ou o teor dos pensamentos podem ser a causa de emoções como medo e pena, independentemente das crenças que possamos ter sobre estar em perigo ou sobre a existência de verdadeiro sofrimento ou dor."[20] Assim, Lamarque sugere que retifiquemos a condição de coordenaçao: para que tenhamos respostas emocionais genuínas em relação a alguém, não precisamos acreditar que essa pessoa realmente exista. O que precisamos fazer é formar representações mentais de sua situação.

Ao contrário da condição de coordenação original, essa condição retificada nos permite compreender nosso envolvimento com a ficção. Quando lemos *O hobbit*, imaginamos a aventura que é descrita e os personagens que participam dela, e usamos nossa imaginação para formar representações mentais (imagens mentais) dos personagens retratados. Além disso, para Lamarque, essas representações mentais são a fonte de nossas emoções; quando sentimos pena ou tememos um personagem ficcional, é para as representações mentais que dirigimos nossas emoções. Assim, a teoria do pensamento fornece uma solução para o paradoxo da ficção.

Entretanto, será que devemos aceitar a teoria do pensamento? Por um lado, parece haver algo de correto nela. Nós nos envolvemos com obras de ficção por meio da imaginação, e parece plausível que ela desempenhe um papel na explicação do paradoxo. Porém, quando pensamos melhor sobre a exata posição em que a teoria do pensamento nos coloca, fica mais difícil defendê-la. A solução de Lamarque ao paradoxo da ficção depende da impertinente afirmação de que "o medo e a pena que sentimos com a ficção são, na verdade, dirigidos para pensamentos em nossas mentes".[21]

Quando lemos *O hobbit*, nossas respostas emocionais não são dirigidas ao personagem Bilbo — afinal, ele é um personagem ficcional que sabemos que não existe —, mas às imagens mentais que formamos quando lemos sobre suas façanhas. De forma semelhante, meu medo de Smaug é, na verdade, um medo de minha imagem mental de Smaug.

Porém, enquanto que dragões (se existissem) seriam genuinamente aterrorizantes, imagens mentais de dragões não são (ou não precisariam ser). Afinal, não é a imagem mental de um dragão que cospe fogo, é o próprio dragão. Então, não temo que minha imagem mental de Smaug vá matar minha imagem mental de Bilbo com um rugido flamejante, e sim que o próprio Smaug mate o próprio Bilbo com um rugido flamejante.

O paradoxo da ficção surge porque não conseguimos responder a questões como: *O que* tememos? De *quem* temos pena? Emoções, ao contrário de humores, são sempre dirigidas a algo em particular; sempre têm objetos. Como explica Gaut: "Um humor como a felicidade ou a tristeza não precisa ter um objeto intencional: alguém pode simplesmente estar feliz ou triste sem estar feliz ou triste com *alguma coisa*. Uma emoção, em contraste, tem um objeto intencional: Estou com medo de alguma coisa. Tenho pena de alguma coisa."[22]

Porém, o que é essa *coisa* no caso da ficção? Não existe um objeto real para servir a essa função. Os teóricos do pensamento fornecem esse objeto — pensamentos (ou, mais especificamente, representações ou imagens mentais). Ao contrário do próprio Bilbo, minha imagem de Bilbo é algo real. Entretanto, infelizmente para os teóricos do pensamento, não parece ser o tipo certo de coisa real para explicar nossas reações emocionais à ficção.

Vivendo com o desconcerto

Ao ser confrontado com uma das adivinhas de Gollum, Bilbo "teve uma intuição de que a resposta era bem diferente e que deveria conhecê-la, mas não conseguia pensar nela".[23] Podemos sentir algo similar em relação ao paradoxo da ficção. Por um lado, como nossas reações à ficção são muito naturais e comuns, parece que deveria ser mais fácil explicá-las. Por outro, por mais que tentemos, uma solução satisfatória para esse enigma continua a nos escapar.

Nesse ponto, acho que nossa melhor opção é dar mais uma olhada na condição de coordenação. Vimos anteriormente que a tentativa dos teóricos do pensamento de retificar essa condição encontra problemas. No entanto, talvez tenha sido um erro tentar manter a condição, mesmo a sua forma retificada. Provavelmente seria melhor rejeitá-la inteiramente. Embora possa ser verdade que as emoções geralmente são baseadas em crenças de existência, não significa que essa sempre deva ser sua base.

Em um influente artigo, Richard Moran sugeriu que, no caso da ficção, não é verdade que tenhamos reações emocionais sem as correspondentes crenças de existência. Pelo contrário, quando refletimos sobre o vasto conjunto de nosso repertorio emocional habitual, "começa a parecer que comparativamente poucos dos objetos de atenção emocional das pessoas estão no aqui e agora".[24] Eu admiro Tolkien, mesmo sabendo muito bem que ele não está mais vivo. Também posso sentir pesar pelo fato de tantos dos amigos mais próximos dele terem morrido na Primeira Guerra Mundial e posso lamentar que ele não tenha publicado mais trabalhos durante a vida.

Como ressalta Moran, emoções como pesar e remorso são essencialmente sentidas em retrocesso e, portanto, geralmente são direcionadas a coisas que não existem no presente. Mesmo assim, não consideramos essas emoções nem um pouco confusas. Também podemos direcionar nossas emoções a objetos ou eventos futuros que não existem no presente. Por exemplo, posso temer as enchentes que virão com o derretimento das calotas polares. Posso até ter emoções em relação a coisas que não existem, como uma viagem de volta no tempo para comparecer a uma reunião do famoso grupo de discussão de Tolkien em Oxford: os Inklings.

Além do mais, assim como a mera imagem mental de alguma coisa aversiva pode gerar aversão, parece existir toda uma classe de emoções que não são ligadas a crenças de existência. Moran nos dá diversos exemplos:

> Seja qual for o ar de paradoxo que possa existir na ideia de direcionar pena ou medo ao que são meros personagens, não há nenhum na ideia de, digamos, alegria e divertimento direcionados a eventos que sabemos que são encenados, ou a histórias relativas a vendedores e galinhas que nunca viveram.[25]

Depois, ele acrescenta prazer, tédio, ansiedade e incerteza à lista. Todas essas reações parecem inteiramente independentes das correspondentes crenças de existência.

Para resolver o paradoxo da ficção, certamente precisamos de uma explicação adicional sobre por que a condição de coordenação nos parece tão plausível, e também seria bom se tivéssemos uma explicação alternativa sobre o relacionamento entre as emoções e as crenças. Porém, refletir sobre considerações como as oferecidas por Moran nos fornece alguma resolução ao paradoxo no qual nos encontramos. Ainda podemos ficar um pouco desnorteados e desconcertados, mas ao menos conseguimos ter alguma confiança de que o desnorteamento e o desconcerto que estamos sentindo são, afinal, genuínos.

NOTAS

1 Ver Colin Radford, "How Can We Be Moved by the Fate of Anna Karenina?" *Proceedings of the Aristotelian Society*, Supplemental Vol. 49 (1975), pp. 67-80; Kendall Walton, "Fearing Fictions", *The Journal of Philosophy* 75 (1978), pp. 5-27. Outras discussões influentes sobre o enigma aparecem em Gregory Currie, *The Nature of Fiction* (Cambridge: Cambridge University Press, 1990); e Nöel Carroll, *The Philosophy of Horror or Paradoxes of the Heart* (Londres: Routledge, 1990). O artigo de Steven Schneider, "The Paradox of Fiction" In: *The Internet Encyclopedia of Philosophy* oferece uma visão geral muito clara sobre o paradoxo e várias propostas sobre como lidar com ele. Disponível em: http://www.iep.utm.edu/f/fict-par.htm (em inglês).

2 Devo a formulação do argumento abaixo a "Genuine Rational Fictional Emotions," de Tamar Szabó Gendler e Karson Kovakovich. In: *Aesthetics and the Philosophy of Art, de Matthew Kieran*, ed. (Oxford: Blackwell, 2006), pp. 241-253.

3 Radford, "How Can We Be Moved by the Fate of Anna Karenina?" p. 68.

4 *O hobbit*, p. 55.

5 David Hume, *A Treatise of Human Nature* (Oxford: Clarendon Press, 1985), p. 416.

6 Ver William James, "What Is an Emotion?" *Mind* 9 (1884), pp. 188-205.

7 Talvez em algumas situações seu medo residual não seja irracional. Por exemplo, você podia nunca ter se dado conta de que leões da montanha descem das colinas para as áreas povoadas ou talvez tivesse esquecido esse fato; agora, tendo sido alertado ou relembrado dele, você teme que um dos leões da montanha que vivem nas colinas desça até a cidade. Esse medo pode não ser irracional, mas perceba que não é medo de um leão da montanha inexistente rondando a cidade; e sim, o medo de algum leão da montanha real que ainda não está rondando a cidade.

8 Radford, "How Can We Be Moved by the Fate of Anna Karenina?" p. 78.

9 *O hobbit*, p. 22.

10 Ver Martha Nussbaum, *The Fragility of Goodness* (Cambridge: Cambridge University Press, 1986). Para uma discussão mais aprofundada sobre o tema, ver Gendler e Kovakovich, "Genuine Rational Fictional Emotions", p. 252.

11 O termo "irrealismo emocional" é derivado de Berys Gaut, "Reasons, Emotions, and Fiction" In: Matthew Kieran e Dominic McIver Lopes, eds., *Imagination, Philosophy, and the Arts* (Londres: Routledge, 2003), pp. 15- 34.

12 Walton, "Fearing Fictions," p. 6.

13 Walton, "Fearing Fictions," p. 13.

14 *O hobbit*, p. 293.

15 Carroll, *The Philosophy of Horror*, p. 74. Carroll argumenta sobre obras de terror, mas seus argumentos se aplicam também a trabalhos de fantasia.

16 Ver também Schneider, "The Paradox of Fiction".

17 *Sobre histórias de fadas*, p. 57.

18 Walton, "Fearing Fictions", p. 7.

19 Gaut, "Reasons, Emotions, and Fictions", p. 17.

20 Peter Lamarque, "How Can We Fear and Pity Fictions?" *British Journal of Aesthetics* 21 (1981), pp. 291–304; citação da p. 296.

21 Lamarque, "How Can We Fear and Pity Fictions?", p. 293.

22 Gaut, "Reasons, Emotions, and Fictions", p. 16.

23 *O hobbit*, p. 78.

24 Richard Moran, "The Expression of Feeling in Imagination". *The Philosophical Review* 103 (1994), pp. 75-106; citação da p. 78. Ver também Gendler e Kovakovich, "Genuine Rational Fictional Emotions", p. 249.

25 Moran, "The Expression of Feeling in Imagination", p. 81. Tolkien nos conta que: "É estranho, mas as coisas boas e os dias agradáveis são narrados depressa, e não há muito que ouvir sobre eles, enquanto as coisas desconfortáveis, palpitantes e até mesmo horríveis podem dar uma boa história e levar um bom tempo para contar." (*O hobbit*, p. 50). Talvez isso explique por que, em relação ao paradoxo da ficção, os filósofos tratem tanto do medo e da pena e não da alegria e da diversão.

13

FILOSOFIA NO ESCURO:
O HOBBIT E A HERMENÊUTICA

Tom Grimwood

IMAGINE QUE UM DIA VOCÊ ACORDA e encontra um bilhete escrito por um rei anão exilado, aparentemente pedindo que vá encontrá-lo no pub mais próximo em dez minutos. Não é um bilhete exatamente claro. Na verdade, deixa diversos pontos importantes um pouco ambíguos. Você pode se perguntar o que tudo isso significa. Você pode, assim como Bilbo Bolseiro, deixar de lado a cautela e simplesmente seguir as instruções. Mas você também pode parar e pensar: como vou saber o que significa esse bilhete? O que determina o significado real dele? E como saber se encontrei o significado correto?

Caso fizesse essas perguntas, estaria pensando de acordo com a teoria da interpretação, que os filósofos chamam de "hermenêutica". Embora normalmente esteja associada à interpretação de textos, a hermenêutica propõe questões fundamentais sobre nossa forma de interpretar os significados em qualquer assunto ou meio (escrita, fala, canto, pintura, atuação etc.).

Em *O hobbit*, esse tipo de questionamento é explorado por Bilbo e Gollum no capítulo intitulado "Adivinhas no escuro". No decorrer do texto, cada um tenta ludibriar o outro em um jogo de charadas. Ao longo da disputa, Bilbo e Gollum são desafiados em diversos níveis de compreensão. Eles precisam entender onde estão, quem é seu oponente e, sobretudo, decifrar as adivinhas um do outro. Cada uma delas oferece várias interpretações possíveis, mas, de acordo com as regras da disputa, apenas uma resposta é correta. Como filósofos improvisados da interpretação, Bilbo e Gollum lutam com o clássico problema de dar um significado fixo a uma linguagem vaga ou ambígua.

As regras das adivinhas

Deve ser possível entender o bilhete de Thorin sem a intervenção da filosofia. Porém, se você fosse confrontado com uma mensagem diferente, que parecesse brincar deliberadamente com a fluidez da linguagem, talvez valesse a pena parar para pensar em como responder. Considere esta questão que Gollum coloca para Bilbo:

> Tem raízes misteriosas
> É mais alta que as frondosas
> Sobe, sobe e também desce,
> Mas não cresce nem decresce.[1]

A adivinha é uma pergunta, mas, ao contrário da maioria das perguntas, não nos fornece uma moldura de referência óbvia que permitiria uma resposta imediata. Podemos ver que a questão quer saber o que é que tem aspectos de uma árvore, mas não é uma árvore. Para interpretar uma indagação como essa e saber quando chegamos à resposta correta é necessário construir uma moldura de referências para nós mesmos.

Para tornar essa tarefa menos complicada, felizmente existem certas regras em ação no jogo de adivinhas de Bilbo e Gollum que podem nos ajudar.

Afinal, o jogo é "sagrado e extremamente antigo".[2] Há dois participantes (o jogo teria pouco sentido se jogado sozinho). Um propõe ao outro uma adivinha. A adivinha tem uma "resposta", conhecida por quem a propõe. Evidentemente, ao menos no começo do jogo, nem Bilbo nem Gollum simplesmente pedem ao outro para adivinhar o que estão pensando sem nenhuma pista (mais tarde, quando Bilbo pede a Gollum para adivinhar o que tem em seus bolsos, as regras são dobradas, se não quebradas, mas lidaremos com esse problema depois). A chave para o sucesso de uma adivinha é dizer ao oponente qual é a resposta ao mesmo tempo em que se espera que ele não adivinhe o que é. Pense na primeira tentativa de Bilbo:

Trinta cavalos na colina encarnada,
Primeiro cerceiam,
Depois pisoteiam,
Depois não fazem nada.[3]

Como é uma adivinha, sabemos que Bilbo não está mesmo falando de trinta cavalos — do contrário, a resposta seria simplesmente "cavalos", o que não seria exatamente um jogo —, mas de algo similar a trinta cavalos. Em outras palavras, o objetivo da mensagem parece ser tanto *comunicar* uma resposta — nesse caso, "dentes" — e *não* comunicar uma resposta. Somente quando a adivinha não é compreendida é que uma comunicação foi bem-sucedida. Em resumo: existe um significado, mas ele está disfarçado (ou "no escuro"). Dessa forma, a adivinha prega um tipo de peça irônica na tarefa de compreender.

O objetivo de Bolseiro: intencionalismo

Então, existem duas questões interligadas no jogo de adivinhas. Primeira, precisamos saber a "resposta" à adivinha, que é determinada de maneira bastante direta por quem a propôs. Tecnicamente, seja qual for a resposta dada, deve ser julgada certa ou errada por essa pessoa. A segunda é o aspecto interpretativo, um pouco mais complicado. Antes de podermos responder a uma adivinha, temos de entender o significado das palavras e como funcionam dentro dela. Essa ação pressupõe que tenhamos alguma ideia do que realmente é "significado".

A resposta mais sensata talvez fosse: "Uma mensagem significa o que o autor pretendia que ela significasse." O objetivo da interpretação é, portanto, descobrir qual era a intenção original. A visão que afirma que o significado da mensagem é idêntico à intenção de seu ator é chamada (apropriadamente) de "intencionalismo". Um dos defensores mais conhecidos do intencionalismo é o educador e ex-professor de Inglês da University of Virginia, E. D. Hirsch Jr.

Como sabemos, Bilbo Bolseiro é a sensatez em pessoa, e seu foco nas intenções de seu companheiro de adivinhas tem uma boa razão. Ele suspeita de que Gollum quer devorá-lo. Na verdade, aparentemente ele concorda em participar do jogo de adivinhas para ganhar tempo enquanto tenta descobrir quem é Gollum e quão perigoso ele pode ser. Portanto, a pergunta que faz sobre as adivinhas de Gollum não é tanto "O que significam essas palavras?", mas "O que essa criatura pretende que elas signifiquem?". Nesses casos, o ato de compreender o texto da adivinha equivale ao de compreender a referência pretendida das palavras. Em primeiro lugar, isso se torna mais fácil porque as respostas às primeiras adivinhas de Gollum refletem bastante o que está a seu redor — "montanha", "escuro", "peixe" — e, segundo, porque Bilbo já tinha ouvido muitas das adivinhas antes, provavelmente em um ambiente menos hostil, onde ele conhecia as intenções da pessoa que propunha a adivinha.

Entretanto, existe um problema óbvio ao se tratar a intenção do autor como um determinador de significado, como Bilbo descobre. Se a única maneira de determinar o significado de uma adivinha é através da intenção do autor, como descobrir qual é a intenção dele? Há algumas respostas possíveis para essa questão.

Talvez possamos simplesmente perguntar ao autor o que ele quis dizer. Essa não é uma opção para Bilbo, infelizmente, e acabaria por destruir todo o objetivo do jogo. Na verdade, poderia não ser uma opção inteiramente confiável para ninguém, pois, para melhor compreender a mensagem do autor, estamos lhe pedindo para nos dar outra mensagem. Não é um problema se simplesmente tivermos entendido mal ou precisarmos de esclarecimento. Porém, se a segunda mensagem for tão incerta quanto a primeira, podemos acabar em um círculo vicioso.

Entretanto, se o autor estiver ausente ou não desejar revelar sua intenção, podemos tentar determinar a intenção sozinhos, por meio das pistas deixadas tanto na mensagem quanto no comportamento ou na história do autor. Essa parece ser a estratégia que Bilbo escolhe, como vemos quando ele pergunta a Gollum: "Então, o que é? (...) A resposta não é uma chaleira fervendo, como você está dando a entender com esse barulho todo que está fazendo."[4] Para Hirsch, a linguagem sempre é um instrumento do usuário e, sozinha, não consegue criar ou determinar um significado. Afinal, se a linguagem fosse autodeterminante, não teríamos tantos desacordos em relação à interpretação. Como diz Hirsch: "Uma sequência de palavras não significa nada em particular até que alguém queira dizer algo com aquilo ou entenda algo daquilo."[5]

O que é, o que é, professor Hirsch

De muitas maneiras, a teoria de Hirsch tenta fornecer alguma certeza na interpretação de textos. Mas é complicado falar de conhecimento definitivo nesse contexto, mesmo que o intencionalismo seja de longe a maneira mais sensata de pensar sobre o significado. O próprio Bilbo parece descobrir mais por sorte e sensatez do que por adivinhar as intenções ocultas de Gollum. A quinta adivinha de Gollum é difícil para Bilbo, e meramente pensar em sua motivação — devorar o hobbit — não parece ajudar.

> Essa é a coisa que tudo devora
> Feras, aves, plantas, flora.
> Aço e ferro são sua comida,
> E a dura pedra por ele moída;
> Aos reis abate, a cidade arruína,
> E a alta montanha faz pequenina.[6]

Nesse caso, a escolha de palavras de Gollum para a adivinha parece aumentar o medo de Bilbo. Quando alguém se depara com palavras que se referem a devorar todas as coisas, de aves a montanhas, proferidas pelo possível futuro devorador, suas implicações podem ultrapassar os limites do jogo. É apenas uma feliz sequência de eventos que permite a Bilbo adivinhar a resposta correta, "tempo".

Na verdade, Hirsch admite que as palavras, às vezes, têm um tipo de "significado" alheio à intenção do autor: algumas palavras evocam reações variadas em diferentes leitores ou ouvintes. Como vemos pelas reações muito diferentes de Gimli e Legolas às Cavernas Cintilantes de Aglarond,[7] pensar em "cavernas" significa uma coisa para um anão e outra totalmente diferente para um elfo. Segundo Hirsch, existe uma diferença entre "significado", que é determinado apenas pelo autor (nesse caso, a resposta à adivinha, como determinada por Gollum), e "sentido", que é o que a mensagem quer dizer para um leitor ou ouvinte em especial (sua importância ou conotações subjetivas). Segundo essa visão, o significado de um texto permanece fixo e imutável, enquanto seu sentido varia de pessoa para pessoa.

Entretanto, como afirma o filósofo Monroe Beardsley (1915-1985), a questão não é saber se o significado da mensagem e a intenção do autor coincidem, ou se o significado da mensagem é evidência suficiente da intenção do autor, pois todas as teorias da interpretação admitem que normalmente esse é o caso. Pelo contrário, a questão é se o significado da mensagem e a intenção *são a mesma coisa*.[8] A partir de um ponto de vista, parece que muito mais do conhecimento de Bilbo pode ser baseado no sentido das adivinhas de Gollum do que em seu significado pretendido.

Além disso, Hirsch admite que a linguagem, embora não seja uma fonte de *significado*, é, contudo, a fonte de *inteligibilidade*. Um autor não pode simplesmente afirmar que as palavras que usa significam o que ele quer que signifiquem. Eu não posso fazer o termo "torcedor dos Baltimore Ravens" significar "palerma desmiolado", a despeito de minha preferência esportiva. Além disso, textos que têm muitos autores, como relatórios de comissão, cláusulas constitucionais e, na verdade, muitas adivinhas e piadas, podem ser perfeitamente inteligíveis, e mesmo assim não compartilhar qualquer "intenção original".[9] Porém, o fato de a linguagem ser compartilhada dessa forma não afeta a ideia de que o autor é o *único* determinador do significado de um texto?

Gollum e Gadamer

Assim, essas críticas ao intencionalismo não negam que as adivinhas tenham um "autor", uma "intenção" ou uma "resposta". Pelo contrário, as críticas sugerem que a interpretação que alguém dá ao significado de uma adivinha não pode ser reduzida à mera recuperação da intenção de quem propõe a adivinha. Embora a pessoa que propõe a adivinha possa determinar sua resposta, nossa maneira de interpretar a comunicação para que possamos chegar à resposta envolve uma apreciação mais ampla da maneira como o significado é criado e comunicado.

Tendo isso em mente, podemos ver nas respostas de Gollum à segunda e à terceira adivinhas de Bilbo a reflexão de uma atitude levemente diferente em relação à interpretação.

> Um olho no azul dum rosto
> Viu outro olho no verde de outro
> "Aquele olho é como este olho"
> Disse o primeiro olho,
> "Mas lá embaixo é o seu lugar,
> Aqui em cima é o meu lugar".[10]

Essa adivinha é mais completa que os exemplos anteriores. "Olhos" e "rostos" são termos imediatamente problemáticos. Primeiro, por causa de nossa tendência de ver características humanas na literatura, no mito etc.; essas duas imagens têm o potencial para ser uma quantidade maior de coisas do que imagens mais definidas, como a de um cavalo ou de uma árvore. Segundo, como vemos, a adivinha na verdade está se referindo a dois tipos diferentes de coisas (o Sol e as margaridas) com a mesma imagem descritiva. Em vez de tentar entender o motivo de Bilbo para essas palavras, o que poderia levar a incontáveis cenários envolvendo a experiência de "olhos" e "rostos" do autor, Gollum relaciona o texto da adivinha a sua própria experiência de mundo.

> Estivera debaixo da terra por um longo tempo, e já começava a esquecer esse tipo de coisa. (...) Gollum trouxe memórias de muitas eras passadas, de quando vivia com a avó numa toca na margem de um rio.
>
> — Sss, sss, meu preciosso — disse ele. — Sol sobre as margaridas, é essa a resposta, é sim.[11]

Nesse sentido, Gollum segue um modelo de interpretação de um filósofo que talvez tenha sido o mais influente da hermenêutica do século XX, Hans-Georg Gadamer (1900-2002). Para Gadamer, nossas interpretações são sempre situadas em um contexto histórico em particular. Pensamos de acordo com nossas experiências e nosso conhecimento adquirido. Isso nos fornece um "horizonte" para a compreensão. Esse horizonte nos proporciona uma série de "preconceitos" que nos possibilitam entender o objeto de interpretação.

Essa noção de "preconceito" não tem o sentido pejorativo de tendência irracional. O referido "preconceito" significa uma série de predisposições pelas quais reconhecemos algo como significativo. Nossa educação, por exemplo, nos ensina a ler em determinada língua, impedindo-nos, assim, de enxergar certas formas e sinais como letras e palavras. Se não tivéssemos sido educados naquela língua, não seríamos capazes de entendê-la.

Para Gadamer, são nossos preconceitos que tornam possível a compreensão. Estamos sempre interpretando o mundo, de forma que podemos nos adaptar e desenvolver nossos preconceitos, e ampliar nosso horizonte de compreensão. Assim, a "compreensão" não é apenas um processo de reconstrução da ideia original por trás da mensagem, localizada dentro de seu próprio contexto ou horizonte histórico. Pelo contrário, a "compreensão" é um diálogo entre o intérprete e o objeto de interpretação, e a "fusão" dos dois horizontes. Em outras palavras, "entender" é entender a si próprio dentro do assunto.[12]

Entretanto, na verdade, Gollum não é um ser historicamente situado. Ele é um personagem fictício. Porém, sua compreensão das adivinhas de Bilbo é baseada na história (fictícia) de sua própria experiência e no horizonte que ela lhe fornece. Enquanto Bilbo começa o jogo definindo o significado da adivinha com base na intenção de Gollum — o significado é determinado pela "resposta" que foi decidida por Gollum de antemão — o próprio Gollum tenta entender cada adivinha refletindo sobre sua própria experiência.

Para o intencionalismo de Hirsch tanto autor quanto leitor são tomados como entidades relativamente estáveis, porém a teoria da hermenêutica de Gadamer reconhece que somos em parte formados por nosso envolvimento e nossa fusão com outros horizontes de entendimento. Não nos submetemos simplesmente a uma ideia, mas a compreendemos dentro de nossa gama de experiências. Assim, Gollum consegue descobrir a resposta para a adivinha de Bilbo.

> Caixinha sem gonzos, tampa ou cadeado,
> Lá dentro escondido um tesouro dourado.[13]

Refletindo sobre sua experiência de...

> ...quando roubava ninhos, muito tempo atrás, e sentava-se à margem do rio, ensinando a avó, ensinando a avó a chupar.
> — Óvosos! — chiou ele. — Óvosos, isso mesmo![14]

Quando nos vemos diante de uma comunicação que invoca um horizonte com o qual não estamos familiarizados — por exemplo, um livro de filosofia escrito nos anos 1600 ou a linguagem dos elfos dos dias "em que todo o mundo era maravilhoso"[15] — obviamente não abandonamos nossa posição, situada em nosso próprio horizonte no aqui e agora. No entanto, seria um erro, segundo Gadamer, tentar atribuir completamente a mensagem ao próprio horizonte, porque estaríamos apenas vendo as coisas como queremos ver.

É verdade que poderia ser agradável durante algum tempo. Porém, devemos nos lembrar de que nosso horizonte, composto por todas as nossas experiências, é essencialmente uma moldura inconstante e flutuante de referência. Se você já teve uma conversa com alguém que só vê as coisas do jeito dele, sabe como é importante ver nossos horizontes de compreensão como algo que negociamos e não nos apropriamos.

Por outro lado, tentar reconstruir o horizonte original em sua integridade também é inútil, pois ele seria vazio de mensagem e de qualquer sentido para nós. Esse, de acordo com Gadamer, foi o erro fundamental de Hirsch: ao situar o significado apenas na intenção do autor, não consideramos a alteração de sentido do significado de pessoa para pessoa. Porém, não chegamos à mensagem em um vácuo. Consequentemente, o papel do envolvimento pessoal com uma mensagem é essencial, como vemos em Gollum.

> Aquele tipo de adivinhas comuns, de cima da terra, estavam começando a cansá-lo. Além disso, faziam-no lembrar de tempos em que era menos solitário, furtivo e nojento, e isso o deixava nervoso.[16]

É uma grande ironia que Gollum, que é retratado ao longo de toda a saga de Tolkien como um indivíduo solitário e asqueroso, busque o entendimento por meio do diálogo com o outro. Contudo, Gollum está sempre dialogando não com outra pessoa, mas com seu alterego, Sméagol, ou com seu adorado "precioso", o Anel.

Na verdade, o modelo de diálogo de Gadamer não é limitado a uma conversa entre duas pessoas. O modelo de diálogo é apenas isto: um modelo para explicar como ocorre o entendimento. Assim sendo, ele descreve a estrutura da formação de qualquer encontro com um objeto de entendimento, seja uma obra de arte, um livro, outra pessoa ou um hobbit propondo adivinhas.

O que Bilbo tem nos bolsos?

Entretanto, esse modelo envolve certos comprometimentos, assim como o jogo de adivinhas envolve certas regras previamente definidas. O diálogo, segundo Gadamer, é significativo por causa da "boa vontade" dos participantes — o entendimento compartilhado de que uma pessoa tem algo a dizer e que a outra quer entender. Porém, já vimos como isso cria problemas para a teoria do significado intencionalista.

A partir do momento em que Bilbo pede a Gollum para adivinhar "o que eu tenho no bolso?" a comunicação entre os dois parece se romper. A "boa vontade" do diálogo está claramente ausente, conforme as duas partes desatam a gritar diversas perguntas um para o outro. Esse final para o jogo levanta duas questões: primeiro, a adivinha final de Bilbo é inteiramente justa? Segundo, como o método interpretativo de Gollum o ajuda ou atrapalha na determinação das respostas?

Por um lado, do ponto de vista intencionalista, existe uma intenção na questão, e uma resposta para a adivinha — então, pelo menos a questão tem um significado. *Existe* algo no bolso de Bilbo, algo de imenso sentido na história, não apenas na de Bilbo e Gollum, mas na da própria Terra-média. Além do mais, não é algo que Gollum desconheça — é seu próprio anel, que ele logo descobrirá que sumiu. Por isso, Bilbo declara que ganhou a competição de forma justa (embora admita que as "leis antigas" talvez não considerassem esse último enigma uma adivinha genuína).

Por outro lado, da perspectiva da teoria dialógica da interpretação de Gadamer, a adivinha final de Bilbo claramente quebra o sentido de diálogo que dá significado a qualquer interpretação. Em outras palavras, não é o fato de que existe uma resposta que parece acabar com o jogo, mas o fato de que Bilbo quebrou o frágil espírito de "boa vontade" que atuava no jogo. Sua pergunta é simplesmente uma interrogação, não uma declaração que fornece pistas ou comunica uma mensagem sem revelá-la de forma óbvia. Isso tem implicações para o objetivo subjacente do jogo. Deixa Gollum sem um horizonte ao qual se fundir. Não é surpresa, portanto, que Gollum se aproprie dessa pergunta e interprete a mensagem baseado puramente em sua própria experiência.

Como resultado, quando Gollum finalmente chega à verdade que conhecemos — que Bilbo tinha "roubado" seu "precioso"—, é "verdade", de certa forma, apenas porque Gollum a criou em seu discurso interno. Ele não pode provar que Bilbo está com o Anel, mas não importa, dada sua atitude interpretativa. Como vimos, Gollum não se limita a considerar o significado da adivinha de Bilbo igual à sua intenção, e então é justificável que chegue a uma conclusão própria.

Para fora da frigideira

Os filósofos podem ter discussões inflamadas sobre a "vitória" de Bilbo realmente no jogo de adivinhas. Mas o propósito deste capítulo foi simplesmente mostrar que o jogo de adivinhas gera uma série de problemas para a interpretação, mesmo dentro de suas regras relativamente estabelecidas. Os problemas de interpretação não se extinguem quando as adivinhas formais terminam. Na verdade, a partir do capítulo de abertura de *O hobbit*, quando Bilbo é confrontado com a chegada de uma trupe de anões que não tinham sido convidados e mesmo assim têm expectativas, Bilbo é desafiado ao longo de todo o livro com diferentes situações que tem de interpretar e entender para sobreviver.

Esteja ou não propondo adivinhas, as palavras são sempre enganosas, e podem significar uma coisa para uma pessoa e outra completamente diferente para outra pessoa. Até mesmo uma simples declaração como "Bom dia!" pode causar problemas de compreensão para um mago sábio como Gandalf: "Está me desejando um bom dia, ou quer dizer que o dia está bom, não importa que eu queira ou não, ou quer dizer que você se sente bem neste dia, ou que este é um dia para se estar bem?"[17]

Assim como acontece com muitos ramos da filosofia, nossa atitude cotidiana em relação à filosofia da interpretação normalmente é presumida em vez de questionada (de fato, Bilbo não ficou muito impressionado com o jogo de palavras de Gandalf). Mas embora possa parecer pretensioso falar de "interpretar" um livro infantil como *O hobbit*, é importante ver que a interpretação no sentido hermenêutico é algo que acontece o tempo todo, e a maneira pela qual interpretamos o significado é intimamente ligada a determinadas tradições e pressuposições filosóficas.

Nunca conseguiremos chegar a uma posição da qual vemos o mundo "como ele é" fora de nossa interpretação. (Mesmo que pudéssemos, comunicar isso a outra pessoa nos colocaria de volta onde começamos, pois ela ia, por sua vez, interpretar o que disséssemos.) Ao ler este capítulo, você provavelmente já fez diversas conjeturas hermenêuticas fundamentais sobre qual é o significado do texto, e como ele pode ser verificado. (Será que o significado do texto é o que eu, um autor que talvez seja ardiloso, quero que seja? Ou o que você, o leitor, entende? Ou outra coisa?)

Consequentemente, como estou escrevendo isso para que você entenda o que estou tentando dizer, também estou fazendo certas pressuposições sobre a natureza da comunicação: por exemplo, escrevo em um idioma, de forma que, assim como Roäc, o corvo, falando na "Língua Comum" com os anões na Montanha Solitária, é mais provável que eu seja entendido por leitores que falam a mesma língua que eu.

Assim, também é certo que determinadas situações destacarão de forma mais nítida nossas noções presumidas de "significado" e "compreensão" do que outras. Quando nos deparamos com uma mensagem incerta ou ambígua — como acontece em um jogo de adivinhas —, nossa atitude interpretativa normalmente é acentuada.

NOTAS

1 *O hobbit*, p. 74.

2 *O hobbit*, p. 79.

3 *O hobbit*, p. 74.

4 *O hobbit*, p. 76.

5 E. D. Hirsch Jr., *Validity in Interpretation* (Londres: Yale University Press, 1967), p. 4.

6 *O hobbit*, p' 77.

7 *O Senhor dos anéis: As duas torres*, pp. 149-151.

8 Monroe Beardsley, *Aesthetics* (Nova York: Harcourt, Brace and Co., 1958), p. 25

9 Tolkien afirmava que, com exceção de duas das adivinhas: "Trinta cavalos" e "Sem-pernas" — todas as outras eram de sua criação. Ver John D. Rateliff, *The History of The Hobbit*, Vol. 1 (Boston: Houghton Mifflin, 2007), p. 169.

10 *O hobbit*, p. 75.

11 *O hobbit*, p. 75.

12 Hans-Georg Gadamer, *Truth and Method* (Londres: Continuum, 2004), p. 294

13 *O hobbit*, p. 76.

14 *O hobbit*, p. 76.

15 *O hobbit*, p. 210.

16 *O hobbit*, p. 75.

17 *O hobbit*, p. 4.

PARTE QUATRO

LÁ E DE VOLTA OUTRA VEZ

14

ALGUNS HOBBITS
TÊM MUITA SORTE

Randall M. Jensen

O FILÓSOFO ROMANO SÊNECA (APROXIMADAMENTE 4 A.C.-65 D.C.) fez o famoso comentário de que "sorte é o encontro do conhecimento com o preparo". Isso pode ser verdade para os estoicos, mas aparentemente não é para os hobbits.

Bilbo não tem conhecimento prévio de nenhum dos lugares que está para visitar e nunca se dera ao trabalho de aprender sobre o amplo mundo até sua aventura já estar avançada. Quanto à preparação, Bilbo embarca em sua perigosa aventura sem seu chapéu, bengala e lenço de bolso. E, embora vá em busca de um tesouro, seu próprio dinheiro é deixado de forma descuidada em casa.

Mesmo assim, Bilbo é escolhido como o afortunado 14º membro da companhia dos anões e, como Thorin repara, ele prova que "tem uma sorte que excede em muito o quinhão normal".[1] Bilbo e seus companheiros escapam por pouco de se tornar geleia de troll quando Gandalf retorna "bem na hora".[2] E eles quase não evitam ser esmagados por grandes pedras que caem nas trilhas das Montanhas Sombrias.[3]

Bilbo é salvo "por pura sorte" quando inadvertidamente chega à resposta correta ("Tempo!") a uma das adivinhas de Gollum quando tudo o que queria era pedir mais tempo para responder.[4] Ele tem sorte em tirar as mãos dos bolsos logo antes de Gollum chutar "Mãoses!" como resposta para a impensada adivinha de Bilbo: "O que eu tenho no bolso?"[5]

Por "mera sorte", Dori tropeça em Bilbo e o encontra, enquanto o hobbit dormia profundamente, na noite escura como breu na Floresta das Trevas.[6] Mais tarde, na mesma noite, Bilbo acorda exatamente na hora em que uma aranha gigante está para enrolá-lo para o jantar.[7] Nas adegas do rei élfico, Bilbo experimenta uma "sorte extraordinária" quando os guardas bebem uma "safra inebriante" e caem no sono, permitindo que ele roube suas chaves.[8]

Sobretudo, em um momento que parece repleto de sorte, Bilbo encontra um pequeno anel na escuridão do aparentemente interminável labirinto de cavernas dos orcs. Quais são as chances de algo assim acontecer? É somente com esse anel mágico que ele consegue se salvar de Gollum e dos orcs, resgatar os companheiros de aranhas famintas e elfos hostis, aproximar-se sorrateiramente de Smaug e sobreviver à Batalha dos Cinco Exércitos.

A sorte realmente é muito importante no adorado clássico infantil de Tolkien. Neste capítulo, nós, os companheiros de conspiração, embarcaremos em nossa própria aventura para descobrir que tesouro filosófico pode ser encontrado a partir da reflexão sobre a natureza e a importância moral da sorte. Embora não precisemos dos talentos de um ladrão, muitos filósofos habilidosos nos esperam na Estalagem Dragão Verde.

Aristóteles e a adivinha da sorte

O grande filósofo grego Aristóteles tinha o hábito de abordar um tópico filosófico propondo uma série de questões ou enigmas em relação a ele. Segundo seu famoso comentário, a filosofia nasce do assombro — ou, talvez, das *adivinhas*. Em sua visão da sorte, Aristóteles observa que embora falemos muito sobre sorte em nossas explicações corriqueiras sobre o que está acontecendo no mundo à nossa volta, alguns filósofos negam a realidade da sorte.[9] Na verdade, quanto mais pensamos sobre a sorte, mais podemos suspeitar de que não sabemos muito bem do que estamos falando. Afinal, o que é sorte?

Aristóteles oferece três critérios importantes para nos ajudar a resolver alguns dos enigmas que encontraremos. Primeiro, algo que acontece sempre ou quase sempre não é uma questão de sorte; eventos afortunados são incomuns e, assim, geralmente inesperados. Segundo, a sorte não é uma causa independente, mas é encontrada em uma "coincidência" de causas. E terceiro, algo só pode ser afortunado (ou desafortunado) para um agente se estiver fora de seu controle. Cada um desses três pontos pode ser ilustrado observando episódios afortunados da jornada de Bilbo.

Lembre-se da passagem de Bilbo sob as Montanhas Sombrias e através do labirinto das cavernas dos orcs, especialmente de sua dramática saída pela bem-guardada porta de trás. Quando Bilbo relata essa fuga a seus companheiros, evidentemente eles querem saber como o hobbit conseguiu. Sua resposta inicial, "Ah, eu só cheguei sorrateiramente, vocês sabem — com toda a cautela e silêncio",[10] não os satisfaz, e com razão. Sem dúvida, alguns deles não só passaram a considerar Bilbo com mais respeito (como Tolkien nos conta), mas também a achá-lo um hobbit muito sortudo. E se os eventos realmente tivessem acontecido como Bilbo conta, ele teria sido de fato extraordinariamente sortudo!

Se alguém da estatura de Bilbo tivesse se esgueirado por uma caverna cheia de inimigos, evitando-os e passando sobre eles, dificilmente não seria pego. Evitar a captura em circunstâncias como essas é muito incomum, e portanto seria totalmente apropriado ver essa situação como uma questão de sorte; sorte para quem escapou e má sorte para os captores. Entretanto, não veríamos um fugitivo que foi pego durante esse tipo de tentativa de fuga como vítima de má *sorte*, embora fosse uma situação terrível para ele, simplesmente porque sua captura seria algo de se esperar. Como o primeiro critério de Aristóteles determina, a sorte não é encontrada no que acontece sempre ou quase sempre. Quando um evento corriqueiro e previsível acontece a alguém, seja benéfico, prejudicial ou neutro, simplesmente não é uma questão de sorte. Envolvemos a sorte em nossas explicações quando algo surpreendente acontece.

Evidentemente, como sabemos, a história de Bilbo é mentira por causa de uma omissão crucial. Vamos imaginar que ele fora mais aberto e contado a seus ouvintes sobre o anel mágico que encontrou. Se, naquele momento, ele tivesse explicado como saiu pela porta de trás, eles não teriam se sentido tão inclinados a considerá-lo sortudo *por escapar dos guardas*. Ninguém pensaria "que sorte não o terem visto ou capturado!". Afinal de contas, o fato de uma pessoa invisível conseguir esquivar-se de criaturas que não podiam vê-la não é nem um pouco surpreendente. Na verdade, pessoas invisíveis quase sempre conseguem ir aonde querem sem ser detectadas, a não ser que um dragão, Tom Bombadil ou um Cavaleiro Negro esteja por perto. Bilbo pode ter sido muito sortudo por encontrar o Anel. Mas, como o encontrou, o fato de ter evitado os guardas não é uma questão de sorte. Como Bilbo conseguiu se espremer através da pequena brecha da porta de trás dos orcs? Novamente, podemos apontar a sorte como resposta. Essa maneira de falar pode sugerir que a sorte é uma espécie de causa, uma força talismânica que, às vezes, faz as coisas acontecerem no mundo. Imagine que Bilbo encontrasse um anel que, como a poção *Felix Felicis* de Harry Potter, proporcionasse sorte.

Sempre que você estivesse em uma dificuldade, simplesmente colocaria o Anel e ele o ajudaria de alguma maneira, interferindo na ordem natural. No caso de Bilbo, o poder da sorte poderia ter aumentando magicamente a abertura, por exemplo. Porém, ele se espremeu através da porta; não houve qualquer "sorte" mágica!

Uma adivinha aristotélica está à espreita aqui. Embora consideremos Bilbo sortudo, não abrimos espaço para a sorte em nossa explicação de sua fuga. A sorte parece desaparecer quando tentamos explicar exatamente o que aconteceu; ela não acrescenta nada ao relato causal. Ainda assim, embora muitos de nós não acreditem seriamente em anéis mágicos da sorte (ou poções, ou qualquer outra coisa), falamos sobre a sorte com bastante frequência, e certamente toda essa conversa sobre o assunto não é apenas bobagem.

O *segundo* critério de Aristóteles resolve essa adivinha descrevendo a sorte como algo que está presente quando os fatores causais *coincidem*, de forma que não é surpresa que falemos de sorte e coincidência ao mesmo tempo. Aristóteles, porém, fala de algo um pouco mais profundo. Sua ideia é que a sorte não é um fator causal *adicional* aos fatores causais que explicam como algum efeito é obtido. A sorte não é um tipo de mágica. Pelo contrário, a sorte é encontrada quando dois fatores causais totalmente corriqueiros coincidem de maneira inesperada.

A princípio, a sorte de Bilbo parece boa, pois a porta de trás não foi totalmente fechada, ainda que os orcs tenham-no visto de relance. Muitas vezes as pessoas deixam as portas meio abertas. A aparente sorte de Bilbo é que algum orc deixou a porta entreaberta na hora em que ele estava precisando, e num momento que era de esperar que ele a tivesse fechado, com toda a comoção que estava acontecendo nas cavernas. Que feliz coincidência para o hobbit!

Entretanto, instantes depois, parece que sua sorte vira de forma surpreendente, pois a brecha na porta é um pouco mais estreita do que a largura de seu corpo. A causa dessa circunferência é que ele é um hobbit — uma criatura com "tendência a acumular gordura na barriga" — que estava acostumado a desfrutar seis refeições por dia, sempre que possível. Agora dois grupos de fatores causais, um envolvendo orcs e uma porta, e outro envolvendo um hobbit e sua dieta, juntam-se de tal maneira que algo surpreendente acontece. Parece que a fenda é tragicamente perfeita para o hobbit encontrar seu triste fim! Com que frequência alguém encontra uma abertura com o tamanho exato para ficar entalado? A sorte de Bilbo mudou para pior. Porém, sua sorte acaba sendo boa, pois a brecha acaba sendo grande o bastante para ele passar quando empurra com toda a sua força. Se fosse sequer dois centímetros mais estreita, ele estaria sem sorte, como se costuma dizer.

Para Aristóteles, é nesse tipo de coincidência que mora a sorte. É uma questão da relação entre fatores causais, não um único fator causal por si só. Descrevemos alguém ou alguma coisa como sortudo (ou azarado) quando a interação de causas é inesperada, quando o que vemos é perfeitamente natural e, portanto, explicável sem a invocação de qualquer poder mágico de sorte, mas notável exatamente porque somos favorecidos ou prejudicados quando não esperávamos. Essa é uma maneira útil de pensar sobre a sorte, e também mostra como os primeiros dois critérios de Aristóteles se encaixam bem: a sorte consiste na coincidência inesperada de causas. A sorte é real? Não se a considerarmos algum tipo de mágica, mas é perfeitamente real quando a entendemos como uma coincidência de causas.

Por que Bilbo não quer contar aos amigos sobre o Anel? Provavelmente, por várias razões, mas Tolkien nos conta uma delas: "Bilbo ficou tão satisfeito com os elogios que apenas riu por dentro e não disse nada sobre o anel."[11] Gandalf e os anões enaltecem Bilbo pelo que veem como "uma façanha de muita esperteza". Seus elogios efusivos baseiam-se na crença de que o próprio Bilbo é responsável pela fuga. Mesmo que eles também o considerem sortudo, não negam que sua fuga (pelo menos como foi descrita por Bilbo!) demonstrou engenhosidade e algumas habilidades verdadeiras.

Mesmo assim, como sabemos, e como Gandalf suspeita, a verdade é que existe mais nessa história: Bilbo escapou por causa do Um Anel. Então, de certa forma, não merece os elogios, porque o estão elogiando por algo que não dependeu dele. Sua fuga deve-se basicamente a um acidente incrivelmente afortunado: encontrar um objeto mágico muito pequeno em uma caverna grande e escura. Essa descoberta não se deveu à esperteza do hobbit. Na verdade, não teve nada a ver com ele. Estava inteiramente fora de seu controle, o que a torna uma candidata adequada para a sorte, de acordo com o *terceiro* critério de Aristóteles.

A sorte só impera quando não temos controle sobre o que está acontecendo. Afinal, não fazemos nossa própria sorte. Quando as pessoas falam isso, querem dizer que arranjam as coisas de modo que não haja espaço para a interferência da sorte, não que elas de alguma forma controlam a própria sorte. Muitas vezes, Gandalf orquestra eventos e geralmente tem a habilidade e o poder de lidar com o que quer que apareça em seu caminho, enquanto Bilbo costuma agir por desespero ou impulso. Enquanto Gandalf é inteligente e gosta de dizer isso aos outros,[12] Bilbo é sortudo porque os eventos normalmente fogem ao seu controle.

A folha de Nagel

O filósofo contemporâneo Thomas Nagel identificou quatro tipos de sorte, três dos quais podem ser vistos atuando em *O hobbit*.[13] Essas formas de sorte identificam como algo pode estar fora do controle do agente de diferentes maneiras.

Sorte *circunstancial* está nas circunstâncias em que a pessoa se encontra. Bilbo se vê em muitas situações afortunadas em *O hobbit*, como quando um peixe pula a seus pés, permitindo-lhe adivinhar a resposta correta para uma das adivinhas mais difíceis de Gollum.

Sorte *constitutiva* tem a ver com as características de uma pessoa: sua posição na vida, sua constituição familiar, seus traços genéticos etc. O filósofo John Rawls (1921-2002) usa a noção de uma loteria "natural" — um procedimento que obviamente é movido pela sorte — para sublinhar quão dramaticamente essas coisas estão fora de nosso alcance.[14] Bilbo é um hobbit nascido em berço de ouro, com o bom nome dos Bolseiro e um pouco do temperamento Tûk. Ele não escolheu e nem tem controle sobre nada disso, é simplesmente sorte.

Esses dois primeiros tipos de sorte lidam com a "contribuição" da pessoa para determinada situação, mas o terceiro tipo, a sorte *resultante*, relaciona-se com o resultado: o que realmente acaba acontecendo. Parece que temos certa quantidade de controle sobre o que decidimos fazer, mas claramente não controlamos tudo o que resulta do que fazemos!

Podemos ver os três tipos de sorte no episódio da caverna dos orcs. É uma questão de sorte constitutiva que Bilbo seja um hobbit, sendo pequeno o bastante para passar pela porta entreaberta da caverna. Que a caverna na qual o grupo passa a noite seja o "Pórtico de Entrada" dos orcs é sorte circunstancial. E também azar, podemos pensar, com exceção de que se não tivesse acontecido, a sequência de eventos que levaram Bilbo a encontrar o Anel não teria se iniciado. E quem sabe que coisas horríveis poderiam ter acontecido na Terra-média sem aquele momento fundamental? Às vezes, não fica imediatamente óbvio se uma circunstância acabará sendo boa ou má. Finalmente, Bilbo encontrar o Anel, o que levou à eventual queda de Sauron, o maligno Senhor dos anéis, é devido à sorte resultante. Bilbo não tinha controle sobre a maneira como Frodo escolheria usar o Anel.

Então, quem somos nós, onde nos encontramos e o que acontece conosco por nossa causa — tudo pode ser uma questão de sorte. Assim como Bilbo, podemos estar onde estamos (e ser quem somos) devido a uma série de eventos que estão basicamente fora de nosso controle. Talvez não mereçamos muito crédito por seja lá qual for a "esperta façanha" que conseguimos realizar. Para nós, também, as coisas poderiam ter acontecido de forma muito diferente! Esse é um pensamento incômodo. E, assim como Bilbo, podemos nos sentir tentados a deixar isso de lado e desfrutar a ideia de que temos mais controle do que realmente temos. Porque, se não estamos no controle, como isso afeta nossa concepção de nós mesmos? Somos mais sortudos do que bons?

O bom, o mau e o sortudo

Thorin Escudo de Carvalho, como sabemos, é um pouco esquentado. Ele é um anão orgulhoso que compartilha com raça a avidez por ouro e outras riquezas. Após a morte de Smaug, ele realmente deveria ter ouvido a reivindicação de Bard de uma parte do tesouro — "palavras (...) justas e verdadeiras",[15] diz Tolkien. Mesmo assim, ele se recusa a reconhecer o que é claramente um pedido legítimo. Deveríamos interpretar isso como um indicador de que Thorin tem um caráter falho e que, no fundo, é ganancioso e egoísta? Ou devemos ver essa situação como um ato censurável que é fora do comum para Thorin, um ato do qual ele se arrependerá mais tarde, como pode sugerir seu discurso no leito de morte ("Retiro minhas palavras e ações junto ao Portão.").[16] Ou talvez um pouco de cada?

Será que nossas avaliações morais sobre as pessoas e seu comportamento dependem ao menos parcialmente da sorte? Devemos culpar Thorin por sua fixação excessiva por ouro, posto que sua natureza de anão é uma questão de sorte constitutiva, e ele tem a má sorte circunstancial de cair sob o encanto do "mal do dragão"?[17] Devemos condenar os orcs por seu comportamento perverso, sendo que eles tiveram a má sorte de nascer orcs e não hobbits, anões ou elfos? Se a moralidade não deve depender demais da sorte, e os orcs são os grandes perdedores da loteria natural, será que isso não deveria afetar a maneira como pensamos a respeito deles? Os orcs são uma ameaça, claro, mas talvez não devessem ser *culpados* por isso.

E Bilbo? Ele faz a coisa certa quando pega a Pedra Arken do tesouro de Smaug? Quando a vê pela primeira vez, fica tão dominado por sua beleza que a coloca no bolso sem contar a ninguém. Nesse momento, ele mesmo entra em conflito com o que está fazendo. Embora tente racionalizar seu ato afirmando que lhe haviam prometido que poderia escolher sua parte do tesouro, ele tem uma "sensação de desconforto", sentindo que a pedra não é simplesmente parte do tesouro a ser dividido.[18]

Bilbo parece agir mal em sua aquisição secreta, especialmente sabendo quanto Thorin cobiça sua herança perdida. Mesmo assim, é apenas por causa de seu ato que mais tarde ele pode entregar a Pedra Arken a Bard e ao rei élfico, um presente que posterga as hostilidades iminentes entre elfos, anões e humanos. Entretanto, também devemos questionar esse ato, assim como faz Bard, pois não fica claro se o objeto é de Bilbo e se ele pode realmente entregá-lo. Bilbo é um ladrão? A maneira como encaramos a importância moral da sorte resultante tem um sério impacto em nossa opinião sobre essas duas ações arriscadas de Bilbo: pegar a Pedra Arken em segredo e depois se esgueirar para entregá-la aos inimigos de seus companheiros.

Cada uma dessas ações é repleta de riscos. Pegar a pedra coloca Bilbo em apuros quando Thorin interpreta esse ato como uma traição. E, embora entregar a pedra a Bard e ao rei élfico postergue o conflito iminente, poderia facilmente ter sido o contrário, pois as emoções de Thorin estavam muito exaltadas. Ora, uma coisa é Bilbo ter boas razões para acreditar que tudo aconteceria como aconteceu. Nesse caso, poderíamos nos perguntar se o fim justifica os meios, uma adivinha moral que é familiar para todos nós. Porém, quando Bilbo pegou a pedra, ele nem sequer tinha qualquer dos eventos vindouros em mente. Ele simplesmente ficou cativado pela deslumbrante gema. E, embora esperasse que entregar a Pedra Arken a Bard e ao rei élfico de alguma forma melhorasse a situação cada vez pior, era um plano bastante imperfeito e improvável.

Será que Bilbo fez a coisa certa simplesmente porque tudo acabou bem, mesmo que esse bom resultado não pudesse ter sido racionalmente predito? Ou será que Bilbo fez a coisa errada apesar dos bons resultados que sua ação acarretou? Certamente, a segunda opção é uma possibilidade real, não é? Uma pessoa pode fazer algo muito errado e mesmo assim acabar sendo a melhor opção. Se pensarmos que o plano de Bilbo é desonesto e concebido de forma rasa, podemos achar que ele fez a coisa errada, mesmo que tivesse boas intenções e que seus atos tenham tido os resultados desejados. A sorte não pode tornar uma ação moralmente aceitável. Portanto, parece que a moralidade olha para a sorte com um pouco de inquietude, e reprime os elogios para aqueles que apostam quando os riscos são altos. Porém, a moralidade pode rejeitar totalmente a sorte?

Melhor ser sortudo e bom

A ideia de que a moralidade nos torna essencialmente imunes às armadilhas da sorte tem uma longa história. Em *Apologia de Sócrates*, de Platão, Sócrates fez o famoso comentário: "A um homem bom não pode suceder o mal na vida nem na morte."[19] Platão afirma que uma pessoa justa está em uma posição melhor que uma pessoa injusta mesmo que a primeira sofra todo tipo de infortúnio e a segunda tenha toda a sorte do mundo.[20]

Ainda mais famosa é a negação do filósofo alemão Immanuel Kant (1724-1804) de que nosso valor moral possa ser sequer influenciado pela sorte. Kant afirma: "A boa vontade não é boa por causa dos efeitos que alcança (...) Utilidade ou inutilidade não podem acrescentar ou tirar coisa alguma desse valor."[21] A boa vontade ideal de Kant é *autônoma*, de forma que sua bondade depende apenas de sua propensão e não de quaisquer fatores externos.

Embora todo tipo de coisa possa acontecer às pessoas, seja aqui ou na Terra-média, a vontade de um agente — e, portanto, seu valor moral — não precisa ser moldada por elas. A sorte certamente afeta nosso bem-estar, mas não tem qualquer impacto sobre nosso valor como pessoas. Ficamos contentes quando temos sorte, e nos alegramos com a sorte dos outros, mas Kant nega que alguém mereça nossa *estima* moral simplesmente porque as coisas por acaso dão certo para essa pessoa. Kant pinta um quadro interessante, e de diversas formas reflete nosso senso de como as coisas *deveriam* ser, ou de como *gostaríamos* que elas fossem.

E ainda assim pode se argumentar que esse quadro é enganoso. Primeiro, a existência da sorte constitutiva torna difícil manter a ideia kantiana de que a vontade não está também sujeita à sorte. A vontade de alguém não é afetada por seus genes, por sua criação etc.? Embora não fique tão evidente em *O hobbit* quanto em outras obras, Tolkien passa um tempo considerável desenvolvendo a ascendência e a origem de seus personagens. O presente deles é arraigado em seu passado. Mesmo assim, ignoramos o sentido de toda essa história se tratarmos esses fatores como uma vontade meramente racional que é imune a tais fatores.

Segundo, tanto no mundo de Tolkien quanto no nosso, a vontade simplesmente não parece invulnerável à sorte circunstancial. A vontade de um personagem pode ser dobrada ou corrompida pelo desespero de suas circunstâncias. Pense em Thorin ou em Gollum. Ou em Boromir, Théoden ou Denethor, personagens de *O Senhor dos anéis*. Alguns deles, ao menos, eram bons homens, arruinados por eventos e forças além de seu controle. A bons homens o mal *pode* se suceder, não apenas fisicamente como também moralmente. Os resultados afortunados das ações das pessoas *afetam* a maneira como as julgamos, mesmo que não devessem.

Vamos encarar os fatos: gostamos de Bilbo e o admiramos, a despeito de sua incrível sorte. Na verdade, ele é uma espécie de herói, mesmo que um bastante improvável. Ainda assim, o desfecho da história poderia ter sido diferente com muita facilidade se a sorte de Bilbo tivesse acabado. E se um barril mal vedado tivesse feito um ou dois anões se afogarem — ou os

13? E se a tentativa desastrada do hobbit de roubar os trolls tivesse causado a morte de metade do grupo? E se Bilbo tivesse tropeçado em sua fuga de Smaug e sido queimado pelo hálito flamejante do dragão?

Não podemos negar a presença da sorte na aventura de Bilbo,[22] mas também não podemos negar que ele merece os elogios que desejamos lhe fazer. Como vemos, louvamos e culpamos pessoas por coisas que não estão inteiramente sob seu controle, e isso significa que deveríamos reconhecer que a moralidade é vulnerável à sorte, afinal de contas. Embora alguns dos elfos, homens, anões e hobbits na história de Tolkien possam ser melhores ou mais sortudos que outros cada um deles merece uma parte do tesouro do dragão.

NOTAS

1   *O hobbit*, p. 207.

2   *O hobbit*, p. 43.

3   *O hobbit*, p. 55.

4   *O hobbit*, p. 78.

5   *O hobbit*, p. 78.

6   *O hobbit*, p. 149.

7   *O hobbit*, p. 151.

8   *O hobbit*, p. 173.

9   As principais discussões de Aristóteles sobre a sorte (*tuche*, em grego) podem ser encontradas nos Capítulos 4-6 do Livro II de sua *Physics*, traduzido por Robin Waterfield (Oxford: Oxford University Press, 1999) e espalhadas pelo Livro I de seu *Ética a Nicômaco*, 2ª edição, traduzido para o inglês por Terence Irwin (Indianapolis. In: Hackett, 1999).

10   *O hobbit*, p. 93.

11   *O hobbit*, p. 93.

12   *O hobbit*, p. 94.

13   Thomas Nagel, "Moral Luck", Cap. 3. In: *Mortal Questions* (Cambridge: Cambridge University Press, 1979).

14 John Rawls, *A Theory of Justice* (Cambridge, MA: Harvard University Press, 1971), pp. 72-75.

15 *O hobbit*, p. 265.

16 *O hobbit*, p. 281.

17 Nas palavras de Tolkien, o mal do dragão é um feitiço ou uma maldição que causa uma avidez poderosa por tesouros guardados há muito tempo por um dragão. Thorin sucumbe à doença até que se liberta heroicamente de sua influência após a Batalha dos Cinco Exércitos. Para saber mais sobre o mal do dragão em *O hobbit* e em outros escritos de Tolkien, ver John D. Rateliff, *The History of The Hobbit*, Vol. 2 (Boston: Houghton Mifflin, 2007), pp. 595-600.

18 *O hobbit*, p. 230.

19 Platão, *Five Dialogues*, traduzido para o inglês por G. M. A. Grube (Indianapolis. In: Hackett, 1981), p. 44.

20 Platão, *A república*, Livro 2.

21 Immanuel Kant, *Groundwork of the Metaphysics of Morals*, traduzido para o inglês por Mary Gregor (Cambridge: Cambridge University Press, 1998), p. 8. Como acontece à maioria dos filósofos, a interpretação de Kant é difícil. Os defensores de Kant ressaltam que todos os seus pontos de vista são mais complexos e sofisticados do que somos capazes de perceber em um encontro tão breve com suas ideias.

22 Entretanto, na cena final de *O hobbit*, Gandalf indica que Bilbo não foi simplesmente sortudo. A ideia de que o que parece ser uma questão de sorte possa ser o trabalho de uma providência oculta é ainda mais pronunciada em *O Senhor dos anéis*. Ver o capítulo de Grant Sterling para uma discussão sobre sorte e providência.

15

A CONSOLAÇÃO DE BILBO: PROVIDÊNCIA E LIVRE-ARBÍTRIO NA TERRA-MÉDIA

Grant Sterling

QUANDO EU ERA CRIANÇA, tinha um pé de coelho para me trazer sorte. Não funcionava muito bem, o que não deveria ser uma surpresa, pois obviamente também não dera muita sorte ao coelho. Entretanto, nem mesmo possuir um pé de coelho genuinamente sortudo chegaria aos pés de nascer com sorte.

E há uma coisa com a qual todos concordam em relação a Bilbo Bolseiro — ele é sortudo. Sua sorte é mencionada diversas vezes em *O hobbit*. Não só Tolkien ressalta a grande sorte do hobbit em seu papel de narrador como vários personagens fazem o mesmo: Thorin acredita que Bilbo "tem uma sorte que excede em muito o quinhão normal",[1] Gandalf diz ao hobbit que ele "começava a [se] perguntar se mesmo a sua sorte não o teria abandonado",[2] e o próprio Bilbo comenta que confia em sua sorte mais do que antes, autoentitulando-se "Portador da Fortuna" em sua cautelosa conversa com Smaug (naturalmente, essa é a forma de conversar com dragões, como ficamos sabendo).[3]

Além disso, muitas das aventuras de Bilbo têm golpes de sorte. Ele chega a Valfenda exatamente durante a fase da Lua correta para ler as letras-da-lua no mapa. Quando Bilbo e seus companheiros fogem dos orcs nas Montanhas Sombrias, a Lua está aparecendo, dando-lhes luz para enxergar. Bilbo escolhe ajudar os anões a escapar das prisões do rei élfico pelo rio, que era o único bom caminho através da Floresta das Trevas até Esgaroth, embora ele não soubesse disso. Ele chega à entrada de Smaug pouco antes do Dia de Durin, a única data em que a fechadura mágica pode ser revelada, e que leva determinado intervalo de anos para acontecer de novo. Diversas vezes as coisas acabam se adaptando para permitir que os membros do grupo sobrevivam e continuem na busca por uma conclusão bem-sucedida. Em muitos desses casos, os intrépidos aventureiros são simplesmente sortudos.

O que ele tem nos bolsoss?

No entanto, e o momento central da história? Bilbo, perdido na escuridão dos túneis dos orcs sob as Montanhas Sombrias, "arrastou-se por um bom trecho, até que de repente sua mão tocou o que parecia ser um minúsculo anel de metal frio no chão do túnel. Era um ponto decisivo em sua carreira, mas ele não sabia".[4] Por causa desse evento, tudo mais se modifica. Sem o Anel, Bilbo não poderia escapar dos orcs ou das aranhas, salvar seus companheiros dos elfos ou se esgueirar até Smaug para ver o ponto desprotegido em seu peito. Foi, de fato, um momento decisivo em sua vida! (Evidentemente, em *O Senhor dos anéis* descobrimos que esse anel é nada mais, nada menos que o Um Anel, de forma que esse evento é igualmente crucial para todo o enredo dessa grande obra. Podemos dizer que a descoberta do Anel também foi um momento decisivo na vida de Tolkien.) Porém, mesmo em *O hobbit*, no qual o Anel só tem a função de permitir que Bilbo fique invisível quando quiser, a busca teria terminado em desastre se o hobbit não o tivesse encontrado.

Na verdade, os anões começam a respeitá-lo logo depois disso, percebendo que ele "tinha certa inteligência, além de sorte e um anel mágico — e todas as três coisas são posses muito úteis".[5] Aparentemente, a sorte não é a única coisa em ação, um ponto que Gandalf também frisa. Quando o mago descobre a verdadeira natureza do Anel no começo de *O Senhor dos anéis*, ele diz: "Não posso dizer de modo mais direto: Bilbo estava *designado* a encontrar o anel, e *não* por quem o fez".[6] Se Bilbo estava designado a encontrar o Anel, se algum poder estava agindo nos bastidores para arranjar esse resultado, então o maior episódio de "sorte" na vida de Bilbo acaba não dependendo de sorte alguma

Então, se Gandalf estava certo, o fato de Bilbo encontrar o Um Anel estava destinado a acontecer. Porém, quem planejou e arranjou esse resultado? Ficamos sabendo que não foi o criador do Anel, o Senhor da Escuridão, Sauron. Entretanto, se não foi Sauron, quem foi? Certamente não foi o próprio Bilbo, e muito menos Gandalf. Só poderia ser alguém com o poder de criar essa aparente coincidência como parte de um plano maior.

A resposta óbvia é: Bilbo encontra o Um Anel devido a uma manifestação da mão de Deus — "Eru Ilúvatar" como Ele é chamado na Terra-média de Tolkien. Na verdade, Tolkien diz isso explicitamente em suas cartas.[7] Foi Eru quem quis que Bilbo encontrasse o Anel, e mais tarde quis que este passasse para Frodo para a grande aventura de *O Senhor dos anéis*.

Agora, porém, nos deparamos com um problema. Aparentemente, Eru fez o Anel escorregar do dedo de Gollum enquanto ele estava estrangulando um filhote de orc. Isso foi arranjado para permitir que Bilbo encontrasse o objeto mágico, como ele estava *destinado* a fazer. Porém, esse plano da providência só pode funcionar se Eru conseguir prever que Bilbo estaria naquele exato túnel naquele dia.

Assim, a divina providência requer presciência. Eru deve ser capaz de ver os eventos futuros de forma confiável para poder manipular o presente e obter os resultados que deseja.

No entanto, como isso é possível? O fato de Bilbo estar no túnel naquele dia foi resultado de muitas escolhas individuas de diversas pessoas. Mesmo excluindo escolhas que aconteceram há muito tempo (como a concordância dos anões em que o ladrão de Gandalf fosse com eles, para começo de conversa), Bilbo teve de escolher seguir o mago para fora do covil do Grão-orc. Gandalf teve de fazer o resgate. Dori teve de concordar em carregar Bilbo nas costas. Gollum teve de escolher torcer o pescoço daquele "guinchadorzinho nojento". Thorin, os outros anões e os orcs tiveram de fazer certas escolhas em determinados momentos para colocar Bilbo naquele lugar.

Porém, se Eru sabia antecipadamente que todas essas escolhas seriam feitas, parece que elas foram impostas com antecedência, o que significa que não tinham como ser livres. Se Eru sabia que Bilbo estaria exatamente naquele ponto daquele túnel muito antes que este sequer estivesse indo naquela direção (o que Ele deve ter sabido, pois Ele arranjou para o Anel escorregar do dedo de Gollum algumas horas antes), então Gollum obviamente não estava livre para escolher matar ou não o filhote de orc, Bilbo não estava livre para escolher fugir, e Gandalf não estava livre para escolher se resgatava ou não seus amigos fazendo chover faíscas sobre os orcs, e daí por diante.[8]

O problema da presciência divina

Para os filósofos, esse problema — o aparente conflito entre o conhecimento prévio de Deus (ou de Eru) sobre o que vai acontecer e a liberdade das criaturas de fazer as próprias escolhas — é chamado (sem muita criatividade) de problema da presciência divina. Resumidamente, o problema é o seguinte:

1. Deus sabe tudo. Ele sabe o que vai acontecer; Ele não faz simplesmente uma estimativa do que provavelmente vai acontecer, da maneira como eu e você podemos fazer.
2. Se Deus sabe tudo, Ele tem de saber o que vou fazer amanhã (ou em qualquer momento futuro).
3. Se Deus sabe o que vou fazer amanhã, minhas ações são predeterminadas — eu não posso agir de forma alguma além daquela que Deus prevê. (Se eu o fizer, Deus estaria enganado, o que é impossível de acordo com a afirmação 1).
4. Mas se meus atos são predeterminados, não tenho livre-arbítrio.
5. E se não tenho livre-arbítrio não posso ser responsabilizado por nada do que faço, pois não poderia ter feito de outra maneira.

Os filósofos vêm lutando com esse problema desde que a noção de um Deus onisciente (que tudo sabe) surgiu. Parece que aqueles que acreditam em Deus devem abandonar a ideia de que Ele conhece o futuro ou abandonar a noção de que eles próprios possuem livre-arbítrio, a menos que queiram desistir do conceito de responsabilidade moral.

Alguns filósofos tentaram a primeira estratégia, procurando resolver esse problema ao negar a afirmação de que Deus sabe tudo. "Teólogos do processo", como Alfred North Whitehead e Charles Hartshorne, e "teístas abertos", como Clark Pinnock, afirmam que como o futuro não aconteceu ainda, não há nada que Deus possa saber em relação a ele.[9] Só se pode conhecer alguma coisa se ela for verdadeira, e não existem verdades sobre o futuro, já que o futuro ainda está "aberto". Deus ainda é onisciente, porque ser "onisciente" significa conhecer todas as *verdades*, e segundo essa visão isso não requer conhecimento do futuro. Ao mesmo tempo, o livre-arbítrio é mantido.

Não fica claro se essa estratégia pode funcionar para teólogos modernos que são confrontados com o problema da presciência divina. Certamente ela enfrenta diversos problemas. Por exemplo, a maioria dos religiosos aceita a existência de um presciência genuína no caso da profecia, e não fica claro quão real a profecia (em oposição à estimativa de probabilidade) pode ser sob o esquema do teísmo aberto. Isso também parece entrar em conflito com características que muitos teólogos acreditam que Deus possui, como a imutabilidade (o conhecimento de Deus mudaria conforme o futuro se tornasse o presente, mas a imutabilidade sugere que Deus não passa por mudança alguma).

Seja qual for o caso nesse contexto teológico, essa estratégia não funciona para os teólogos da Terra-média, porque o conhecimento de Eru se estende ao futuro. Em um de seus últimos ensaios, "Ósanwe-kenta", Tolkien contrasta a presciência de Eru com os poderes de previsão daqueles que não conseguem ver o futuro. "[Uma mente que não a de Eru] só pode saber o futuro por meio de outra mente que o viu. Mas isso significa que apenas por Eru, ou indiretamente de alguma mente que viu em Eru alguma parte de Seu propósito (...)"[10] Assim, Tolkien não deixou aberta a opção de negar a presciência divina.

Porém, de qualquer forma, o teísmo aberto parece minar as bases da providência divina, e foi a intervenção providencial de Eru que nos deu essa dor de cabeça. Se Eru não pode ter presciência porque o futuro é aberto, não pode arrumar as situações para que Bilbo encontre o Anel, e o desdobramento do plano divino não pode funcionar do jeito que parece.

Então, teremos de procurar outra solução. Alguns filósofos tentaram resolver o problema negando a afirmação de que se meus atos são predeterminados não tenho livre-arbítrio. Eles afirmavam que o livre-arbítrio é compatível com o fato de nossas ações serem predeterminadas (uma teoria engenhosamente chamada de "compatibilismo"). Outros negaram a afirmação de que se eu não tenho livre-arbítrio não posso ser responsabilizado por nada do que faço, pois não poderia ter feito de outra maneira, dizendo que não importa que não tenhamos livre-arbítrio, porque a responsabilidade moral ainda é possível. Filósofos como Thomas Hobbes (1588-1679) e David Hume (1711-1776) defenderam esses pontos de vista, assim como diversos outros pensadores, como Harry Frankfurt e Daniel Dennett.[11]

É extremamente questionável se alguma dessas estratégias pode funcionar. Os críticos afirmam que nada que possa racionalmente ser chamado de "livre-arbítrio" é aplicável a seres cujas ações são inalteravelmente determinadas séculos antes de seu nascimento.[12] Nem fica claro como podemos ser moralmente responsáveis por ações que são completamente predeterminadas.

A liberdade e a Música

Independentemente do que os filósofos afirmam sobre o mundo real, Tolkien não tenta resolver o problema da presciência divina negando a existência de um tipo de livre-arbítrio que abrange as opções reais de ação em *O hobbit*. Na verdade, Tolkien diz que os seres humanos têm o "dom de liberdade",[13] que é uma virtude capaz de "moldar sua vida, em meio aos poderes e aos acasos do mundo, fora do alcance da Música dos Ainur, que é como que o destino de todas as outras coisas".[14]

Porém, o que exatamente é "a Música dos Ainur, que é como que o destino de todas as outras coisas"? Tolkien está se referindo à versão ficcional da Criação, que pode ser encontrada em "Ainulindalë: A Música dos Ainur", parte da versão publicada de *O Silmarillion*. Nessa história, os Ainur (seres angelicais) executam uma sinfonia cósmica que contém em si a futura história do mundo, que, então, Eru torna realidade. Como resultado, os eventos na história foram prefigurados nessa harmonia divina, de forma que as escolhas dos Ainur de como tocar a "música" servem como um tipo de destino para o mundo. Mas não para os humanos — eles têm livre-arbítrio, que lhes permite agir de maneira livre dos preceitos da Música.[15]

Porém, não só ficamos sabendo que os humanos (e os hobbits) têm livre-arbítrio de forma geral, como também que Bilbo em particular tem livre-arbítrio — ele poderia ter escolhido ficar em casa e não acompanhar os anões. Na história de Tolkien "A busca de Erebor", Frodo reconta uma conversa que teve com Gandalf muitos anos depois de Bilbo encontrar o Anel.

Nessa conversa, Gandalf repete seus comentários de *O Senhor dos anéis*, dizendo: "Naquela época extremamente distante eu disse a um pequeno hobbit amedrontado: Bilbo foi *designado* a encontrar o Anel, e *não* por quem o fez, e portanto você foi *designado* a portá-lo. E eu poderia ter acrescentado: e eu fui *designado* a conduzi-los a ambos a esses pontos." Ao que Frodo responde: "Compreendo-o um pouco melhor do que compreendia antes. Porém suponho que, *designado* ou não, Bilbo poderia ter-se recusado a sair de casa, e eu também. Você não podia nos compelir."[16]

Então, para Tolkien, fica claro que Eru realmente pode ver o futuro e fazer planos de acordo com sua presciência, e ao mesmo tempo Bilbo (como as outras pessoas que são parte desses planos) tem livre-arbítrio para escolher como se comportar. Assim, novamente enfrentamos a questão de que Eru conhece todo o futuro, mesmo quando as ações de pessoas têm livre-arbítrio. Como isso é possível?

A solução boeciana de Tolkien

As sementes de outra possível solução para o problema da presciência divina foram plantadas pelo filósofo romano Boécio (aproximadamente

480-524 d.C.) em seu clássico trabalho *A consolação da filosofia*, escrito enquanto ele estava na prisão aguardando a execução por uma acusação injusta.[17] Boécio afirmava que os seres humanos possuem apenas uma pequena fração de sua existência a cada instante, pois seu passado já se foi e seu futuro ainda não chegou. Deus, pensava ele, não podia ser assim — Deus tem uma existência infinita, e portanto Ele deve desfrutar toda a sua realidade de uma só vez, e não dividida ao longo do tempo.

Porém, isso significaria que Deus está fora do tempo, ou seja, não é sujeito a mudanças. Nós, humanos, vivemos por certo período, envelhecendo e mudando a cada dia. Temos um passado, um presente e um futuro. Deus, segundo Boécio, não é como um de nós, e a diferença não é apenas uma questão de tempo — pelo contrário, o tempo simplesmente não se aplica a Deus. Ele "não tem passado, presente ou futuro", apenas um "agora" eternamente imutável.[18]

Como a afirmação de Boécio de que Deus está fora do tempo ajuda com o problema da presciência divina? Imagine que Bilbo saiba que Bard, o Arqueiro está jantando, porque ele o está observando fazê-lo. Seu conhecimento das ações de Bard não coloca em dúvida o livre-arbítrio deste — o conhecimento de um evento *presente* não cria dilemas filosóficos sobre a liberdade. Porém, se Deus está fora do tempo como pensava Boécio, então Ele pode ver o futuro — mas da perspectiva de Deus, não é o futuro: está acontecendo *agora*. Deus não tem nenhuma *presciência*.

Imagine ter o rolo de filme da versão cinematográfica de *O hobbit* de Peter Jackson aberto diante de você. Você pode olhar simultaneamente cenas tanto do começo do filme quanto do final. Isso, grosso modo, é como Boécio entendia a visão divina do universo. Como Deus é eterno e existe fora do tempo, Ele pode ver, em um relance atemporal, eventos que acontecerão com intervalo de milênios, como se todos estivessem acontecendo ao mesmo tempo.

Tudo isso vale para Boécio, você pode pensar, mas o que isso tem a ver com Tolkien? Na verdade, existem indicações claras de que essa era a solução do autor para o problema da presciência divina, tanto no mundo real de hoje quanto na Terra-média ficcional de *O hobbit*.

Existem sugestões de que Tolkien adotou a solução de Boécio em muitos pontos. Por exemplo, retornemos à "Música dos Ainur". Lemos que essa "música" toca nas "Mansões Eternas". Quando alguns dos Ainur (incluindo os "Valar", os grandes arcanjos como Elbereth, para quem os elfos cantam) escolhem entrar no novo mundo que Eru criou, é dito que "eles haviam entrado no início dos Tempos".[19]

Talvez a discussão mais direta sobre essa questão esteja na fascinante, embora pouco lida, "Ósanwe-kenta" ("Investigação na comunicação do pensamento"). Essa narrativa foca na questão de como os pensamentos são transmitidos na Terra-média. Tolkien usa um sábio élfico, Pengolodh de Gondolin, como autor putativo. Segundo o sábio: "Os Valar entraram em Eä [o universo físico] e no Tempo por vontade própria, e agora estão no Tempo, enquanto este durar. Eles não conseguem perceber nada fora do Tempo, exceto pela memória de sua existência antes de seu começo: lembram-se da Música e da Visão. Eles são, é claro, abertos a Eru, mas por contra própria não conseguem 'ver' nenhuma parte de Sua mente."[20]

Observe que fica claro que existem coisas fora do Tempo, que seres como os Valar, que estão dentro do Tempo, não conseguem ver essas coisas, e presume-se que a mente de Eru é uma delas.

Mais adiante na história, Tolkien oferece o seguinte comentário sobre o ponto de vista do sábio em relação à capacidade dos Valar de saber o futuro:

> Pengolodh aqui elabora (...) essa questão de "presciência". Nenhuma mente, afirma ele, sabe o que não está nela. (...) Nenhuma parte do "futuro" está lá, pois a mente não consegue vê-la ou tê-la visto: quer dizer, uma mente localizada no tempo. Essa mente só pode conhecer o futuro através de outra mente que o viu. Mas isso significa que é apenas através de Eru ou, indiretamente, de alguma mente que tiver visto em Eru alguma parte de Seu propósito (como os Ainur que agora são Valar em Eä). Portanto, um Encarnado só pode saber alguma coisa sobre o futuro pelo conhecimento derivado dos Valar, ou por uma revelação vinda diretamente de Eru.[21]

O estilo direto e fluido que Tolkien usa em seus romances quase não se evidencia em seus escritos teóricos, e esse não é exceção. Porém, embora seja desculpável que o leitor considere os detalhes dessa passagem bastante obscuros, pelo menos o seguinte parece claro — Tolkien afirma que nenhuma mente "no Tempo" pode ver o futuro. O que significa que a única maneira de saber o futuro é apreendê-lo de uma mente que o viu (e que, portanto, deve estar fora do tempo), o que basicamente define que todo o conhecimento sobre o futuro vem de Eru.

As mentes que estão dentro do tempo (sejam as dos poderosos Valar, de hobbits comuns como Bilbo, ou de agenciadores de apostas locais) podem ser capazes de prever o futuro de forma mais ou menos precisa deduzindo a partir de evidências — o que, de forma alguma, consitui-se em verdadeira presciência. Apenas a mente atemporal de Eru pode ver diretamente o futuro. E a capacidade de Eru de ver o futuro de forma atemporal pode nos dar um caminho para escapar do problema da presciência divina. É porque Ele vê todas as coisas em um presente atemporal que Eru pode manifestar seu plano providencial nas vidas dos habitantes da Terra-média.

Será que a abordagem boeciana realmente resolve o problema? Como acontece com todo o restante da filosofia, essa é uma questão controversa. Alguns se perguntam se a noção faz sentido ou se pode ser alinhada a outras características consideradas divinas. Outros acham que o conhecimento atemporal apresenta os mesmos problemas da presciência, pois parece igualmente "fixo".[22] Porém, até alguns dos críticos reconhecem que a noção de atemporalidade é tão estranha à nossa maneira habitual de pensar que é difícil garantir que essas objeções não podem ser resolvidas.[23] Em todo caso, parece claro que Tolkien achava que a solução boeciana funcionava e se aplicava à Terra-média.

Então, retornamos ao começo. Vemos que as "aventuras e fugas" de Bilbo não foram obtidas por "mera sorte" para o "próprio benefício" de Bilbo, mas foram arranjadas por Eru para o benefício de todos. As profecias, a verdadeiras profecias, vêm de mentes inspiradas por esse Deus Atemporal com o conhecimento do que está por vir. Talvez Bilbo *seja* verdadeiramente sortudo afinal de contas — sortudo por ter sido escolhido para desempenhar um papel tão importante no plano providencial. E "ele foi muito feliz até o final de sua vida, que foi extraordinariamente longa".[24] Nenhum pé de coelho poderia dar mais sorte a alguém.

NOTAS

1 *O hobbit*, p. 206.

2 *O hobbit*, p. 280.

3 *O hobbit*, p. 217. Um esboço anterior do Capítulo 13 de *O hobbit* fala da "sorte comprovada e impressionante" de Bilbo. John D. Rateliff, *The History of The Hobbit*, Vol. 2 (Boston: Houghton Mifflin, 2007), p. 578.

4 *O hobbit*, p. 69

5 *O hobbit*, p. 161.

6 *O Senhor dos anéis: A Sociedade do Anel*, p. 57.

7 *The Letters of J. R. R. Tolkien*.

8 Uma excelente amostra de passagens dos escritos de Tolkien em relação a esses assuntos pode ser encontrada na seção sobre "Livre-arbítrio e fé", em Christina Scull e Wayne Hammond, *The J. R. R. Tolkien Companion and Guide: Reader's Guide* (NovaYork: Houghton Mifflin, 2006), pp. 324-333. Scull e Hammond não tentam dar uma explicação definitiva sobre como o livre-arbítrio e a fé podem ser reconciliados.

9 Ver, por exemplo, Alfred North Whitehead, *Process and Reality* (Nova York: Free Press, 1979); Charles Hartshorne, *Omnipotence and Other Theological Mistakes* (Albany, N.Y.: State University of New York Press, 1984); Clark Pinnock, *The Openness of God* (Downer's Grove, IL.: InterVarsity Press, 1994).

10 J. R. R. Tolkien. "Ósanwe-kenta", Vinyar Tengwar, Vol. 39 (Julho de 1998), p. 31. Vinyar Tengwar foi publicado pela Elvish Linguistic Fellowship, e está disponível em: http://www.elvish.org/ (em inglês).

11 Ver, por exemplo, Thomas Hobbes, *Leviatã*, especialmente o Capítulo XXI; David Hume, *An Enquiry Concerning Human Understanding*, editado por P. H. Nidditch (Oxford: Clarendon Press, 1978), especialmente a Seção VIII; Harry Frankfurt, *The Importance of What We Care About* (Cambridge: Cambridge University Press, 1988); Daniel Dennett, *Elbow Room: The Varieties of Free Will Worth Wanting* (Cambridge, Mass.: MIT Press, 1984).

12 Para um exemplo dessa posição, ver Peter van Inwagen, *An Essay on Free Will* (Oxford: Oxford University Press, 1983).

13 *O Silmarillion*, p. 36.

14 *O Silmarillion*, p. 36.

15 Não fica claro até que ponto as ações de outros seres (como elfos e anões) são predeterminadas. Os próprios Ainur, entretanto, escolhem como executar a Música, assim, de certa forma, suas ações posteriores são apenas reflexos de suas livres escolhas anteriores.

16 J. R. R. Tolkien, "A busca de Erebor". In: *Contos inacabados* (Boston: Houghton Mifflin, 1980), p.359.

17 Kathleen Dubs também defende uma interpretação boeciana das obras de Tolkien, embora sua afirmação de que essa interpretação o teria interessado como uma atitude não cristã é claramente equivocada. Ver Kathleen E. Dubs: "Providence, Fate and Chance: Boethian Philosophy in The Lord of the Rings". In: Jane Chance, ed., *Tolkien and the Invention of Myth* (Lexington, KY: University Press of Kentucky, 2004).

18 Boécio, *The Consolation of Philosophy*, traduzido para o inglês por V. E. Watts (Londres: Penguin Books, 1981), pp.150-169. Ver especialmente pp.163-169.

19 *O Silmarillion*, p. 10. O amigo de Tolkien, C. S. Lewis, também adotava a visão boeciana, e se refere a ela na carta XXVII de sua famosa obra *The Screwtape Letters*.

20 "Ósanwe-kenta," p. 24.

21 "Ósanwe-kenta," p. 31.

22 Ver, por exemplo, Linda Zagzebski, *The Dilemma of Freedom and Foreknowledge* (Nova York: Oxford University Press, 1991), especialmente o Capítulo 2.

23 Zagzebski admite isso em seu artigo sobre "Presciência e livre-arbítrio" na Stanford Encyclopedia of Philosophy on-line, disponível em: www.plato.stanford.edu/entries/free-will-foreknowledge/ (em inglês). Esse artigo também serve como uma excelente introdução a outras formas de resolver o problema. Note também que mesmo que a solução boeciana explique como a presciência divina e o livre-arbítrio podem ser compatíveis, é preciso mais para explicar a providência divina, já que a providência torna necessário que Deus se antecipe às escolhas das pessoas. Entretanto, essas questões fogem ao propósito deste capítulo.

24 *O hobbit*, p. 295.

16

PARA FORA DA FRIGIDEIRA: CORAGEM E TOMADA DE DECISÕES NAS TERRAS ERMAS

Jamie Carlin Watson

N O INÍCIO DE *O HOBBIT*, BILBO E A COMPANHIA estão atravessando as Terras Ermas quando começam a enfrentar dificuldades. Um de seus pôneis — que carregava a maior parte dos suprimentos — cai em um rio. Parados sob a chuva, com frio e fome, eles percebem uma luz a distância e começam a debater a possibilidade de ir até ela. A discussão é a seguinte:

> Alguns diziam que tinham mesmo de ir lá ver, e que qualquer coisa era melhor que pouca ceia, menos desjejum e roupas molhadas a noite toda.
>
> Uns diziam: — Essas partes não são bem conhecidas, e ficam muito próximas das montanhas. Hoje raramente passam viajantes por aqui. Os velhos mapas não ajudam em nada: as coisas mudaram para pior e a estrada não é vigiada. Raramente se ouviu falar no rei por aqui, e quanto menos curioso você for enquanto passa por aqui, menos chance terá de encontrar problemas. — Outros diziam: — Afinal de contas, somos quatorze. (...) Então a chuva começou a cair mais forte do que nunca, e Oin e Gloin começaram a brigar.
>
> Isso resolveu a questão.[1]

A decisão era arriscada. Seria arriscada *demais*? Quase todas as decisões que tomamos envolvem incerteza e risco: será que esse avião é seguro? Será que devo tirar meu dinheiro do mercado de ações? Será que essa pessoa com a seta do carro ligada vai mesmo virar? O garçom vai fazer meu café direito? Poucos de nós, entretanto, assumem riscos como os de Bilbo Bolseiro. Bilbo é incomum porque é um hobbit com gosto pela aventura. Todas as aventuras exigem que riscos sejam assumidos, e os aventureiros normalmente são aplaudidos por suas habilidades de superar o perigo e suportar privações, especialmente quando fazem isso por um objetivo nobre. Porém, parece que os melhores aventureiros são os mais eficientes em calcular os riscos. Se forem descuidados, não serão aventureiros por muito tempo. Se forem cautelosos demais, não alcançarão seus nobres objetivos.

Em *O hobbit*, Bilbo e seus companheiros correm grandes riscos pelo que parecem ser objetivos dignos e são considerados heróis (ao menos entre os não hobbits). Entretanto, as decisões de Bilbo são calculadas e corajosas ou descuidadas e impulsivas? Poucos de nós colocam a vida em perigo sem ter uma razão extremamente boa; e, evidentemente, alguns de nós não conseguem imaginar fazer isso nem por uma boa razão. Então, como podemos saber objetivamente se alguém está agindo de maneira covarde, corajosa ou impulsiva?

Os filósofos podem nos dizer muito sobre os princípios do bom raciocínio. Alguns raciocínios são puramente formais, como na lógica simbólica ou na matemática abstrata. Porém, a maioria é muito prática, como decidir em que candidato votar ou que carro comprar. Os economistas e os psicólogos nos deram algumas dicas sobre que traços de nossas circunstâncias são relevantes para tomar boas decisões. Ao nos apresentar algumas estratégias de raciocínio e nos mostrar como tomar nota cuidadosamente desses traços, os filósofos podem nos ajudar a tomar as melhores decisões possíveis, mesmo em meio à incerteza.

O raciocínio *moral* é um tipo único de raciocínio, diferente da lógica puramente formal ou da matemática. O raciocínio moral é prático porque visa um determinado resultado, ou seja: a coisa *certa* a fazer. Em sua discussão sobre virtude moral, o filósofo Aristóteles identifica duas falhas: "covardia" e "tolice", e as distingue da virtude correspondente, "coragem".[2]

A maioria de nós concordaria que Bilbo, ao final de O hobbit, é corajoso. Muitos também concordariam que Thorin é impulsivo. Nossa intuição diverge quando o assunto é julgar entusiastas de esportes extremos, como escalada e base jump, mas a maioria de nós concorda ao menos sobre o que está em risco nesses casos — a vida dos praticantes! Quando comparamos os objetivos ao que está em risco em alguma aventura, uma questão surge naturalmente: os objetivos justificam os riscos?

Usando as aventuras de Bilbo, explicarei duas maneiras de determinar se o ato é razoável: a teoria da utilidade esperada e a probabilidade condicional. Nós as utilizaremos para avaliar quão bem Bilbo raciocina em meio a uma variedade de resultados incertos. Então, veremos como os resultados podem ser julgados de acordo com a visão aristotélica de coragem. Talvez os outros hobbits estejam certos em considerá-lo tolo; talvez não. E talvez você adquira algumas ferramentas de tomada de decisões para levar em sua próxima aventura.

Adivinhas, dilemas e sorte, oh Deus!

Para entender por que raciocinar em meio à incerteza é tão difícil, considere o caso das adivinhas. Quando Bilbo entra sem querer na toca de Gollum, ele se vê preso em um jogo de adivinhas que coloca sua vida em risco. Adivinhas são difíceis de resolver porque é preciso selecionar uma resposta específica de um grupo potencialmente infinito de informações, usando apenas algumas pistas vagas.

Por exemplo, a segunda adivinha que Gollum propõe para Bilbo é a seguinte:

Sem asas volita,
Sem voz ele ulula,

Sem dentes mordisca,

Sem boca murmura.

Muitas coisas poderiam se encaixar nessa descrição: tempo, idade, amor, uma porta de tela rangente, um estômago irritado, uma queda no mercado de ações — bem, esta última pode ser exagero. Porém, evidentemente, o objetivo de uma adivinha é encontrar algo que se encaixe *melhor* na charada e, mais importante, o que aquele que propõe a adivinha *acha* que se encaixa melhor. Nesse caso, Bilbo teve a sorte de já ter ouvido algo parecido com aquela adivinha, e por sorte deu a resposta que Gollum tinha em mente: vento.

Infelizmente, em geral não há um caminho para reduzir as possíveis respostas de uma adivinha a um número viável. Em algumas adivinhas, a pessoa que está decifrando precisa ter informações que talvez não estejam disponíveis para ela. Imagine se alguém propusesse a Bilbo uma adivinha sobre o Facebook. Quando Gollum lança a Bilbo uma adivinha sobre peixes, ficamos sabendo que "era uma pergunta difícil para o pobre Bilbo, que nunca tinha nada a ver com água, a não ser por obrigação".[4] Bilbo só pensa na resposta correta porque um peixe pula da água para seus pés. Que sorte a dele!

Infelizmente, a vida, assim como as adivinhas, geralmente nos dá pistas vagas sobre a forma de agir. E para tomar boas decisões precisamos de mais informações do que as adivinhas fornecem. Não é necessário ter todas as informações relevantes; mas um pouco de ajuda. Por sorte, existem ao menos duas coisas que tornam o raciocínio mais fácil: *informação de base* e *métodos de decisão*.

Informações de base incluem fatos contextuais relevantes para nossa decisão. Antes de revogar uma lei que obriga os motoristas a usar o cinto de segurança, precisamos saber as prováveis consequências de não usar o cinto de segurança. Devemos consultar estatísticas de acidentes automobilísticos para verificar se usar esse método de proteção realmente reduz o risco de ferimentos graves ou de morte. Precisamos ver se outros lugares revogaram leis de cinto de segurança e, caso o tenham feito, quais foram os resultados.

Evidentemente, todas as informações seriam estatísticas, e conclusões para o futuro de nossa sociedade baseadas nessas estatísticas não seriam uma segurança. Não teríamos certeza do que acontecerá, mas uma ideia melhor do que poderia acontecer ao revogarmos a lei.

Infelizmente, em geral, os filósofos não podem fornecer muita informação de base.[5] Por isso, você terá de recorrer a especialistas do campo correspondente. Os métodos de decisão, por outro lado, são a especialidade dos filósofos.[6]

Métodos de decisão são estratégias de raciocínio que nos ajudam a tirar a conclusão mais provável a partir das informações de base que temos. Existem muitos métodos de decisão diferentes, e saber qual você precisará depende da informação que deseja. Os métodos são bastante diretos quando sua informação é clara, como na matemática ou na lógica. Porém, quando a informação é incompleta ou depende de outros eventos, os métodos ficam complicados. As decisões enfrentadas por aventureiros como Bilbo são quase sempre tomadas em meio à incerteza em relação às consequências possíveis das decisões.

Um exemplo clássico de raciocínio em meio à incerteza é chamado "dilema do prisioneiro". Evidentemente, os hobbits são conhecidos por serem ladrões furtivos quando querem. Imagine que você é um hobbit, e suponha que você e um parceiro de roubo são pegos pela polícia e interrogados em salas separadas. Seus captores lhe dão duas opções: você pode delatar seu cúmplice ou se recusar a falar. Infelizmente, você descobre que, nesse caso, as consequências de cada opção dependem da escolha que seu parceiro faz. Se você escolher delatar e ele se calar, você ficará livre e seu parceiro pegará dez anos nos Tocadeados (as tocas usadas como prisão pelos homens de Charcote em *O Senhor dos anéis*). De forma similar, se ele confessar e você se calar, ele ficará livre e você pegará dez anos. Porém, se ambos confessarem, ambos passarão cinco anos nos Tocadeados. Se ambos se recusarem a falar e o caso for a julgamento, ambos irão para os Tocadeados por dois anos. Para avaliar essas opções de maneira mais clara, podemos representá-las com o seguinte modelo (Figura 1):

	Parceiro	
	Confessar	Negar
Confessar	5,5	0,10
Você		
Negar	10,0	2,2

Nesse esquema de decisões, não há como ter *certeza* do que seu cúmplice escolherá. Você sabe que se ambos resistirem ao interrogatório podem se safar com apenas dois anos nos Tocadeados. Porém, você é confrontado com a deplorável possibilidade de que seu parceiro o delate (não muito admirável para um hobbit) e você tenha de passar *dez* anos nos Tocadeados, enquanto ele fica livre. Sem poder falar com seu cúmplice, como determinar o melhor curso de ação?

Uma das mais antigas e conhecidas ferramentas para raciocinar em meio à incerteza é chamada *teoria da utilidade esperada*. A ideia básica é: quando você conhece a probabilidade dos resultados de cada escolha em uma decisão, e sabe quanto valoriza cada resultado, uma conta simples lhe dirá que decisão é a melhor para você.[7] Uma "árvore de decisão" é a maneira mais intuitiva de usar a teoria da utilidade esperada, e funciona com muitas dificuldades de decisão simples. Começaremos aplicando-a ao dilema do prisioneiro, e então veremos como Bilbo poderia fazer bom uso dela.

Se eu estivesse diante do dilema do prisioneiro, teria que tomar a decisão com base no que as consequências significariam *para mim*. Reconhecer isso me permite focar na informação relevante. Tenho duas opções (ver Figura 2 a seguir). Para cada opção existe uma chance de 50/50 de que meu parceiro confesse ou se cale. Se eu confessar e ele também, ficarei cinco anos nos Tocadeados. Se eu confessar e ele se calar, não precisarei ficar nos Tocadeados, e daí por diante.

Para descobrir que opção é a melhor para mim, tudo o que preciso fazer é multiplicar a probabilidade do resultado (digamos que eu tenha uma chance de 50/50, portanto, uma probabilidade de 50%) por quanto valorizo as consequências (nesse caso, valorizo o menor número de anos na prisão). Então, somo os resultados para cada consequência potencial (Figura 2 a seguir):

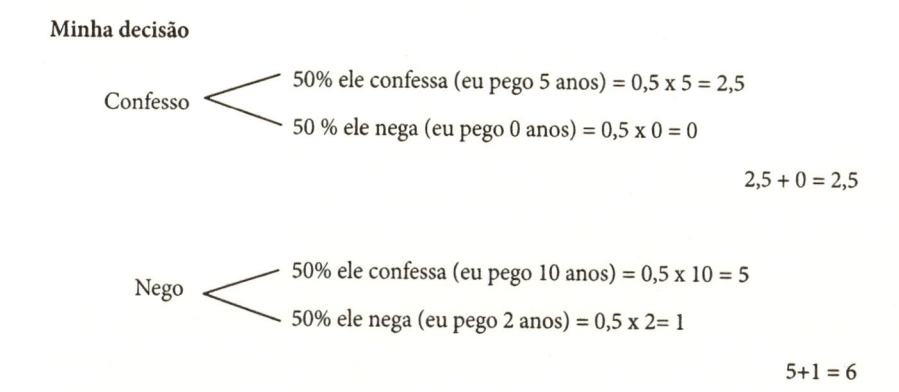

Minha decisão

Confesso
- 50% ele confessa (eu pego 5 anos) = 0,5 x 5 = 2,5
- 50 % ele nega (eu pego 0 anos) = 0,5 x 0 = 0

2,5 + 0 = 2,5

Nego
- 50% ele confessa (eu pego 10 anos) = 0,5 x 10 = 5
- 50% ele nega (eu pego 2 anos) = 0,5 x 2= 1

5+1 = 6

As respostas são o número médio de anos que eu teria de passar nos Tocadeados para cada decisão. Como quero passar o mínimo de anos possível, o melhor para mim é confessar.

Pela luz dos trolls: usando a utilidade

Porém, como tudo isso poderia ajudar nossos viajantes em *O hobbit*? Lembre-se do dilema que Thorin e companhia enfrentam quando veem a luz nas Terras Solitárias. Será que deveriam investigar a luz ou ficar onde estavam, molhados e com frio? Todos nós sabemos o que acaba acontecendo: os integrantes do grupo decidem ir em direção à luz, então são capturados e quase comidos pelos trolls. Somente por causa do retorno de Gandalf que o grupo se salva de virar jantar. Vejamos se a teoria da utilidade esperada os teria conduzido ao mesmo destino.

Primeiro, construiremos uma árvore de decisão (Figura 3 a seguir). Quais são as chances de que o grupo encontre problemas se for em direção à luz? É mais simples calcular a utilidade esperada a partir de um conjunto de valores estabelecido, o que é mais fácil a partir da perspectiva de uma só pessoa. (Quem sabe melhor do que você o que você valoriza?)[8] Então, vamos nos concentrar em Bilbo.

Bilbo precisa decidir qual é a probabilidade de encontrar problemas se for em direção à luz. Mesmo sem saber a porcentagem exata, todos concordam de que eles correm maior risco indo do que ficando, então seja qual for a porcentagem de problemas que atribuamos à opção 1, será maior do que a da opção 2. Por enquanto, vamos definir 50% na opção 1 e 10% na opção 2. Mais adiante, veremos como alterar essas porcentagens afeta o resultado.

Quais são os outros resultados possíveis para cada opção? Para a opção 1, a possibilidade oposta é que eles encontrem um lugar seco e aquecido para dormir e consigam algo para comer. Como estamos lhes dando 50% de chances de encontrar problemas, a possibilidade de encontrarem comida e abrigo também é de 50%. Para a opção 2, a alternativa é de 90% de chances de permanecerem molhados, com frio e famintos.

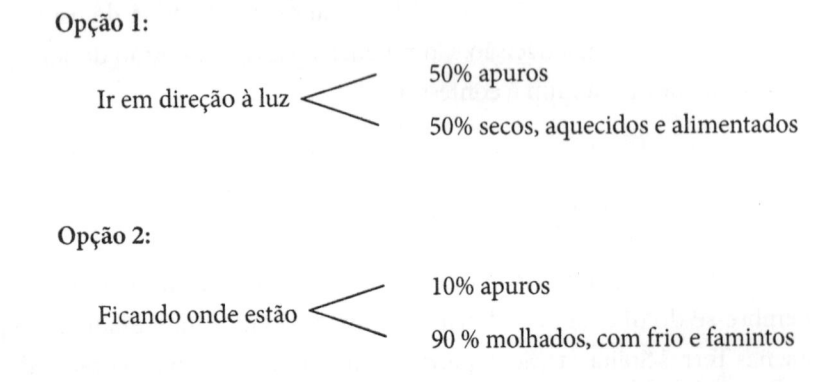

Opção 1:

Ir em direção à luz
- 50% apuros
- 50% secos, aquecidos e alimentados

Opção 2:

Ficando onde estão
- 10% apuros
- 90 % molhados, com frio e famintos

Agora precisamos avaliar os custos e benefícios que Bilbo vê em cada resultado, também chamados de "valor" de cada resultado. Este é o passo mais difícil: você tem de designar números para os resultados *de acordo com quanto cada resultado potencial o agrada ou desagrada*. Isso depende inteiramente de você, e é possível designar quaisquer números que você julgar apropriados, desde que tenha em mente que números positivos são benefícios, e números negativos, custos. Isso é muito mais fácil em casos que envolvem dinheiro ou tempo, nos quais é mais fácil designar valores numéricos.

Por exemplo, imagine que Feitor Gamgi (o pai de Samwise em *O Senhor dos anéis*) abra uma estalagem para vender sua famosa cerveja. Se ele vender cada caneca por 25 centavos e tiver o custo de 15 centavos por caneca, sua "análise de custo-benefício" toma seu benefício (+ 0,25) e subtrai seu custo (- 0,15). Assim, o valor esperado para cada caneca de cerveja é + 0,10.

Agora considere que ele leva oito horas no bar para vender cinco canecas. Seu benefício é de + 0,50, mas há um custo adicional: seu tempo que, espera-se, valorize em mais de 6 centavos por hora. Porém, como ele pode saber qual é o valor do tempo? É uma decisão dele. Muitas pessoas ficam felizes ganhando 8 dólares por hora até que recebem uma proposta de emprego para ganhar 12 dólares. De repente, eles não conseguem se imaginar trabalhando por 8 dólares por hora novamente.

Digamos que Bilbo valorize os apuros em -100 (afinal de contas, ele é um hobbit), e estar seco, aquecido e alimentado em +20. Digamos também que ele valorize estar molhado, com frio e faminto em -20. Você pode se sentir um pouco desconfortável ao designar números a valores intuitivos. Mesmo nesses casos "de improviso", nos quais os valores são designados cegamente, a utilidade esperada pode funcionar. Precisamos apenas designar um vão bastante amplo entre o que valorizamos e o que não valorizamos. Agora tentemos nosso cálculo (Figura 4):

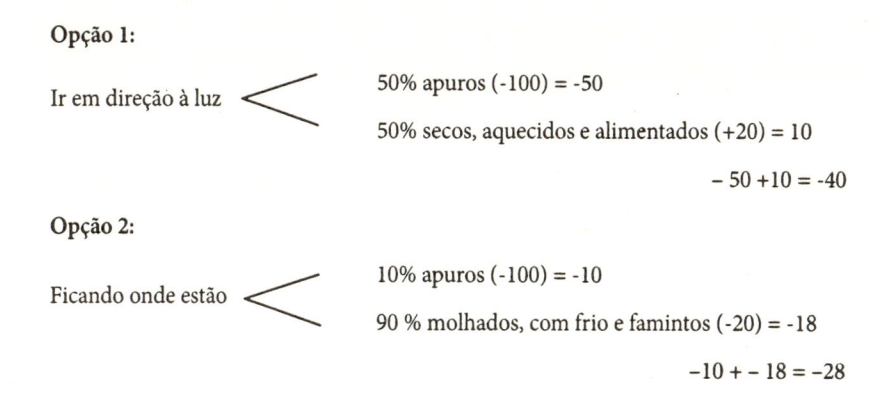

Opção 1:

Ir em direção à luz

50% apuros (-100) = -50

50% secos, aquecidos e alimentados (+20) = 10

– 50 +10 = -40

Opção 2:

Ficando onde estão

10% apuros (-100) = -10

90 % molhados, com frio e famintos (-20) = -18

–10 + – 18 = –28

Nesse cálculo, mesmo que ficar onde está seja ruim, ir em direção à luz é *pior*.

Provavelmente, você já percebeu um problema enorme aqui. No dilema do prisioneiro, os valores numéricos (a probabilidade de confessar ou recusar e o número de anos nos Tocadeados para cada decisão) estão disponíveis antecipadamente. Foi fácil aplicar a teoria da utilidade esperada e obter uma resposta clara ao problema. Entretanto, Bilbo tem de *adivinhar* os possíveis resultados *e* suas probabilidades, e, então, atribuir números que acha que exprimem o quanto ele valoriza os resultados. Mudar, ainda que levemente, tanto a probabilidade quanto o valor levaria a um resultado completamente diferente. Se para a opção 1, estimamos a probabilidade de problemas menor do que 50% ou os benefícios de estar aquecido e alimentado sendo maiores que 20%, a decisão segue outro caminho, e o mesmo vale para a opção 2. Isso mostra que *nossa informação inicial deve ser a mais exata possível*.

Infelizmente, não havia filósofos na Terra-média para dar esse tipo de assistência. Como Bilbo pode fazer o cálculo com variáveis tão vagas? Existem diversas alternativas,[9] mas um enfoque especialmente útil é simplificar o problema. Focando em um leque menor de resultados, a decisão de Bilbo será mais fácil de tomar. Em vez de focar em *aquecimento, abrigo, frio, fome* e *apuros* ao mesmo tempo, ele poderia concentrar-se em um único resultado, talvez um resultado tão significativo que ofusque as outras preocupações. Por exemplo, *apuros*.

Se as chances de entrar em apuros são mais altas na decisão entre ir em direção à luz ou ficar onde está, e as chances de alcançar seu objetivo maior (recuperar o tesouro dos anões) não é muito afetada por nenhuma das duas decisões, o grupo provavelmente deveria suportar um pouco de chuva e frio em vez de buscar um risco desnecessário. É fácil ver que as chances de encontrar problemas são mais altas na opção 1 do que na opção 2, quer usemos números reais ou abstrações. Simplificar os cálculos de utilidade pode aumentar muito nossa capacidade de maximizar o valor esperado de uma ação. Se, para Bilbo, os problemas são realmente a preocupação principal de ir em direção à luz, ele e o grupo deveriam ter tomado uma decisão diferente. Em retrocesso é, evidentemente, 20/20, e agora vemos que foi apenas por sorte que todos eles sobreviveram aos grosseiros trolls.

Brincando de esconde-esconde com os elfos da floresta: probabilidade condicional

Às vezes, queremos saber mais do que a probabilidade de algo acontecer; queremos saber a probabilidade de algo acontecer *dado que* outra coisa já aconteceu. Isso se chama *probabilidade condicional*. A probabilidade condicional nos diz as chances da ocorrência de algum evento X dado que (ou, na *condição* de que) algum outro evento já tenha ocorrido.[10]

Por exemplo, se eu começo a tirar uma carta de um baralho comum (sem curingas), quais são as chances de tirar um rei, dado que já tirei um rei? Como já temos a informação de base relevante, a probabilidade condicional desse evento é fácil de determinar. Sabemos que um baralho comum tem 52 cartas e quatro reis. Então, já que a possibilidade de tirar um rei é de 4/52 — ou 7,7% — a probabilidade de tirar um rei dado que eu já tirei outro é de 3/51 — ou 5,9%.

O traço mais interessante da probabilidade condicional é que não importa se os eventos estão conectados. Se eles estiverem conectados, como acontece quando não recolocamos o rei, são chamados "dependentes". Quando não estão conectados, são chamados "independentes". No caso de tirar reis de um baralho, presumimos que não colocamos o primeiro rei de volta. Mas e se o tivéssemos feito? A probabilidade de tirar um rei na segunda vez não seria diferente da que havia na primeira vez.[11]

Que uso nossos cansados viajantes poderiam fazer da probabilidade condicional? Primeiramente, ela os ajudaria a evitar um erro de raciocínio sobre a conexão entre eventos. Lembre-se do segundo encontro deles com luzes em uma floresta à noite. A companhia recebera avisos rigorosos tanto de Beorn quanto de Gandalf para se manter na trilha que atravessava a

Floresta das Trevas. Mas a fome, a sede e a chuva os tornaram vulneráveis à primeira tentação: luzes semelhantes a tochas sob as árvores.

Bombur, tendo dormido por vários dias devido à magia do rio encantado, acorda depois de sonhar com um banquete e descobre que o grupo está, novamente, molhado e faminto. Quando começam a ver luzes na floresta, o anão exclama: "Parece até que meus sonhos estão se tornando realidade."[12] Nesse ponto, eles poderiam ter hesitado, lembrando-se de que, na última vez que foram em direção a luzes em uma floresta desconhecida, haviam sido capturados por trolls. Eles poderiam presumir que, como tiveram problemas ao seguir um conjunto de luzes, teriam problemas seguindo outro. Ou talvez essas novas luzes fossem mais seguras, pois as chances de ter má sorte com dois conjuntos de luzes seguidos devem ser poucas. Ao tomar sua decisão com base em uma dessas hipóteses, o grupo teria incorrido em uma versão do que é conhecido como a "falácia do apostador".

Uma falácia é um erro de raciocínio. A falácia do apostador envolve presumir que existe uma conexão entre dois eventos independentes, ou seja, causalmente desconectados. Por exemplo, a possibilidade de uma moeda de duas faces dar "cara" quando é lançada é de 50%. Qual é a possibilidade de que dê "cara" dado que deu "cara" na vez anterior? Ainda de 50%. E depois de dar "cara" cem vezes? Ainda 50%. Isso é porque cada giro é *independente* do outro. O erro de tratar condições independentes como se elas estivessem relacionadas é chamado *falácia do apostador*, porque, às vezes, os apostadores presumem que, se não tiveram sorte a noite inteira, ela deve virar logo. Ou um apostador pode continuar jogando só um pouco mais se estiver tendo uma "maré de vitórias", racionalizando seu temor: "Vou ganhar só mais uma rodada, depois paro."

Por sorte, nossos frustrados viajantes não cometem esse erro. Eles hesitam porque foram alertados seriamente por Beorn e Gandalf para não sair da trilha. Seu verdadeiro raciocínio é bastante coerente com a utilidade esperada inspirada pela probabilidade condicional. A opção 1, seguir as luzes, é perigosa. Como ressalta Thorin: "Um banquete não adiantaria nada, se nunca conseguíssemos voltar vivos dele." Mas a opção 2, ficar na trilha, não é melhor. Bombur responde: "Mas sem um banquete não permaneceremos vivos por muito tempo, de qualquer forma."[13] Ambas as opções envolvem grande risco, mas as perspectivas são melhores na opção 1 do que na opção 2. Portanto, eles concordam em mandar espiões para verificarem as luzes. A probabilidade condicional é extremamente útil quando os eventos estão conectados, e compreender como ela funciona serve para evitar falácias.

Audaciosamente indo . . . Mas não audaciosamente demais

O que o raciocínio em meio à incerteza tem a ver com *coragem*? Como todos sabemos, algumas decisões revelam o caráter das pessoas. Aristóteles achava que nosso caráter é formado por diversos estados psicológicos, que se desenvolviam ao longo do tempo em resposta a determinadas paixões e emoções, como medo e raiva.[14] Um estado de caráter é virtuoso quando é uma resposta *apropriada* a uma paixão. Podemos reagir a paixões de maneiras virtuosas e não virtuosas (imperfeitas). Para Aristóteles, um estado de caráter *censurável* ou *imperfeito* é um "vício". Existem dois tipos de vícios. Se falta virtude a um ato, ele é chamado vício de "falta". Se um ato *excede* a virtude necessária, é chamado um vício de "excesso". Uma virtude é um "meio" ou ponto intermediário entre dois vícios.

Aristóteles explica que a "coragem" é o meio virtuoso entre a falta da "covardia" e o excesso da "imprudência". A paixão à qual a coragem é uma resposta é o medo. Aristóteles afirma que não é a pessoa destemida que é corajosa, mas aquela que age de forma apropriada diante do medo, especialmente do medo da morte.[15] Ele escreve:

> O covarde, o homem imprudente e o homem bravo, então, têm os mesmos propósitos, mas lidam com eles de maneira diferentes; pois aos dois primeiros sobra e falta, enquanto o terceiro fica no meio, que é a posição certa; e homens imprudentes são precipitados, e desejam o perigo antecipadamente, mas se retraem quando estão em perigo, enquanto homens bravos são veementes no momento da ação, mas quietos antes.[16]

Embora admita que "o que é terrível não é o mesmo para todos os homens", de forma que o tipo de ação que conta como corajosa difere de pessoa para pessoa até certo ponto, Aristóteles afirma que a pessoa corajosa preocupa-se principalmente com a coisa mais terrível, a morte,[17] e, especificamente, uma morte nobre.

Bilbo e companhia enfrentam a morte em diversas ocasiões de O hobbit. Será que o hobbit exibe uma resposta apropriada à possibilidade de morrer? Será que ele corresponde às condições de coragem aristotélicas? Uma maneira de descobrir é ver se Bilbo age pelas melhores razões possíveis dados os resultados incertos. Se ele busca o perigo quando o risco é excessivo, é imprudente. Se foge quando o risco é razoável, é covarde.

Bilbo claramente sente medo. Ele grita como uma chaleira e treme como uma gelatina derretida quando é informado pela primeira vez sobre a perigosa busca dos anões. Ele ficou "muito alarmado" quando se viu diante da possibilidade de roubar o carneiro assado dos trolls.[18] Ficou tonto e fechou os olhos quando foi carregado para as alturas por uma águia,[19] e muitas vezes desejou estar de volta à sua segura e confortável toca de hobbit subterrânea.

Além disso, Bilbo não ingressa audaciosamente em situações que exigem cautela. No mínimo, ele as evita até não ter outra opção além de agir. Quando se preparava para deixar a casa de Beorn, Bilbo pergunta a Gandalf se eles precisam mesmo passar pela Floresta das Trevas. O mago explica que todos os outros caminhos são muito piores. Portanto, é o medo das alternativas que os coloca no caminho menos perigoso. Nas profundezas da Montanha Solitária, pressionado sobre o que fazer, Bilbo explica de forma muito simples: "Pessoalmente não tenho esperança nenhuma, e gostaria de estar em casa, são e salvo."[20]

Além do mais, as decisões de Bilbo são, no todo, consistentes com as melhores razões possíveis. Vimos que ele e o grupo deveriam ter deixado a luz dos trolls de lado, pois havia muito menos chances de arrumar problemas se suportassem a noite. E sabemos que ele não teria arriscado espionar Smaug se "soubesse mais sobre dragões e suas manhas".[21] Mas, obviamente, ele não tinha essa informação.

Também vimos que era razoável para Bilbo e seus companheiros seguir a luz dos elfos da floresta apesar de tê-los jogado nas garras das aranhas. Além disso, Bilbo arrisca a própria vida para salvar seus companheiros das aranhas, da prisão dos elfos da floresta, e na batalha com os orcs nas Montanhas Solitárias. Em cada caso, ele podia ter usado o Anel, se tornado invisível e escapado do perigo. Porém, ele valorizava a vida de seus companheiros e a derrota dos orcs como objetivos nobres, dignos do risco da morte.

E o mais importante: Tolkien nos dá uma pista extra sobre a coragem do hobbit quando Bilbo está andando sozinho nas profundezas da Montanha Solitária e começa a sentir a presença de Smaug:

> Foi nesse ponto que Bilbo parou. Ultrapassá-lo foi o gesto mais corajoso de toda a sua vida. As coisas tremendas que aconteceram depois não eram quase nada comparadas àquilo. Lutou a verdadeira batalha sozinho no túnel, antes mesmo de perceber o enorme perigo que estava a sua espera.[22]

Então, nessas situações, Bilbo realmente satisfaz os padrões clássicos de ação corajosa. No entanto, é possível dizer que ele é uma pessoa corajosa, que ele possui a virtude da coragem? Segundo Aristóteles, isso nem sempre é fácil de saber.

Provavelmente, Aristóteles concordaria que Bilbo agiu corajosamente nas poucas situações que discutimos. Entretanto, podem haver outros momentos em que ele age com imprudência ou covardia. O que deveríamos dizer do caráter de alguém que age de forma inconsistente, como a maioria de nós?

Aristóteles afirma que nosso caráter é construído ao longo do tempo. Para possuir uma virtude, deve-se praticá la. Levantar pesos na academia uma vez é um bom exercício, mas não torna alguém forte. Para isso, é preciso levantar pesos diversas vezes ao longo de muitos anos. Parar durante algumas semanas reverterá o progresso. Para Aristóteles, o mesmo vale para nossos "músculos" morais. Para nos tornarmos virtuosos, precisamos nos flexionar contra a tentação de agir mal. Quanto mais agimos virtuosamente diante da resistência moral, mais perto chegaremos de nos tornar virtuosos.

Então, em vez de apenas dizer que Bilbo é corajoso, podemos dizer que ele agiu corajosamente e está desenvolvendo a virtude da coragem. Uma tentação ainda maior aguarda Bilbo em *O Senhor dos anéis*, e novamente ele perderá muito "mais do que colheres".

NOTAS

1 *O hobbit*, p. 32.

2 As referências a Aristóteles foram tiradas de *Ética a Nicômaco*, traduzido para o inglês por W. D. Ross. In: *The Basic Works of Aristotle*, editado por Richard McKeon (Nova York: Random House, 2001).

3 *O hobbit*, p. 75.

4 *O hobbit*, p. 76.

5 Embora com frequência critiquemos técnicas ineficientes de armazenamento de dados.

6 Os filósofos que tratam de questões com o raciocínio normalmente se interessam por uma entre duas áreas. Eles estudam "epistemologia", que é o estudo do conhecimento e das razões para a crença ou a ação, ou "lógica", que é o estudo de todos os tipos de raciocínio. Muitos matemáticos e economistas também trabalham em áreas relacionadas ao raciocínio, como "teoria da decisão" e "teoria do jogo". Os filósofos se beneficiam muito da interação com especialistas dessas áreas.

7 Além disso, pode torná-lo um mestre nos dados! Para uma introdução mais completa sobre a teoria da utilidade esperada, ver Ian Hacking, *An Introduction to Probability and Inductive Logic* (Cambridge: Cambridge University Press, 2001).

8 Empresas e organizações podem usar a utilidade esperada desde que o grupo valorize os mesmos resultados, por exemplo, maior margem de lucro ou diminuição de despesas. Em nosso caso, Bilbo pode valorizar o conforto doméstico mais do que teme o perigo. Porém, como ele é filho de Beladona Tûk, provavelmente não.

9   Uma alternativa é usar a ideia básica da utilidade esperada, mas com abstrações em vez de números: positivo (+), negativo (-) e zero (0). Para conhecer melhor o raciocínio quantitativo, ver Simon Parsons, *Qualitative Methods for Reasoning Under Uncertainty* (Cambridge, MA: The MIT Press, 2001). Se julgarmos positivos ambos os resultados de uma decisão, ela é positiva, e provavelmente uma aposta segura. Se ambos são negativos, a decisão é negativa, e provavelmente uma má escolha. Existem diversas equações diferenciais que tornam essa abordagem útil até para decisões complicadas, mas para nosso caso simples, nossa fórmula para a utilidade esperada dá os mesmos resultados. Infelizmente, esse método não ajuda nossa desgrenhada companhia. Embora saibamos que a opção 2 é ruim, a opção 1 é desconhecida. É porque não sabemos se (-) e (+) se cancelam mutuamente ou se um suplanta o outro. Assim, não temos condições de comparar resultados.

10   Probabilidade condicional: $P(B/A) = (P(A) \times P(B)) / P(A)$.

11   Para falar com precisão sobre probabilidade, precisamos de alguns símbolos. Então "P" significará "a probabilidade de que", e a barra, "dado que". Então "(K_2/K_1)" deve ser lido como: "Eu tirei um rei, dado que já tinha tirado um rei." Nossa probabilidade condicional ("A probabilidade de que eu tire um rei dado que já tinha tirado um rei") agora está assim: $P(K_2/K_1)$. Inserindo nossos números nessa formula da nota anterior, vemos a diferença:

Ficar com o primeiro rei:

$P(K_1) = 4/52$

$P(R_2) = 3/51$ (pois deixamos K_1 de fora)

Portanto: $P(K_2/K_1) =$

$\dfrac{3/51 \times 4/52}{4/52} = 3/51$ (ou 5.9%)

Devolver o primeiro rei ao baralho:

$P(K_1) = 4/52$

$P(K_2) = 4/52$ (pois devolvemos K_1 ao baralho)

Portanto: $P(K_2/K_1) =$

$\dfrac{4/52 \times 4/52}{4/52} = 4/52$ (ou 7.7%)

12 *O hobbit*, p. 147.

13 *O hobbit*, p. 147.

14 Estados de caráter são "as coisas em virtude das quais nossa atitude diante das paixões é boa ou má. Aristóteles, *Ética a Nicômaco*, II.5, 1105b25.

15 Alguém que não sente medo "seria uma espécie de louco ou de insensível". Aristóteles, *Ética a Nicômaco*, III.7, 1115b.

16 Aristóteles, *Ética a Nicômaco*, III.7, 1116a.

17 Aristóteles, *Ética a Nicômaco*, III.6, 1115a.

18 *O hobbit*, p. 34.

19 *O hobbit*, p. 107.

20 *O hobbit*, p. 215.

21 *O hobbit*, p. 216.

22 *O hobbit*, pp. 209-10.

17

LÁ E DE VOLTA OUTRA VEZ: UM CANTO DE INOCÊNCIA E EXPERIÊNCIA

Joe Kraus

RECENTEMENTE, LI *O HOBBIT* EM VOZ ALTA para meus filhos — então com 6 e 8 anos —, mas não sei se ouvimos o mesmo livro. É verdade que nós três saímos juntos do Condado, atravessamos a Floresta das Trevas e chegamos à Montanha Solitária, mas minha experiência foi diferente da deles. Eu estava lendo o livro mais ou menos pela oitava vez, mas, para meus filhos, era uma obra inédita. Quando estavam aprendendo sobre tocas de hobbit, eu sabia que Bilbo ia partir para sua aventura em breve. Quando eles estavam fazendo a chamada dos nomes dos 13 anões, eu sabia que Thorin, Fili e Kili não sairiam vivos. E quando eles comemoraram o eventual retorno de Bilbo, eu sabia que aquele era apenas um final temporário; eu sabia, por causa de *O Senhor dos anéis*, que o "precioso" de Bilbo representava um mal tão poderoso que o esgotaria, deixando-o tão debilitado que ele só conseguiu se reestabelecer ao se retirar para Valfenda, até finalmente deixar a Terra-média.

Enquanto eles estavam percorrendo uma história que eu lhes garanti que valia a pena ouvir, eu estava revisitando o prelúdio para uma história maior, um pequeno capítulo na elaborada história completa da Terra-média de Tolkien. Eu queria compartilhar o livro com eles porque esperava que gostassem. Não havia como lhes contar como ele parece diferente para alguém que sabe que, em outro ponto da saga, Morgoth atormenta os filhos de Húrin, que o Rei dos Bruxos massacra o povo de Arnor em suas casas, ou que até mesmo a destruição do Anel carrega consigo a melancolia da partida dos elfos.

Em outras palavras, *O hobbit* funciona de duas maneiras diferentes e conflitantes, dependendo de quanta experiência se tem ao lê-lo. Para alguém que não sabe nada sobre o mundo de Tolkien, é a melhor introdução porque não tem familiaridade com as outras obras e porque repete a fórmula de aventura dos conto de fadas. Para leitores que já conhecem Tolkien, oferece o atrativo oposto. Nesse ponto, o desafio é recuperar o simples prazer do que pode parecer uma história infantil e reconciliá-la com o mais pesado e sombrio *O Senhor dos anéis* e contos dos Dias Antigos. Ou seja, exige que o leitor experiente tente retornar a um estado de relativa inocência; exige que voltemos ao começo com total consciência do fim.

Considere, por exemplo, a meia promessa no início de *O hobbit*: "Esta é a história de como um Bolseiro teve uma aventura, e se viu fazendo e dizendo coisas totalmente inesperadas. Ele pode ter perdido o respeito dos seus vizinhos, mas ganhou — bem, vocês vão ver se ele ganhou alguma coisa no final."[1] Lida sob uma luz inocente, a interrupção não parece prometer o bom e velho conto no estilo "Era uma vez...", sugerindo que deveríamos nos acomodar e desfrutar uma história alegre. Lida de acordo com o que ficamos sabendo sobre Bilbo — que o Anel começa a consumi-lo e que "um Bolseiro" é o sujeito de uma aterrorizante perseguição ao longo de *O Senhor dos anéis* — a interrupção é mais agourenta. Parece questionar se Bilbo de fato ganha alguma coisa no final. Suas aventuras lhe custam sua inocência e, talvez, o levem a uma vida mais sombria e problemática do que a que ele teria conhecido se simplesmente tivesse fechado a porta para aqueles anões enquanto ainda podia.

Em um contexto filosófico, então, uma das questões que *O hobbit* apresenta é como entender a inocência sob a luz da experiência posterior. O subtítulo do livro é "Lá e de volta outra vez", mas vale a pena perguntar se Bilbo — pelo menos o Bilbo que se preocupava tanto em ter pratos limpos na manhã da festa inesperada —volta de suas aventuras. Em termos do bem comum, o hobbit faz a coisa certa.

Porém, para si mesmo, a decisão de se aventurar lhe custa grande parte da felicidade que conhecia. Ele faz uma escolha na manhã em que parte com os anões, e apesar de todo o eventual bem que essa escolha proporciona a seus inocentes e, às vezes, detestáveis vizinhos, ela lhe traz infortúnios pessoais suficientes para que nos perguntemos se suas histórias e tesouros são uma compensação suficiente. Em outras palavras, Bilbo troca sua inocência por todas as experiências posteriores, mas é um acordo unilateral. Ele não tem como saber quais são os termos com que está concordando antes de fechar o negócio, e não pode desfazê-lo depois de começar.

Lá, mas não exatamente de volta outra vez

Os poetas românticos ingleses do final do século XVIII e início do XIX acreditavam que não entendemos verdadeiramente nossas experiências até refletirmos sobre elas à luz da inocência que nos custaram. William Wordsworth afirmava que a verdadeira poesia era o produto da "emoção recordada com tranquilidade". Como ele escreveu no prefácio de *Lyrical Ballads* — praticamente o *Álbum branco* do movimento romântico, pois produziu muitos dos "maiores hits" da época —, a poesia não é bem a experiência, mas a recordação da experiência. Essa recordação pode ser revigorante — pode nos levar de volta à experiência original — ou nos proporcionar uma percepção do quanto estamos distantes de quem éramos.

Esse processo era tão importante para Wordsworth que ele propôs praticamente uma receita para escrever poesia, instando os aspirantes a poetas a tentar reviver a experiência de coisas que os tocaram até que conseguissem escrever sobre elas. Segundo ele, "a emoção é contemplada até que, por uma espécie de reação, a tranquilidade gradualmente desaparece, e uma emoção, semelhante àquela que existia diante do sujeito da contemplação, é gradualmente produzida, e de fato existe na mente".[2]

Pode ser um pouco difícil entender tudo isso, mas o ponto principal é que Wordsworth e seus contemporâneos românticos estavam interessados em como se modificavam em consequência das coisas pelas quais tinham passado. Algumas de suas poesias os levavam de volta, permitindo que sentissem outra vez o que tinham sentido na juventude. Outras, entretanto, avaliavam a perda que sentiam por deixarem de ser os meninos que eram para ser os homens que se tornaram. Com frequência, a melancolia vence a celebração, e eles não conseguem retornar a um estado de relativa inocência. Com frequência perguntam, em outras palavras, se crescer não é um tipo de ferimento do qual não podem se recuperar.

Considere, por exemplo, "Lines Written in Early Spring", uma das *Lyrical Ballads*, no qual Wordsworth revisita um riacho perto do vilarejo de Alford. Refletindo sobre como o lugar mudou nas décadas que se passaram desde sua infância, o poeta contrasta sua experiência na natureza com as coisas que aprendeu:

> A seus belos trabalhos a Natureza uniu
> A alma humana que corre através de mim;
> E muito entristece meu coração pensar
> O que o homem fez do homem.

Ou seja, a alegria que ele sente junto ao riacho é algo puro, algo que a Natureza lhe mostrou quando era uma criança. Ao mesmo tempo, ele percebe que, no curso de sua vida, ele se permitiu esquecer daquela certeza infantil. Ao se tornar um homem, ele fez de si próprio algo diferente, algo que lhe parece menos do que era. Ele pagou um preço pelo crescimento e, embora possa ser tarde demais para fazer alguma coisa a respeito, ao menos ele escreveu o poema como uma forma de recuperar um pouco do que perdeu.

Se essa poesia romântica parece um pouco distante do Condado, vale a pena ressaltar que muitos críticos veem o próprio Tolkien como um romântico. Assim como Wordsworth, ele favorece a ideia de que descobrimos quem realmente somos na natureza em vez de entre os outros, uma ideia que é particularmente clara na maneira como Bilbo só encontra seu Tûk interior depois que ingressa nas Terras Ermas.

Também como os românticos, Tolkien tem um interesse especial pela cultura "do povo", pelas canções, pelos contos de fadas e lendas que comunidades incultas preservam; na verdade, ele afirma em algumas ocasiões que começou todo o projeto da Terra-média para criar um mundo no qual pudesse apresentar as diversas línguas que inventara, para criar uma cultura popular imaginária que pudesse servir de lar para as criações com que tinha sonhado. Portanto, de certa forma, todo o projeto dele é um esforço para recuperar um senso perdido, mais inocente, da capacidade de admirar.

O próprio Bilbo mostra-se uma figura de certa forma romântica. Ao longo de *O hobbit*, conforme ele vai de um lugar a outro, ele aprecia as maravilhas que vê, e encontra uma maneira de ouvir sua voz interior. Perto do fim, quando ele reconhece que a ganância de Thorin prejudicou não somente a ele mesmo como à toda a rede de elfos, homens e anões, ele se determina a agir quando os outros estão paralisados. Ele se pergunta — e não pergunta aos outros — qual é a coisa certa a fazer, e então faz.

Sob essa luz, a sofisticada manobra política de Bilbo é basicamente um produto da inocência que ele preservou. Como diz Thorin antes de morrer: "Há mais coisas boas em você do que você sabe, filho do gentil Oeste. Alguma coragem e alguma sabedoria, misturadas na medida certa. Se mais de nós dessem mais valor a comida, bebida e música do que a tesouros, o mundo seria mais alegre."[3]

Embora Thorin claramente diga essas palavras como um elogio, elas refletem uma estranha ambivalência. Referir-se a Bilbo como um filho enfatiza que ele é *pouco* sofisticado, alguém basicamente alheio às forças que manipulou para um sucesso que talvez tenha sido acidental. E, ao sugerir que Bilbo não deveria valorizar tesouros, Thorin se desculpa por tê-lo envolvido. Afinal, foi a promessa de um catorze avos dos lucros que Thorin originalmente usou para persuadir o hobbit a se juntar ao grupo. Então, no fim, quando já é tarde demais para fazer qualquer coisa além de elogiar, Thorin vê em Bilbo a capacidade para as simples alegrias infantis que ele suprimiu em si mesmo. Mesmo sabendo da grande vitória que conseguiu para seu clã de anões, Thorin vê virtudes em Bilbo que o fazem questionar se teria sido melhor nunca sequer ter começado aquela aventura.

Vistas sob essa luz, as páginas de abertura de *O Senhor dos anéis: A Sociedade do Anel* agem, em parte, para mostrar a extensão do mal do Anel. Quando reencontramos Bilbo, ele está cansado do mundo que tanto o fascinava. O Condado parece pequeno, seus velhos amigos parecem mesquinhos, e ele decidiu que apenas outra aventura lhe trará felicidade. Em outras palavras, ele passou a valorizar mais o que lhe aconteceu do que as experiências de seu mundo atual. O mais assustador é que ele não consegue se separar do Anel. Bilbo se agarra a ele, preferindo o objeto dourado ao amor que sente por Gandalf e Frodo, e é necessário que o chame inadvertidamente de seu "precioso" — um termo que obriga Gandalf a relembrá-lo que era originalmente de Gollum — antes que perceba a extensão do distanciamento de si próprio.

Complicando essa situação está o fato de que, segundo Tolkien, devemos entender Bilbo como o autor essencial da própria história. Embora *O hobbit* seja narrado em terceira pessoa, Tolkien inventa uma história para o próprio texto, que começa com Bilbo escrevendo muito do que se torna o *Livro Vermelho de Westmarch*, a base da eventual versão que temos.[4] Como parte disso, descobrimos que Bilbo também escreveu muitas das canções de *O hobbit* e de *O Senhor dos anéis*, e que é um escritor talentoso o bastante para que o próprio Aragorn trabalhe com ele em suas composições.

Quando o reencontramos na casa de Elrond, em *O Senhor dos anéis: A Sociedade do Anel*, Bilbo não é meramente alguém com uma sensibilidade romântica, é de fato uma paródia de um poeta romântico decadente, que se entregou à melancolia e à nostalgia. Bilbo está tão consumido pela atividade de relembrar seu passado que frequentemente se ausenta das festividades dos elfos para ficar sozinho com sua pena e seu manuscrito. Ele mudou, em alguns pontos claramente para pior, como resultado de suas experiências.[5]

Alguns vagantes são vadios, ou crescer é difícil

William Blake, um dos contemporâneos de Wordsworth, chegou mais perto do que qualquer outro poeta romântico de descrever uma filosofia da experiência. Para ele, existiam dois estados essenciais: a inocência de uma criança e a experiência de um adulto. Embora esse contraste possa parecer pouco importante, considere que ele cruza dois dos contrastes mais comuns: infância com idade adulta e inocência com culpa.

Blake não estava dizendo que todos os adultos são culpados — e, como pai, posso lhe assegurar que nem todas as crianças são inocentes —, mas ele combinava os dois para destacar o preço que pagamos por nossas experiências. Não nos tornamos necessariamente "maus" quando crescemos, mas o crescimento nos custa um estado que nos possibilitava uma relação mais natural com o mundo. Ou seja, a inocência tem a própria forma de sabedoria, e não conseguimos nos dar conta de seu poder até ser tarde demais, até que tenhamos experiência suficiente para olhar para trás e ver uma condição que já está inacessível para nós.

Blake explorou as duas condições em dois de seus trabalhos mais famosos, coletâneas de poemas que ele chamou *Songs of Innocence* e *Songs of Experience*. Se você tiver estudado ao menos um pouco de poesia, é provável que já tenha visto alguma delas. Ele pergunta em "The Lamb", por exemplo, "Cordeirinho, quem te fez?", um interesse que se torna mais complexa em "The Tyger": "Tigre! Tigre, flamejante / Nas florestas da noite, / Que mão ou olho imortal / Poderia moldar tua temível simetria?". As duas questões têm a mesma origem: "De onde você veio?" Entretanto, no caso do cordeiro, uma criatura comparada a Cristo em sua inocência, o poeta não espera uma resposta. É quase como falar com um bebê, uma versão poética de "Quem lhe deu esses lindos olhos?".

Porém, o tigre é diferente, uma criatura perigosa capaz de ferir os outros, que causa terror quando olhamos para ela. Não fica claro se o poema fala de tigres como os conhecemos ou sobre algum sonho de uma criatura mais sinistra e demoníaca. O que sabemos, entretanto, é que não podemos escapar facilmente à questão de onde ele vem. Aqui não se fala a um bebê; é uma indagação séria sobre a natureza do mal. Posteriormente, o poeta pergunta: "Fez-te quem fez o cordeiro?" e as implicações são perturbadoras. Caso a resposta seja sim, se o mesmo poder divino que concebeu o inocente cordeiro fez o perigoso tigre, esse poder não é tão amoroso e providencial quanto gostaríamos. Se não, se algum outro poder criou tal coisa, existe uma terrível capacidade para o mal em ação no universo.

A diferença crucial entre as duas coletâneas não está em seu assunto, mas na perspectiva. A primeira é formada por poemas de uma criança descobrindo o mundo e tentando nomeá-lo. A segunda, por meditações de um filósofo, pelas perturbadoras questões que ocorreram ao poeta conforme ele crescia e via mais do mundo.

Blake eventualmente publicou os dois livros juntos, como uma única coletânea, e parte da experiência de ler os poemas é perceber como cada contraste complementa o outro. Os poemas de *Songs of Innocence* têm uma bela simplicidade, mas só adquirem um poder mais substancial sob a perspectiva mais sombria de *Songs of Experience*. Os primeiros poemas contêm uma sabedoria eterna que apenas a experiência torna clara: que existe uma alegria no mundo à nossa volta, uma alegria que perdemos como preço de explorar o que está além daquilo que podemos descobrir imediatamente.

Blake é relevante na reflexão sobre Tolkien porque ao menos alguns críticos o veem como uma das inspirações do autor.[6] Embora não fique claro a partir dos poemas mais curtos, Blake usou seus poemas mais longos para inventar todo um universo de símbolos e personagens representando questões sobre a natureza da experiência humana em um mundo muito maior do que nós. Ele escreveu sobre estranhas figuras semelhantes a anjos e a demônios chamadas Thel, Urizen, Orc e Ahania, e produziu edições generosamente ilustradas de suas obras, ajudando a impulsionar a ciência da litografia. Blake desistiu de inventar suas próprias línguas, mas o alcance de seu projeto — sem falar nas nuances religiosas — o faz parecer, para alguns leitores, uma inspiração para o projeto da vida de Tolkien. Não estou dizendo que "The Tyger" foi um modelo para Smaug, mas eles têm muito em comum. Ambos são criaturas que ameaçam inocentes, e sua presença exige que nos perguntemos como é possível que o mal exista lado a lado com a bondade. Que mão ou olho imortal pode nos oferecer tanto os confortos do Éden (ou do Condado) quanto os terrores da Segunda Guerra Mundial (ou de Sauron)?

Essas questões aparecem de forma mais clara no trabalho seguinte de Tolkien, mas vemos o autor começar a levantá-las em *O hobbit*. Considere, por exemplo, a maneira como ele apresenta Elrond. "Na época de nossa história ainda havia algumas dessas pessoas que tinham por ancestrais tanto elfos como heróis do norte, e Elrond, o dono da casa, era o seu chefe."[7] Ou seja, ele tenta nos fazer ver Elrond tanto como um personagem do conto de fadas de Bilbo quanto como um representante das histórias mais profundas e sombrias que ele e seu filho Christopher eventualmentere uniram em *O Silmarillion*. Essa breve apresentação, a primeira referência publicada a Elrond, é peculiar. Provavelmente, é mais do que qualquer leitor de primeira viagem de Tolkien pode compreender, mesmo assim também é vaga e pouco esclarecedora para qualquer um que leu *O Senhor dos anéis* com cuidado.

O dilema de Tolkien ao descrever a primeira aparição de Elrond é evidente. A partir de outros escritos do autor, ficamos sabendo que Elrond tem mais de 6.500 anos, que sua tataravó era Melian, um ser divino da raça dos Maiar, e que seu pai, Eärendil, é o que conhecemos como o planeta Vênus. Podemos apreciar a identidade desse ser notável sem ter uma percepção do alcance dos *Contos Antigos*, mas não podemos ingressar nos *Contos Antigos* sem antes experimentar o charme de *O hobbit* e desenvolver o interesse necessário para continuar lendo. Não podemos, em outras palavras, apreciar Elrond assim que o conhecemos. Quando adquirimos a experiência necessária para perceber sua importância na grande história da Terra-média, perdemos a perspectiva da inocência — no sentido do termo atribuído por Blake —, para a qual a descrição apelava. Em outras palavras, não podemos estar "lá" e "de volta" ao mesmo tempo.

Esforçando-se para ser original, sempre

O mais famoso dos românticos americanos, o filósofo Ralph Waldo Emerson (1803-1882), começou seu trabalho com um otimismo quase extático em relação à possibilidade de descobrir uma nova percepção de si próprio na natureza. Em muitos de seus ensaios e palestras, ele propunha o que gosto de chamar de Declaração de Independência Intelectual, ao insistir que os americanos do século XIX poderiam descobrir uma "relação original com o universo"[8] se deixassem de lado o que lhes fora ensinado, confiassem na própria sabedoria intuitiva e se declarassem livres de todas as expectativas.

Emerson não tinha paciência para a melancolia que eventualmente afligia os românticos ingleses. Ele pedia às pessoas que esquecessem o que pensavam que sabiam e confiassem no poder das novas experiências para transformá-las em algo original, algo digno (em um nível artístico e intelectual) da liberdade política que a Independência dos Estados Unidos tinha obtido duas gerações antes.

Na relativa inocência de seus primeiros anos como importante filósofo e poeta norte-americano, Emerson geralmente parecia disposto a arriscar tudo o que sabia em um experimento intelectual atrás do outro. Seus ensaios são notoriamente difíceis, mas a maioria segue um caminho semelhante: lidam com um determinado tópico contemporâneo e depois gradualmente se encaminham para seu tema habitual. É fácil se perder em frases soltas do trabalho de Emerson, mas quase todas apontam para a mesma insistente afirmação: que o *self* está no centro do universo e que temos o potencial para descobrir um *self* totalmente novo se simplesmente nos dermos a liberdade.

Em uma das imagens mais estranhas da literatura, no final do primeiro capítulo de seu livro *Nature*, Emerson declara: "No bosque, recuperamos a razão e a fé. Lá sinto que nada pode acontecer em minha vida — nenhuma desgraça ou calamidade (desde que poupe meus olhos) que a Natureza não possa corrigir. De pé sobre a terra nua — com a cabeça envolvida pelo ar alegre e elevada ao espaço infinito —, todo o desprezível egoísmo desaparece. Eu me torno um olho transparente; não sou nada; vejo tudo."[9]

Em certo nível, ao menos, Emerson está tentando descrever um senso de inocência diferente do de Blake. Em vez de entendê-lo como algo que necessariamente perdemos conforme envelhecemos, ele o vê como algo que podemos nos esforçar para apreender, mesmo quando adultos. Entretanto, pagamos um preço por isso, e esse preço é a certeza que a experiência concede à maioria de nós. Nós nos obrigamos a voltar, ao menos em uma dimensão, a sermos infantis; por vontade própria, deixamos de lado o que pensamos que sabemos por uma chance de ter algo dramaticamente novo. A imagem é cativante e perturbadora. Não pode ser facilmente reduzida a uma afirmação clara, mas permanece como uma descrição famosa e bastante citada. Se você quer originalidade, aí está ela.

O olho transparente como imagem libertadora tem implicações para Bilbo, é claro, pois é aproximadamente isso que ele se torna toda vez que usa o Anel. Quando é alguém que pode ver os outros e não ser visto, descobre partes do mundo que nunca tinha visto. Na primeira vez que põe o Anel, ele descobre que tem a oportunidade de apunhalar Gollum pelas costas, mas, em um dos grandes momentos de misericórdia no trabalho de Tolkien, o hobbit resiste à tentação.

Como diz o texto: "Uma compreensão repentina, um misto de pena e horror, cresceu no coração de Bilbo: um vislumbre de (...) pedra dura, peixe frio, movimentos furtivos e sussurros."[10] Em seu primeiro e mais inocente encontro com o Anel, sua invisibilidade lhe concede um vislumbre de outra humanidade. O poder de ver e não ser visto — o poder de ser, de acordo com Emerson, inocente diante do que confronta — o liberta e lhe permite demonstrar misericórdia de uma maneira que, como mostra o final de *O Senhor dos anéis*, acaba sendo essencial para a queda de Sauron.

Sob essa luz, é perturbador considerar que, em *O Senhor dos anéis*, a imagem do olho transparente pertence não a um hobbit, mas ao próprio Sauron. Aquele terrível olho que não pisca, o intelecto original que usou o Anel para criar um *self* novo e mais poderoso, capaz de governar toda a Terra-média, é o mal encarnado, mas também é um emblema da experiência, da certeza que vem das eras de planejamento em busca de um único objetivo.

Sauron se vangloria de seu poder de ver todos o tempo todo, o que é aterrorizante em dois níveis. Primeiro, alega saber *o que* você está fazendo.

Segundo, alega saber *quem* você é. Esse conhecimento sobre você, essa capacidade de adivinhar quando está mais vulnerável à sugestão do Anel ou à sedução do poder, ameaça definir você. Sauron conta com sua habilidade de inflamar seu desejo por riqueza, poder e controle, e seu Anel facilmente comanda aqueles que já compartilham seus anseios. Para outros, demora mais, mas, o veneno é mais sinistro: destrói gradualmente o inocente senso de *self* de um Frodo ou de um Bilbo, substituindo aquela virtude infantil pelo desejo de Sauron. Como acabamos percebendo, o grande drama que Frodo suporta é o interno, que opõe sua inocência à determinação do Anel de acordar seu tirano interior.

Em *O hobbit*, Bilbo não tem consciência do potencial para o mal que o Anel tem; mas, quando relemos o livro depois de *O Senhor dos anéis*, é difícil não percebê-lo. O Bilbo que afasta as aranhas com música é um sujeito cômico e engraçado, mas com mais experiência de Tolkien — com o conhecimento de que Bilbo um dia se sentirá "fino" e "esticado" quando está perto de entrar no mundo das sombras — é difícil não vê-lo como devemos ver a jovem Madame Curie. Toda a coragem dele e toda a elegante inventividade dela os leva a brincar com algo radioativo, algo que lhes cobra um preço mais profundo e sombrio do que sua inocência consegue compreender.

De volta outra vez ao início

Quando escolheu "Lá e de volta outra vez" como subtítulo, Tolkien muito provavelmente sabia que estava ecoando a palavra grega *nostos*, normalmente traduzida como "volta ao lar". Enquanto os gregos viam a volta para casa como um motivo para celebração, é claro, essa palavra é usada por nós como radical para "nostalgia", e podemos ver aí uma sombria ambiguidade. Ou seja, o problema da nostalgia é que ela celebra o que *passou* em vez do que *existe*. É uma forma de melancolia, um preço que normalmente pagamos por nos aventurar.

O Bilbo que passava seus dias escrevendo na casa de Elrond está tão dominado pela nostalgia que, ironicamente, não consegue ver que — ao menos em um ponto crucial — nunca voltou ao lar que deixou. Suas experiências o transformaram, principalmente o peso de carregar o Anel durante as décadas seguintes a suas aventuras com os anões. Elas o destituíram da sabedoria infantil que Thorin reconheceu nele, da inocência que lhe permitiu, pelo menos durante *O hobbit*, imaginar que podia voltar.

Logo depois que meus filhos e eu terminamos de ler *O hobbit*, Richie, o mais velho, começou a exigir que passássemos a *O Senhor dos anéis*. Fiquei feliz em fazer uma tentativa, e conseguimos chegar até Moria, não muito depois da queda de Gandalf e do encontro da Sociedade com Galadriel. Nesse ponto, entretanto, Max disse que para ele bastava. Quando perguntamos por que, ele deu diversas razões: era chato, ele estava perdendo o fio da meada dos diversos personagens, temia o significado da morte de Gandalf, e sentia que mais coisas assustadoras estavam por vir. Richie e eu tentamos mantê-lo interessado, arrastando-o por mais um ou dois capítulos, porém, eventualmente, ele se recusou a viajar conosco.

Gosto de pensar que Max reconheceu parte do que *O hobbit* tem para nos dizer. Existem recompensas por deixar sua casa e depois retornar, mas existe também um preço alto a se pagar. Acredito que Max, triste por causa da morte de Thorin, Fili e Kili no final do prelúdio, sentiu que ler *O Senhor dos anéis* exigiria que experimentasse mais mortes, mais terror e uma percepção do profundo mal que o Anel representa.

Não estou dizendo que meu filho de 6 anos tem sensibilidade para intuir um dos insights mais sutis de Tolkien. O que quero dizer é que Tolkien parece ao menos parcialmente ter entendido uma das verdades que a maioria de nós sabe quando tem 6 anos, e que depois, de alguma forma, esquecemos. Nossa primeira casa nos satisfaz porque preserva todas as nossas sensibilidades infantis. Quando a deixamos, arriscamos nossa inocência; trocamos algo que nunca poderemos recuperar por uma incerteza.

Nós, que já deixamos para trás a infância, que lemos o que vem depois de *O hobbit*, talvez devêssemos ouvir as crianças de 6 anos que sabem, de alguma maneira indescritível, que não há como retornar à infância. Talvez devêssemos considerar que, mesmo que Bilbo tenha sido "muito feliz até o fim de sua vida",[11] ele poderia ter sido mais feliz se — presumindo que

Gandalf encontrasse outra pessoa para combater dragões — tivesse permanecido em sua confortável casa, deixando a experiência da aventura para outra pessoa.

NOTAS

1 *O hobbit*, p. 2.

2 William Wordsworth, prefácio a *Lyrical Ballads, with Pastoral and Other Poems* (1802), reimpresso em *William Wordsworth: Selected Poems*, editado por John O. Hayden (Londres: Penguin Books, 1994), p. 450.

3 *O hobbit*, p. 281.

4 Há, na verdade, um momento estranho durante o Conselho de Elrond, em *O Senhor dos anéis*, quando Gandalf tem de explicar que Bilbo está contando a história verdadeira de como tirou o Anel de Gollum. Aqueles entre nós que leram *O hobbit* como ele é em todas as edições disponíveis nos últimos cinquenta anos acabamos ouvindo a história que já conhecemos. Na primeira edição de *O hobbit*, entretanto, a história era um pouco diferente, um fato que Gandalf explica dizendo que inicialmente Bilbo mentira.

5 Para ver as maneiras pelas quais Bilbo se torna mais nobre como resultado de suas experiências, ver o capítulo de Gregory Bassham, "O hobbit aventureiro" neste livro.

6 Para discussões sobre possíveis conexões entre Tolkien e Blake, ver Robley Evans, *J. R. R. Tolkien* (Nova York: Warner Books, 1972), pp. 25-26, 45-46; e Randall Helms, *Tolkien's World* (Boston: Houghton Mifflin, 1974), pp. 57-59, 69-72. Segundo seu diário, o primeiro contato de Tolkien com os livros proféticos de Blake se deu no começo de 1919, e o deixou perplexo com as similaridades entre as imaginativas criações de Blake e as suas próprias. Ver Christina Scull e Wayne G. Hammond, *The J. R. R. Tolkien Companion and Guide: Chronology* (Boston: Houghton Mifflin, 2006), pp. 107-08.

7 *O hobbit*, p. 51.

8 Ralph Waldo Emerson, *Nature*. In: *The Complete Essays and Other Writings of Ralph Waldo Emerson*, editado por Brooks Atkinson (Nova York: The Modern Library, 1950), p. 3.

9 Emerson, *Nature*, p. 6.

10 *O hobbit*, p. 86.

11 *O hobbit*, p. 295.

NOSSOS EXCELENTES E AUDACIOSOS
COLABORADORES

Gregory Bassham é professor e chefe do Departamento de Filosofia do King's College (Pensilvânia), onde se especializa em Filosofia da Lei e Pensamento Crítico. Editou *A Versão Definitiva de Harry Potter e a Filosofia — Hogwarts Para Os Trouxas* (2010), coeditou *The Lord of the Rings and Philosophy* (2003) e *The Chronicles of Narnia and Philosophy* (2005), e é coautor de *Critical Thinking: A Student's Introduction* (4ª ed., 2010). Sempre gostou muito de rodas, motores e explosões.

Michael C. Brannigan recebeu o fundo *George and Jane Pfaff* no College of Saint Rose, em Albany, Nova York, onde ensina Ética e Valores Morais. Ele também atua no Alden March Bioethics Institute da Albany Medical College. É especializado em ética, ética médica, filosofia asiática e estudos intelectuais. Além de diversos artigos, seus livros incluem: *The Pulse of Wisdom: The Philosophies of India, China, and Japan*; *Striking a Balance: A Primer on Traditional Asian Values*; *Healthcare Ethics in a Diverse Society* (coautoria); e *Ethical Issues in Human Cloning* (editor). Seus dois livros mais recentes são *Cross-Cultural Biotechnology* e *Ethics Across Cultures*. Por diversão, toca piano, pratica caiaque marítimo e artes marciais. Assim como Balin, um pouco de cerveja lhe cairia melhor.

Eric Bronson é professor convidado no Departamento de Humanas na York University, em Toronto. Editou *The Girl with the Dragon Tattoo and Philosophy* (2011), *Poker and Philosophy* (2006), *Baseball and Philosophy* (2004), e coeditou *The Lord of the Rings and Philosophy* (2003). No momento está escrevendo um livro de receitas inspirado em Gollum com "coisas mais viscosas que peixes".

Laura Garcia é bolsista residente do Departamento de Filosofia do Boston College, onde se especializa em filosofia da religião e metafísica. Ela também escreve sobre sexo, casamento e feminismo, adotando a visão radical de que os três são compatíveis e se reforçam mutuamente. Laura gosta de ler, escrever, andar sorrateiramente e bisbilhotar.

Tom Grimwood é professor na Lancaster University e na Open University e é pesquisador honorário na University of Cambria. Sua pesquisa se concentra na relação entre interpretação, ambiguidade e ética, e já escreveu sobre o assunto relacionado a diversos temas, que incluem anorexia na era medieval, Friedrich Nietzsche, Simone de Beauvoir e *Lost*; com artigos publicados em diversos periódicos como o *British Journal for the History of Philosophy, Angelaki e Journal for Cultural Research*. Apesar de poder ser encontrado em sua mesa na maior parte do tempo, ele sempre deixa um "capuz de festa removível" por perto para o caso de surgir alguma aventura.

Randall M. Jensen é professor de filosofia no Northwestern College em Orange City, Iowa. Seus interesses filosóficos incluem ética, filosofia grega antiga e filosofia da religião. Escreveu diversos capítulos conectando a filosofia e a cultura popular, incluindo ensaios em *Battlestar Galactica and Philosophy, Batman and Philosophy e The Office and Philosophy*. Ministra um curso regular sobre os escritos de J. R. R. Tolkien e C. S. Lewis. Ele tem certeza de que o questionamento feito por Gandalf sobre o sincero "Bom dia!" de Bilbo demonstra que o mago é um verdadeiro filósofo.

David Kyle Johnson é professor assistente de filosofia no King's College. Suas especializações filosóficas incluem filosofia da religião, lógica e metafísica. Editou *Heroes and Philosophy: Buy the Book, Save the World* (2009), *Introducing Philosophy through Pop Culture* (2010, com William Irwin), e *Inception and Philosophy: Because It's Never Just a Dream* (2011). Ele também contribuiu para livros sobre *South Park, Family Guy, The Office, Battlestar Galactica*, Quentin Tarantino, Johnny Cash, Batman, *The Colbert Report, Doctor Who* e Natal. Ele já deu muitas aulas focadas na importância da filosofia para a cultura pop, incluindo um curso dedicado a *South Park* e outro a *Star Trek*. Não é membro do Conselho Branco, mas faz trabalhos de consultoria para eles de tempos em tempos. Normalmente, eles não lhe dão ouvidos.

Amy Kind, cuja especialidade é filosofia da mente, dá aulas no Claremont McKenna College. Sua pesquisa apareceu em periódicos como *Philosophy and Phenomenological Research, Philosophical Studies,* e *The Philosophical Quarterly*. Além disso, ela já escreveu sobre tópicos de filosofia e cultura pop como *Battlestar Galactica, Star Trek, Harry Potter* e *Angel*. Recentemente, ficou feliz ao descobrir no "Gerador de Nomes Hobbit" que seu nome hobbit é Azaelia Broadbelt de Buckland.

Dennis Knepp dá aulas de Filosofia e Estudos Religiosos a leste das sombrias Cascade Mountains na Big Bend Community College, em Moses Lake, Washington. Seus ensaios anteriores foram publicados em *Crepúsculo e a filosofia, Alice in Wonderland and Philosophy,* e *The Girl in the Dragon Tattoo and Philosophy*. Ele espera que este livro explique o que é um ladrhobbit e se é possível cozinhá-los.

Joe Kraus é professor convidado de Inglês e Teatro na University of Scranton, onde ensina Literatura Americana e escrita criativa e dirige o programa de honras. É coautor de *An Accidental Anarchist* (2000), e seu trabalho apareceu em *The American Scholar, Callaloo, Riverteeth, The Centennial*

Review, Moment, além de outros volumes da Coleção **Cultura Pop**. Às vezes, e sem motivo aparente, ele interrompe suas aulas com um grito: "Que o dia pegue vocês todos."

Craig Lindahl-Urben é bacharel em filosofia pelo Reed College, e passou muitos anos na indústria de computação, tanto como dono de uma empresa de softwares quanto como executivo para grandes empresas de computação. Anteriormente, foi editor e editor-chefe de um jornal semanal, mas sempre quis viver na Última Casa Amiga caso não conseguisse persuadir Tom Bombadil a aceitá-lo como seu aprendiz.

Anna Minore é professora assistente de Teologia no King's College. Ela tem Ph.D. em Teologia e Espiritualidade pela Catholic University of America, e mestrado em História da Religião pela Syracuse University. Ela deu cursos de Religiões do Mundo, Espiritualidade do Corpo e Mística Feminina. Gollum lhe dava pesadelos na infância, e ela está feliz em considerá-lo um fantasma faminto agora que é adulta.

David L. O'Hara é professor associado de Filosofia e Classicismo no Augustana College (Dakota do Sul). Ele é coautor de *From Homer to Harry Potter: A Handbook of Myth and Fantasy* (2006) e *Narnia and the Fields of Arbol: The Environmental Vision of C. S. Lewis* (2008). Amante de jogos e esportes, ele joga nos times acadêmicos de queimado, pelada e golf (imbul). Detesta sair de casa sem um lenço de bolso.

Grant Sterling é professor associado de Filosofia na Eastern Illinois University, especializado em Ética e Filosofia Medieval. É autor de *Ethical Intuitionism and Its Critics*, e atualmente escreve *What is Judicial Activism?* em coautoria. Ele apresentou, publicou e hoje dá aulas sobre Ideias Filosóficas em Tolkien. Adora mapas, runas, cartas e belas caligrafias, embora a sua seja pequena e fina.

W. Cristopher Stewart é professor de Filosofia no Houghton College, que fica em uma aldeia rural no oeste de Nova York, onde não há muito barulho e existe bastante verde. Embora seja apaixonado pela história e pela filosofia da ciência (e possua um carro), ele compartilha o desdém de Tolkien tanto pela iluminação urbana quanto pelo "barulho, o fedor, a crueldade e a extravagância do motor de combustão interna".

Charles Taliaferro, professor de Filosofia no St. Olaf College, é autor e editor de 14 livros, incluindo *The Image in Mind*, no qual é coautor com o pintor americano Jil Evans, e contribuiu para outros volumes sobre filosofia e cultura popular. Embora Taliaferro nunca tenha matado um dragão de verdade, por causa de sua imaginação superativa e sua admiração por Bard, o Arqueiro, certa vez construiu um dragão de madeira e pano de 7,5 metros, que então combateu (com sucesso) para salvar uma cidadezinha da América do Norte.

Philip Tallon é professor afiliado de Filosofia e Religião no Asbury Theological Seminary. É autor de *The Poetics of Evil* (da Oxford University Press), e coeditor de *The Philosophy of Sherlock Holmes* (a ser publicado pela University Press of Kentucky). Recentemente celebrou seu onzentésimo primeiro aniversário.

Jamie Carlin Watson é professor assistente de Filosofia e chefe do Departamento de Religião e Filosofia do Young Harris College em Young Harris, GA. É coautor (com Robert Arp) de *Philosophy Demystified* (McGraw Hill), *What's Good on TV: Understanding Ethics Through Television* (Wiley-Blackwell) e *Critical Thinking: An Introduction to Reasoning Well* (Continuum), e contribuiu para diversas compilações de cultura popular e filosofia, incluindo "The Beast in Me: Evil in Cash's Christian Worldview", em *Johnny Cash and Philosophy*, e "For L'Amore: Love and Friendship in *The Office*", em *The Office and Philosophy*. Jamie espera que uma de suas perambulações termine com ouro e um dragão, embora saiba que talvez seja avesso demais aos riscos para isso.

Este livro foi composto na tipologia Minion Pro,
em corpo 11 pt/15,9, e impresso em papel off-white
no Sistema Cameron da Divisão Gráfica
da Distribuidora Record.